RAUL SEIXAS E A ADMINISTRAÇÃO PÚBLICA

UMA ABORDAGEM MUSICAL DOS GRANDES DESAFIOS DO DIREITO ADMINISTRATIVO NO BRASIL

FÁBIO LINS DE LESSA CARVALHO

Prefácio
Irene Patrícia Nohara

RAUL SEIXAS E A ADMINISTRAÇÃO PÚBLICA

UMA ABORDAGEM MUSICAL DOS GRANDES DESAFIOS DO DIREITO ADMINISTRATIVO NO BRASIL

Belo Horizonte

2022

© 2022 Editora Fórum Ltda.

É proibida a reprodução total ou parcial desta obra, por qualquer meio eletrônico, inclusive por processos xerográficos, sem autorização expressa do Editor.

Conselho Editorial

Adilson Abreu Dallari
Alécia Paolucci Nogueira Bicalho
Alexandre Coutinho Pagliarini
André Ramos Tavares
Carlos Ayres Britto
Carlos Mário da Silva Velloso
Cármen Lúcia Antunes Rocha
Cesar Augusto Guimarães Pereira
Clovis Beznos
Cristiana Fortini
Dinorá Adelaide Musetti Grotti
Diogo de Figueiredo Moreira Neto (*in memoriam*)
Egon Bockmann Moreira
Emerson Gabardo
Fabrício Motta
Fernando Rossi
Flávio Henrique Unes Pereira

Floriano de Azevedo Marques Neto
Gustavo Justino de Oliveira
Inês Virgínia Prado Soares
Jorge Ulisses Jacoby Fernandes
Juarez Freitas
Luciano Ferraz
Lúcio Delfino
Marcia Carla Pereira Ribeiro
Márcio Cammarosano
Marcos Ehrhardt Jr.
Maria Sylvia Zanella Di Pietro
Ney José de Freitas
Oswaldo Othon de Pontes Saraiva Filho
Paulo Modesto
Romeu Felipe Bacellar Filho
Sérgio Guerra
Walber de Moura Agra

Luís Cláudio Rodrigues Ferreira
Presidente e Editor

Coordenação editorial: Leonardo Eustáquio Siqueira Araújo
Aline Sobreira de Oliveira

Rua Paulo Ribeiro Bastos, 211 – Jardim Atlântico – CEP 31710-430
Belo Horizonte – Minas Gerais – Tel.: (31) 2121.4900
www.editoraforum.com.br – editoraforum@editoraforum.com.br

Técnica. Empenho. Zelo. Esses foram alguns dos cuidados aplicados na edição desta obra. No entanto, podem ocorrer erros de impressão, digitação ou mesmo restar alguma dúvida conceitual. Caso se constate algo assim, solicitamos a gentileza de nos comunicar através do *e-mail* editoraforum@editoraforum.com.br para que possamos esclarecer, no que couber. A sua contribuição é muito importante para mantermos a excelência editorial. A Editora Fórum agradece a sua contribuição.

Dados Internacionais de Catalogação na Publicação (CIP) de acordo com ISBD

C331r	Carvalho, Fábio Lins de Lessa Raul Seixas e a administração pública: uma abordagem musical dos grandes desafios do Direito Administrativo no Brasil / Fábio Lins de Lessa Carvalho. - Belo Horizonte : Fórum, 2022. 216 p. ; 14,5cm x 21,5cm Inclui bibliografia ISBN: 978-65-5518-457-0 1. Direito Administrativo. 2. Música. 3. Direito Público. 4. Biografia. I. Título.
2022-2427	CDD 341 CDU 342

Elaborado por Odilio Hilario Moreira Junior - CRB-8/9949

Informação bibliográfica deste livro, conforme a NBR 6023:2018 da Associação Brasileira de Normas Técnicas (ABNT):

CARVALHO, Fábio Lins de Lessa. *Raul Seixas e a administração pública*: uma abordagem musical dos grandes desafios do Direito Administrativo no Brasil. Belo Horizonte: Fórum, 2022. 216 p. ISBN 978-65-5518-457-0.

Às gerações passadas, atuais e futuras de fãs de Raul Seixas e aos apreciadores do direito administrativo; à Waninha, Leo e Manu.

Aos queridos amigos e professores Irene Nohara, Fabrício Motta, Marcos Ehrhardt Júnior, Rodrigo Valgas, Raquel Carvalho, Juarez Freitas, Ricardo Schneider, Filipe Lôbo, alunos e colegas da Ufal e do Cesmac, da PGE/AL, do IDAA, do IHGAL, e do escritório Lins, Duarte & Gazzaneo, aos meus pais Mabel e Reinaldo, aos meus irmãos Fabiano, Cléria e Cleide, cunhados, sogros e sobrinhos.

Não sei onde eu tô indo
Mas sei que eu tô no meu caminho
Enquanto você me critica, eu tô no meu caminho
Eu sou o que sou, porque eu vivo à minha maneira
Só sei que eu sinto que foi sempre assim minha vida inteira
Eu sei...
Você esperando respostas,
Olhando pro espaço,
E eu tão ocupado vivendo,
Eu não me pergunto, eu faço!

(Raul Seixas, em *No fundo do quintal da escola*)

SUMÁRIO

PREFÁCIO
Irene Patrícia Nohara.. 13

CAPÍTULO 1
NOTAS INICIAIS: MAIS MÚSICA NO ENSINO DO
DIREITO... 23

CAPÍTULO 2
O LEGADO DE RAUL SEIXAS 31

CAPÍTULO 3
BREVE ANÁLISE DO PENSAMENTO DE RAUL
SEIXAS... 37

CAPÍTULO 4
TENDÊNCIAS E DESAFIOS DO DIREITO
ADMINISTRATIVO INSPIRADOS NAS MÚSICAS DE
RAUL SEIXAS 43
4.1   *Aluga-se*: reformas administrativas e a redefinição do
        tamanho do Estado 45
4.2   *Carimbador maluco*: a separação do joio e do trigo da
        burocracia 56
4.3   *Cowboy fora da lei* e *Conserve seu medo*: a reflexão gerada
        pelo direito administrativo do medo e pelo direito
        administrativo de espetáculo 63
4.4   *Metamorfose ambulante*, *Maluco beleza* e *Aquela coisa*: a
        conciliação entre continuidade e inovação 70
4.5   *Como vovó já dizia* (*Óculos escuros*): a valorização da
        cultura do planejamento e da prevenção 78
4.6   *Capim guiné*: o consequencialismo e o contextualismo
        na era do primado da realidade 88

4.7   *O dia em que a Terra parou* e *Carpinteiro do universo*: a revalorização do poder de polícia e dos serviços públicos 101

4.8   *Por quem os sinos dobram*: o fortalecimento das parcerias e da consensualidade na Administração Pública 110

4.9   *Sapato 36* e *Mosca na sopa*: a democracia administrativa e o controle social na era do governo digital 123

4.10 *Abre-te Sésamo*: a transparência além da retórica 142

4.11 *Sociedade alternativa*, *Novo Aeon* e *Metrô Linha 743*: a escalada e os riscos do autoritarismo 153

4.12 *Ouro de tolo*: o risco de retrocesso de políticas públicas e das conquistas do direito administrativo 166

CAPÍTULO 5
BÔNUS: *NO FUNDO DO QUINTAL DA ESCOLA* E *SÉCULO XXI*: UM BREVE RESUMO DO DIREITO ADMINISTRATIVO BRASILEIRO 175

CAPÍTULO 6
LETRAS DAS MÚSICAS ANALISADAS 179

CAPÍTULO 7
CRONOLOGIA DE RAUL SEIXAS E DO DIREITO ADMINISTRATIVO 203

REFERÊNCIAS 207

PREFÁCIO

Fabio Lins representa, para mim, uma belíssima amizade que nasceu e floresceu na pandemia e que, por afinidade de interesses, temas e reflexões no direito administrativo, estendeu-se para outras atividades e gostos. Fundador do IDAA – Instituto de Direito Administrativo de Alagoas e professor da Ufal, onde coordena matérias e lidera grupos de pesquisa, é profícuo escritor, procurador do estado, pesquisador culto, sem ser pedante, curioso e generoso no compartilhamento de conhecimentos.

Trata-se de um entusiasta das coisas do Brasil, com a alma de quem sabe da grandeza de sua terra, Alagoas, da qual reconhece e divulga as belezas e fatos históricos e culturais. É atencioso anfitrião, tendo recebido uma comitiva de administrativistas ao primeiro Congresso Alagoano de Direito Administrativo, que auxiliou a promover em 2022. Também é pessoa viajada, que aprecia mergulhar em experiências no novo e no velho continente, tendo, portanto, a cabeça aberta, bem formada (mas jamais formatada), com vivências e uma permanente busca por novos projetos e associações entre aquilo que identifica como grandioso e o que vem de dentro de sua entusiasmada alma de "administrativista-raiz".

À sombra generosa das grandes realizações, empreendidas sempre com entusiasmo, Fabio Lins se rodeia de um grande discipulado que vai se juntando nos espaços que abre para que muitos sigam pelos caminhos da pesquisa e do estudo no direito administrativo.

Assim, foi com enorme alegria que aceitei este irrecusável convite de escrever o prefácio da obra singular *Raul Seixas e a Administração Pública*, na qual Fábio Lins realiza com criatividade e sensibilidade uma abordagem musical dos grandes desafios do direito administrativo no Brasil. Trata-se de enfoque único, que vem a contribuir de forma inovadora e lúdica com as mais prementes reflexões desta nossa importante matéria do direito público, utilizando-se, como gatilho para uma série de reflexões, das músicas de um ícone do *rock* nacional: Raul Seixas.

O direito administrativo, belíssima disciplina, tão rica e mal compreendida, é permanentemente visto pela sociedade como fechado, conservador, limitado por atos normativos confusos, indecifrável entre os guichês e carimbos de repartições e quiçá opressivo das condutas sociais e das próprias administrações públicas.

Reclama-se de ser o direito administrativo avesso à imaginação, excessivamente normatizado e controlado nos mínimos pontos, ou, como Raul nos fez refletir na infância, como algo que, conforme associa Fábio Lins, "não vai a lugar nenhum", sem antes ser "selado, registrado, carimbado, avaliado, rotulado se quiser voar! Se quiser voar, pois pra Lua a taxa é alta, pro Sol, identidade", mas como condição para o viajar pelo universo é preciso o carimbo dando sim, sim, sim...

Ademais, como enfatizado por Fábio Lins, Raul Seixas recorre, no *Carimbador Maluco*, às formulações de Proudhon, anarquista francês, avesso a ser governado, dado que considerava que ser governado seria: "em cada operação, em cada transação, em cada movimento, notado, registrado, arrolado, tarifado, timbrado, medido, taxado, patenteado, licenciado, autorizado, apostilado, admoestado, estorvado, emendado, endireitado, corrigido".

Nós, nascidos em meados da década de setenta, mais precisamente em 1975, entramos na infância embalados pelo *Plunct Plact Zum* de Raul; na adolescência, ficamos pensando em alternativas para a realização dos desejos e criatividades que emergiam e eram abafados pela opressão social; e, na juventude, fomos embalados pelo ritmo de *Cowboy fora da lei*. Ainda, na maturidade, seguimos com o alerta imortal daqueles que, provocados pela música *Ouro de tolo*, concordam ser risível achar que, por ser um doutor, padre ou policial, já se estaria contribuindo para esse "belo" quadro social, quando há na vida mais do que simplesmente encontrar um emprego, constituir família, adquirir o carro do ano e ir, no fim de semana, ao parque zoológico dar pipoca aos macacos, sendo, de fato, entediante o projeto "macaco, praia, carro, jornal, tobogã"... símbolos do cotidiano de um entretenimento de manada a que se submetia a classe média ascendente da época cantada por Raul Seixas, o qual nos inspirou a desejar e imaginar "mais da vida" como condição para uma existência plena.

Aliás, nesse sentido, o recurso à música é um caminho que possibilita a todos se desviar de um cotidiano de repetição para alcançar a inspiração, a imaginação e a possibilidade de mudança, isto é, o que dá efetivo alimento à dignidade de cada alma humana. Daí o relevante trabalho de Fábio Lins de buscar uma metodologia diferenciada para refletir os desafios do direito administrativo, com o enfoque nas músicas de Raul Seixas, as quais atravessam gerações, sempre com o imorredouro impacto.

Tem bastante de educador neste impulso de abordagem de Fábio Lins, pois, ao escolher a música nacional como ponto de partida para suas análises, nos lembra do raciocínio de Paulo Freire, para quem não podemos alfabetizar pessoas com cartilhas dizendo que o "Ivo viu a uva", se, em nosso país tropical, não temos tantos Ivos, tampouco cultivamos tantas uvas... temos, sim: zoológico, macaco, praia e carro, moscas nas sopas e uma criatividade tamanha a produzir malucos beleza do quilate de Raul Seixas.

Assim, usar algo que faz parte de nosso cotidiano de brasileiros, como os elementos extraídos das músicas de Raul, para suscitar indagações na área é um passo relevante para verdadeiramente "educar" para uma autenticidade, em função do contexto vivido, sendo avesso, portanto, à mera mimetização das influências alienígenas, como sói ocorrer com maior frequência nas ambiências mais herméticas das academias.

Logo, não vamos pretender fazer bater corações brasileiros pelo direito administrativo, ao respirarmos exclusivamente os ares dos casos *Blanco*, *Pelletier* e *Lemmonier*, *arrêts* do Conselho de Estado francês, quando temos a riqueza de leis próprias, tão características, uma doutrina rica em âmbito nacional e a criatividade de um povo que, literal e figurativamente, cultiva suas jaboticabas, reflete sobre os autoritarismos de ontem, hoje e amanhã e se indaga sobre as disfunções da Administração Pública do medo no contexto local, regional e nacional.

Fábio Lins mergulha nas composições autênticas, originais e inspiradoras de Raul Seixas para estabelecer um caldo propício para a reflexão acerca dos desafios de transformação do direito administrativo, deixando de lado a abordagem da matéria como fim em si, numa espiral estreitamente entrópica, e vai abrindo espaço para um direito administrativo oxigenado, na contraposição entre a liberdade individual e a autoridade, estimulando os leitores a um olhar criativo sobre temas atuais como a "administração do medo", tão bem abordada pelo nosso amigo em comum: Rodrigo Valgas, sendo ainda associada a: "mamãe não quero ser prefeito, pode ser que eu seja eleito", e, complementa Lins, alguém pode querer me "processar".

Quanto ao Raul, foi um dos maiores astros da música brasileira, tendo sido compositor, produtor musical e músico, mas que sempre acalentou o desejo de ter sido escritor e, quiçá, ator (hollywoodiano, diga-se). Suas músicas abrangem temas como religião, amor, política, trabalho e a busca existencial pela felicidade, sendo legatárias de influências múltiplas, a ponto de transitarem do *rock* à música popular nordestina, do brega melodioso ao cotidiano, até o mais denso existencial, ora mais concretista e banal, ora messiânico e até barroco, guiadas pelo ímpeto da metamorfose ambulante, contendo, em muitas delas, o elemento místico, mas que não chega, na sua maioria, a atingir uma exagerada dramaticidade justamente por conta da pitada de irreverência tão bem empregada pelo artista, que atinge em cheio o sentimento do povo brasileiro, por meio de sua mais coloquial linguagem que toca a criança, o adolescente, o jovem, o adulto e o idoso das mais variadas classes sociais.

A plasticidade de Raul permitia ver os padrões mais essenciais contidos em variadas fórmulas, a ponto de associar, sob mesmo ritmo *folk*, que chama de "caipira", canções de Elvis Presley, como *Blue moon of Kentucky*, e o baião de Luiz Gonzaga, em *Asa branca*, fazendo um combinado harmônico que só alguém com grande desenvoltura, improviso e talento poderia realizar de forma acurada e, ao mesmo tempo, despretensiosa.

No entanto, ao se transformar em "mosca na sopa" ou reverenciar ficar, com certeza, "maluco beleza", Raul sempre suscitou controvérsias e reações tanto dos conservadores como até da ala da esquerda mais progressista.

Apesar de ter tido diversas músicas censuradas na ditadura, ter sido "convidado" a se exilar, aliás, expressando certo teor de homofobia no descritivo que fez do *Rock das aranhas*, ao não se conformar por ser exatamente "esta" música selecionada entre as censuradas, mesmo procurando dar passos para tentar estabelecer uma "sociedade alternativa", foi, ainda assim, taxado, pela ala da esquerda politizada de entreguista, de alienado e submetido aos padrões imperialistas.

Essa associação deve-se também pelo seu gosto, desde tenra idade, pelos ícones estadunidenses, como o seu ídolo Elvis Presley, o prazer que tinha de falar inglês, o casamento com uma norte-americana, sendo que era constante sua frequência ao consulado dos Estados Unidos, em Salvador, nas proximidades de sua residência.

Outrossim, diferentemente do exemplo de mártires icônicos que se sacrificaram por projetos coletivos, como Jesus Cristo, Gandhi ou Che Guevara, Raul Seixas, por sua vez, não era exatamente adepto dos atos de heroísmo em prol da salvação do mundo, o que se percebe da sua música *Cowboy fora da lei*, comentada por Fábio Lins, em que ele canta:

> Papai, não quero provar nada. Eu já servi à pátria amada. E todo mundo cobra a minha luz, minha luz. Oh, coitado, foi tão cedo. Deus me livre, eu tenho medo. Morrer dependurado numa cruz. Eu não sou besta pra tirar onda de herói. Sou vacinado, eu sou cowboy, cowboy fora da lei. Do Durango Kid só existe no gibi. E quem quiser que fique aqui. Entrar pra história é com vocês.

Percebe-se que não era exatamente o sujeito pronto para assumir o peso da liderança de uma revolução coletiva contra as agruras da sociedade opressora, aliás, apesar do teor de algumas músicas sugerir, por licença poética, na vida pessoal, por sua vez, nem queria assumir totalmente esse papel de "guru", que diz verdades inquestionáveis aos demais, sendo alguém que sempre brincou com o surgimento inevitável, pela força de suas ideias, de um raulseixismo, mas que também flexibilizou seu impacto para evitar o crescimento do fanatismo por parte de fãs mais radicais.

Contudo, ressalte-se que foi demasiadamente injusta a associação de Raul com a pecha "entreguista", pois ele compôs, em 1980, em conjunto com Cláudio Roberto, a música *Aluga-se*, depois mais divulgada para outras gerações na versão cantada pelos Titãs, em que tece críticas à postura entreguista dos governos militares nos anos 80, em que a solução pro nosso povo é "alugar o Brasil", oferecendo-o aos estrangeiros, com Atlântico com vista pro mar e a Amazônia o jardim do quintal, sem pagar nada, pois é tudo *free*.

É exatamente *Aluga-se* a música que Fábio Lins usa de gatilho para promover a reflexão sobre as privatizações que ocorreram no Brasil na década de noventa, em que havia pressões de nações hegemônicas provocando vendas, às pressas, de estatais com preços abaixo do valor, como pretexto de desenvolvimento, intentando também chamar a atenção para o uso distorcido da concepção divulgada de subsidiariedade, que procurou ser ressuscitada na última proposta de Reforma Administrativa da malfadada PEC nº 32.

Não houve na obra de Raul Seixas um teor revolucionário no sentido de combater diretamente as opressões da ditadura, que conclamasse ao engajamento político na luta de classes, até porque, por seu anarquismo, ele se recusava ao alinhamento político-partidário, mas, por outro lado, a arte produzida por Raul se voltava a debochar do projeto burguês de busca de conforto social, expondo, portanto, o ridículo de um estilo de vida consumista e vazio por parte da classe média ascendente, numa entediante e deprimente palhaçada de passar o fim de semana "jogando pipoca aos macacos" no jardim zoológico, justamente no período de milagre econômico e da ditadura, o que implica, por parte do artista, a ousadia de se recusar a seguir o *script* que a mediocridade social acalentava como projeto de vida.

Raul Seixas se autointitulava anarquista, contestador do sistema, ao qual não desejava, portanto, se submeter, pelo ímpeto de se autogovernar a partir da liberdade individual conquistada para fazer exatamente o que surgisse em sua (cambiante) vontade. Assim, pode-se identificar como uma preocupação recorrente em sua música o sofrimento de não se ter a liberdade de fazer o que se tem vontade, sendo dito que: "meu sofrimento é fruto do que me ensinaram a ser/sendo obrigada a fazer tudo mesmo sem querer".

As concepções de vontade e liberdade de Raul Seixas tiveram influência nas ideias do mago cultuado por roqueiros do calibre de Jimmy Page, Beatles, David Bowie e Marilyn Mason: Aleister Crowley, que elaborou doutrina fundada no arbítrio, denominada *Thelema*, cujo principal lema fora justamente a defesa do "faze o que tu queres, há de ser tudo da lei".

Aliás, a concepção de fundar uma sociedade alternativa foi também estimulada por outro "mago" escritor: Paulo Coelho. Sobre essa profícua amizade, com edificantes trocas e inexplicáveis afastamentos, amor e irritação, pesou, no entanto, uma dúvida que fora tão pronunciada nos bastidores do *rock* nacional nos últimos tempos como foi, *mutatis mutandis*, na literatura nacional, a suposição de traição de Capitu na literatura machadiana: de que Raul teria supostamente delatado Paulo Coelho e entregado seu amigo para a bárbara tortura sofrida.

Trata-se de mistério que foi recentemente intensificado pelos documentos que teve acesso o biógrafo de Raul Seixas, Jotabê Medeiros, mas que, depois, foi esclarecido, para a redenção da memória de Raul, por nada mais, nada menos do que Fernando Morais, um dos maiores biógrafos do Brasil, o qual, ao elaborar estudo criterioso sobre Paulo Coelho, apresenta a versão de que efetivamente não acredita que Paulo tenha sido torturado em razão da denúncia de seu amigo Raul, mas que havia a coincidência de um homônimo de foragido, até porque o paradeiro de Paulo Coelho, o qual não vivia de forma clandestina, não teria sido segredo a ser obtido mediante tortura pelos militares.

Ressalte-se que a bárbara tortura dos organismos militares repressores no período da ditadura brasileira recaía tanto sobre estudantes de esquerda, militantes e questionadores do golpe, como também sobre músicos, jornalistas, professores, formadores de opinião, ou qualquer pessoa que fosse arbitrariamente associada a atividades tidas por subversivas pelos órgãos de monitoramento e repressão.

Assim, a subversão de Raul tinha relação com sua postura mais irreverente, bem como na mensagem de autenticidade pautada na vontade de se buscar a liberdade individual, de um caráter mais anárquico. Então, essa verve contestadora do sistema vigente, que não aceitava se amoldar, bem num momento histórico autoritário e truculento, provocou sua prisão, tortura e exílio nos Estados Unidos, curiosamente bem num tempo em que suas canções alcançaram picos de sucesso justamente no Brasil, o que deixou os órgãos censores e as autoridades um tanto quanto desorientadas a respeito do tratamento que deveria ser dado ao artista (na estreita visão dos militares de então).

No entanto, o exílio de Raul nos Estados Unidos não foi exatamente tão melancólico e longo como o dos músicos tropicalistas e dos demais artistas perseguidos pela ditadura, apesar de ele dizer ter literalmente comido lixo em Nova Iorque, pois ele aproveitou, nos Estados Unidos, para visitar a Disney, a casa de Elvis Presley e procurar John Lennon, sendo que, em 1974, um funcionário do consulado brasileiro se dirigiu ao apartamento de Raul Seixas, informando que a música *Gita* havia estourado de sucesso e que ele poderia voltar ao Brasil, onde era já considerado "patrimônio nacional"...

No fundo, Raul Seixas sempre fora versátil, criativo, original, inovador, disruptivo, irreverente e contestador. Avesso ao cumprimento estrito de regras, advindas de uma geração que não aceitava passivamente a forte opressão dos colégios internos; depois, ainda, na juventude, da ditadura; contrário a aderir às propostas sociais de uma "vidinha" conservadora tradicional, despreocupado em firmar amarras nos compromissos sociais, tomado, desde a infância, pela atitude contestatória a partir de uma verdadeira "conversão" ao *rock'n'roll*, fiel muito mais à sua imaginação do que à realidade dos fatos, como no episódio, desmentido por Paulo Coelho, de que teria estado com John Lennon por dias, Raul Seixas sofreu múltiplas influências e soube metabolizá-las de forma absolutamente original.

Assim como, no início do século em que viveu, no qual houve o movimento antropofágico de Oswald de Andrade, também Raul Seixas pode ser tido como um artista aterrado na cultura nacional, a metabolizar, por figura da antropofagia, elementos externos e alienígenas apenas como substratos propícios para produzir uma arte própria, com a originalidade e a criatividade marcadas por característicos elementos nacionais. Então, constata-se que a idiossincrasia de Raul, isto é, a forma particular de reagir às influências externas, se voltava a produzir, por metabolização, algo aterrado em elementos nacionais, o que lhe propiciou "cair no gosto" do povo brasileiro.

Pouco importa se, ao contrário de seu companheiro de composição, o escritor Paulo Coelho, Raul não fora reconhecido "no exterior" como demandaria, de forma inquestionável (inclusive pela crítica – com exceção, mais recente, de Ed Motta, que polemizou, com comentários destrutivos, atacando não só Raul, mas também Elvis e Johnny Cash), a sua grandeza artística, dado que, no seio da sociedade brasileira, Raul Seixas é imortal, tendo sido eternizado como um dos maiores, pois inspirou e inspira gerações de brasileiros e brasileiras, entre outras atitudes, a sonhar o sonho coletivo de uma sociedade em que todos possam ter a liberdade de ser quem desejam ser.

Evidente que os projetos anárquicos de Raul não serão o mote a determinar um refundamento do direito administrativo, até porque suas ideias eram avessas à normatização estatal, mas suas músicas podem ser, sim, como demonstra Fábio Lins, utilizadas como substrato apto a estimular a análise de diversos temas, como o da cidadania, em *Mosca na sopa*, ou mesmo das medidas administrativas e de isolamento pela pandemia de Covid-19, embalados nas profetizações de *O dia em que a terra parou*, da LINDB e do governo digital, fontes inspiradoras de ricas associações para que a matéria sofra suas metamorfoses e adaptações, arejando as coisas "da lei" com um maior *self-restraint* por parte do controle, para que haja mais espaço para o experimental, mais liberdade, consenso e respeito à dignidade humana.

Assim, Fábio Lins efetivamente cumpre o ideário de Raul, como se propôs, procurando afastar-se de ser "um sujeito normal", que simplesmente faz "tudo igual" e, com a presente obra, traça um criativo paralelo entre as ideias-mestras contidas nas músicas do Raul, que são inseridas ao final (no original), e o direito administrativo brasileiro deste início do século XXI.

Fica, portanto, a mensagem de Fábio Lins, amparado em Raul, de se combater a burocracia disfuncional, quiçá preparando a disciplina para as mudanças antevistas no *Novo Aeon*, conforme álbum lançado em 1975. Aliás, como um convite à reflexão da contracultura, então, termino aqui lembrando da sincronicidade dos fatos de 1975, nosso ano de nascimento (meu e do Fábio Lins), momento, conforme dito, de lançamento do quarto álbum de Raul, o místico *Novo Aeon*, representante da Era de Aquário, e, principalmente, ano-marco de criação do Instituto Brasileiro de Direito Administrativo (o maduro IBDA), cuja primeira diretoria contou com Manoel de Oliveira Franco Sobrinho, Caio Tácito, Celso Antônio Bandeira de Mello, Sérgio de Andrea Ferreira e Sérgio Ferraz.

Talvez depois de mais de quatro décadas tenhamos "algumas pistas" do surgimento desta prometida era, que os *hippies* dos anos sessenta e setenta antecipavam, em que seremos integrados pelas novas tecnologias, teremos uma organização social mais cooperativa e menos competitiva, estruturada a partir dos compartilhamentos, vivenciaremos mais o "ser" do que o "ter", deixaremos de nos submeter coletivamente, tal qual manada, a líderes autoritários, dado que iremos buscar entender melhor as vontades e necessidades individuais, sendo a ciência um guia para grandes descobertas que estão por vir.

Quiçá o direito administrativo esteja sendo preparado para isso, com a interconectividade dos processos digitais, as contratações eletrônicas, sem tanta burocracia, em poucos cliques, o estímulo às *startups*, o tema da sustentabilidade do prisma ambiental, a valorização da inovação, a admissão do risco e da possibilidade do teste, como condições para a criatividade, e, consequentemente, a naturalização da possibilidade de erro enquanto pressuposto do experimental, a LINDB e a alteridade, sendo imprescindível para chegarmos nesta utopia que enfrentemos temas abordados nesta obra, que são: a cultura do sigilo, a corrupção, o autoritarismo, o patrimonialismo, o amadorismo, a litigiosidade, a mediocridade do improviso e a repetição, tão criativamente referidos por Fábio Lins.

Assim, convidamos todos a viajarem nessa rica aventura que, ao abordar Raul Seixas, confesso que também, na senda do direito administrativo, "como essa eu nunca experimentei!", mas por tudo que li, adorei, para que todos partam "sem problema algum", refletindo os relevantes e atuais temas do direito administrativo a partir do livre pensamento, mas com o selo e o carimbo de atestada qualidade da lavra do nosso querido Fábio Lins!

São Paulo, 24 de julho de 2022.

Irene Patrícia Nohara
Livre-Docente e Doutora em Direito do Estado pela USP. Professora do Programa de Direito Político e Econômico da Universidade Presbiteriana Mackenzie. Escritora no Direito Administrativo.

CAPÍTULO 1

NOTAS INICIAIS: MAIS MÚSICA NO ENSINO DO DIREITO

Com o avanço dos métodos pedagógicos, existem várias possibilidades para incrementar a aprendizagem dos mais diversos conteúdos e saberes. Registre-se aqui que não se trata tão somente do reconhecimento do papel das novas tecnologias de ensino, mas, sobretudo, da necessidade de valorização de estudos transdisciplinares, que tornem a atividade de aprendizagem mais completa, atrativa e eficaz.

Neste contexto, o ensino e a pesquisa do direito, que vêm repetindo as mesmas fórmulas há vários séculos (aulas exclusivamente expositivas e textos de grande ênfase na dogmática, respectivamente), apesar das fortes resistências a mudanças, devem abrir "espaços para novas ações pedagógicas, que surgem orientadas pelos avanços da tecnologia e da comunicação, e que suscitam a reflexão de uma atuação docente mais moderna".[1]

Ainda sobre a tendência de o ensino jurídico ser avesso à inovação, convém destacar:

> nas salas de aula os professores sisudos em seus ternos engomados repetem códigos, leem suas folhinhas amareladas preparadas para aulas dadas há anos atrás. Reduzem a complexidade da vida, dos conflitos,

---

[1] BENTO, Flávio; BENTO, Vitória Kitamura; SANTOS, Lucas Rafael de Menezes. Ensino do direito, avaliação de curso de graduação e tecnologias de informação e comunicação. *Âmbito Jurídico*, 1º set. 2014. Disponível em: https://ambitojuridico.com.br/edicoes/revista-128/ensino-do-direito-avaliacao-de-curso-de-graduacao-e-tecnologias-de-informacao-e-comunicacao/. Acesso em: 24 abr. 2022.

a textos frios: a dor das prisões é reduzida ao "processo de execução", a dor do parente perdido é apenas o "de cujus".[2]

Assim, a falta de contato da docência do direito com a realidade social vem acarretando um processo de dessensibilização do estudante das ciências jurídicas, que, embora inicie sua formação idealizando o direito como um instrumento de realização da justiça e de solução dos problemas sociais, com o passar do tempo, seu pensamento "acaba sucumbindo a discursos ultrapassados, egos inflados e desvalorização da pesquisa de campo".[3]

Conforme explica Luis Alberto Warat, a metodologia tradicionalmente adotada pelas ciências jurídicas resulta em uma pinguinização dos bacharéis em direito, gerando um processo de perda de sensibilidade dos estudantes de direito na medida em que vão sendo submetidos a uma (de)formação baseada em um pensamento uniforme e alienante sobre o direito. Assim, sustenta o citado jurista que aquele que se dedica ao ensino do direito deve adotar uma metodologia que consiga despertar nos alunos um "clima mágico", que é a chave do êxito docente, pois permite a compreensão crítica da sociedade e sua transformação.[4]

Um dos caminhos apontados para gerar este "clima mágico", facilitando a aproximação e conhecimento do universo jurídico, é a arte. Atualmente, cinema[5] e literatura[6] são as expressões

---

[2] TOKARSKI, Carolina Pereira. *Com quem dialogam os bacharéis em direito da Universidade de Brasília?* A experiência da extensão jurídica popular no aprendizado da democracia. 2009. Dissertação (Mestrado em Direito, Estado e Constituição) – Pós-Graduação em Direito, Universidade de Brasília, Brasília, 2009. p. 23. Disponível em: http://repositorio.unb.br/bitstream/10482/7014/1/2009_CarolinaPereiraTokarski.pdf. Acesso em: 22 maio 2022.

[3] SOUZA, Damiana Vania da Silva; DUNDER, Juliana Silva. A arte de ensinar direito: uma ligação entre a interpretação musical e a aplicação jurídica. *Publica Direito*. Disponível em: http://publicadireito.com.br/artigos/?cod=b7e0f3c8cbc0db30. Acesso em: 22 maio 2022.

[4] WARAT, Luis Alberto. Materialismo mágico. *Grupo Arte & Direito*. Disponível em: http://luisalbertowarat.blogspot.com.br/search/label/Materialismo%20M%C3%A1gico. Acesso em: 22 maio 2022.

[5] *Vide* KAMIR, Orit. Por que 'direito e cinema' e o que isso realmente significa? Uma perspectiva. *Revista Direito e Praxis*, Rio de Janeiro, v. 12, n. 4, p. 2997-3030, 2021; NEVES, José Roberto de Castro. *Os advogados vão ao cinema*. Rio de Janeiro: Nova Fronteira, 2019.

[6] *Vide* STRECK, Lenio Luiz; TRINDADE, André Karam. *Direito e literatura*. Da realidade da ficção à ficção da realidade. São Paulo: Atlas, 2013. Também aqui se recomenda o programa de TV *Direito & Literatura* (atualmente disponível no canal do YouTube da TV e Rádio Unisinos), da Rede Brasileira Direito e Literatura; European Network for Law and

artísticas mais utilizadas no ensino no direito, carecendo ainda a música de um maior acolhimento como instrumento jurídico-pedagógico:

> en el ámbito académico de las Ciencias Sociales, y en particular de las Ciencias Jurídicas, existe una amplia experiencia en la utilización de algunas expresiones artísticas, como el cine o la literatura, como herramienta de aprendizaje a fin de dinamizar el estudio del derecho, que en ocasiones puede resultar bastante árido, y conectar el mismo con la realidad aumentando así el interés del estudiantado. Sin embargo, más escasa resulta la utilización en este sentido de la música como instrumento de aprendizaje en el ámbito de las Ciencias Jurídicas. Una situación que difiere de otros ámbitos educativos superiores como la educación, la historia o la enseñanza de idiomas en los que sí existen más precedentes de su utilización con notables resultados, en especial en el ámbito anglosajón y latinoamericano.[7]

Em alguns contextos, especialmente internacionais, começa a haver um maior reconhecimento do papel da música no direito, inclusive se estimulando seu uso criativo na produção de textos legais e decisões judiciais:

> Today, popular music has become popular in legal writing and in court decisions. Popular song lyrics are more often classified as poetry. The lyrics of popular music are used to help with a particular theme and to give some beauty, some emotional décor. This use might not always be regarded as an improvement, but it might be seen as an attempt to write more creatively. Pop culture is sometimes seen as "a way of expressing statements important to civil societies."[8]

Literature – EURNLL; Italian Society for Law and Literature – ISLL; Cátedra Abierta de Derecho y Literatura – UMA; Pólemos – Journal of Law, Literature and Culture; Revue Droit & Littérature; Journal Law & Literature.

[7] APARICIO CHOFRÉ, Lucía. La música como herramienta de aprendizaje. El proyecto Human Rights song. *Revista Docencia y Derecho*, p. 148-161. Disponível em: https://orcid.org/0000-0002-0273-2171. p. 150.

[8] Em tradução do autor: "Hoje, a música popular tornou-se popular na escrita legal e nas decisões judiciais. Letras de músicas populares são mais frequentemente classificadas como poesia. As letras da música popular são usadas para ajudar com um tema específico e para dar alguma beleza, alguma decoração emocional. Esse uso pode nem sempre ser considerado como uma melhoria, mas pode ser visto como uma tentativa de escrever de forma mais criativa. A cultura pop às vezes é vista como "uma forma de expressar declarações importantes para as sociedades civis" (GROSSFELD, Bernhard; HILLER, Jack A. Music and law. *The International Lawyer*, v. 42, n. 3. p. 1163).

Na Universidad de Valencia (Espanha), desde 2020, já vem sendo executado um projeto acadêmico para ensino da disciplina Direitos Humanos a partir da análise de músicas. Entre as canções que são interpretadas e contextualizadas com as temáticas jurídicas, destaque para *Y.M.C.A.*, do Village People, sobre os direitos coletivos LGBT; *They don't care about us*, de Michael Jackson, para a igualdade perante a lei; *Zombie*, dos The Cranberries, sobre liberdade de pensamento, consciência e religião; *Blowin in the wind*, de Bob Dylan, sobre o direito à vida; *Another brick in the wall... behind the wall*, do Pink Floyd, sobre liberdade de expressão; *Latinoamérica*, de Calle 13, sobre direito a autodeterminação, *No Dudaría*, de Rosario Flores, sobre proibição da tortura e de tratamentos desumanos e degradantes.[9]

No Brasil, apesar de haver alguns poucos estudos e publicações[10] sobre a adoção da música como ferramenta de aprendizagem do direito, na prática, pouca coisa vem sendo feita neste contexto:

> O estudo e o ensino do Direito ainda são feitos, via de regra, de maneira tradicional. Muito embora o mundo se transforme em uma velocidade jamais vista ou imaginada, as práticas jurídicas, em suas diversas áreas e não apenas na judicial, persistem no uso de modelos antigos, muitas vezes ultrapassados. Mas o fato é que o ensino jurídico exige cada vez mais criatividade e atualização dos professores. E um campo ainda inexplorado é o da música. Com efeito, enquanto cinema e Direito vêm recebendo cada vez mais atenção, a música é praticamente ignorada.[11]

Mas, afinal, qual seria a justificativa que recomenda ao operador do direito buscar aperfeiçoar sua relação com seu objeto de

---

[9] APARICIO CHOFRÉ, Lucía. La música como herramienta de aprendizaje. El proyecto Human Rights song. *Revista Docencia y Derecho*, p. 148-161. Disponível em: https://orcid.org/0000-0002-0273-2171. p. 157.

[10] Registre-se o recém-lançado livro coletivo *Música & Direito*. Sobre ele: "Música e direito. Dois mundos que poderiam parecer díspares. 'Poderiam'. Neste livro, afinal, alguns dos principais nomes do direito brasileiro desfazem essa primeira impressão ao tratar de grandes momentos da música – brasileira e internacional – segundo o olhar de quem tem por ofício lidar com a dinâmica das leis e dos tribunais. O resultado é um encontro impressionante e inusitado que enriquece ambos os mundos, bem como a bagagem cultural de todos nós, leitores" (NEVES, José Roberto de Castro (Org.). *Música & Direito*. Rio de Janeiro: Nova Fronteira, 2022).

[11] FREITAS, Vladimir Passos de. Direito e música é tema rico e pouco explorado. *Conjur*, 2 jan. 2011. Disponível em: https://www.conjur.com.br/2011-jan-02/segunda-leituradireito-musica-tema-rico-explorado. Acesso em: 21 abr. 2022.

estudo a partir da música? Além de se tratar de um método de aprendizagem lúdico, que atrai a atenção dos leitores e estudantes, a resposta é:

> música e ser humano caminham lado a lado. Aquela é manifestação, expressão, sublimação, catarse deste. Revela-o. Daí por que se afigura essencial para o Direito melhor conhecer e mais se aproximar deste mesmo ser humano, o que, seguramente, trará efeitos sociais benéficos.[12]

Destaca ainda José Ricardo Alvarez Vianna:

> Estudos transdisciplinares têm sido uma nova maneira de se estudar o Direito, ampliando o espectro do investigador. Atualmente, há registros de pesquisas envolvendo Direito e Cinema, Direito e Literatura, Direito e Matemática e, inclusive, Direito e Música. Esta perspectiva contribui para uma visão mais humanística e sensível de captar a realidade da vida e da natureza humana, sem negar ou rejeitar a técnica jurídica, o que, acredita-se, contribui para uma melhor interpretação/aplicação do Direito.[13]

Além de revelar a alma humana, a música é um importante instrumento de conhecimento da sociedade, visto que é sempre naquela retratada:

> Se tanto o Direito quanto a Música se desenvolvem no mesmo campo, o campo das relações humanas, podemos dizer que, da mesma forma com que o Direito influencia o contexto social e, consequentemente, as manifestações artísticas; a música, de seu turno, enquanto expressão do corpo individual e social, pode oferecer informações para a compreensão do Direito ao exprimir uma visão da sociedade, de onde o direito emerge e onde atua.[14]

Neste contexto, "a música é uma das diversas esferas sociais que possibilita, tomando a parte pelo todo, entender a sociedade.

---

[12] VIANNA, José Ricardo Alvarez. Direito e música: aproximações para uma "razão sensível". *Jus.com.br*, 2012. Disponível em: https://jus.com.br/artigos/21120/direito-e-musica-aproximacoes-para-uma-razao-sensivel. Acesso em: 21 abr. 2022.

[13] VIANNA, José Ricardo Alvarez. Direito e música: aproximações para uma "razão sensível". *Jus.com.br*, 2012. Disponível em: https://jus.com.br/artigos/21120/direito-e-musica-aproximacoes-para-uma-razao-sensivel. Acesso em: 21 abr. 2022.

[14] RODRIGUES, Horácio; GRUBBA, Leilane. O ser dos direitos humanos na ponte entre o direito e a música. *Revista Opinião Jurídica*, v. 9, n. 13, 2011. p. 3.

O direito pode-se beneficiar dessas representações da música, para ajudar a entender algumas figuras e especificidades de cada sociedade".[15]

Alguns exemplos podem ser aqui apresentados a respeito da possibilidade de análise da sociedade brasileira a partir da música: diversas canções de Chico Buarque (como *Cálice, Acorda amor, Vai passar* e *Pelas tabelas*) são um importante caminho para compreensão dos tempos sombrios da ditadura militar; da mesma forma, várias músicas de Zé Ramalho servem como retrato do contexto social brasileiro, em especial, no tocante à exploração das classes sociais mais baixas (como é o caso das músicas *Admirável gado novo, Cidadão* e *O meu país*).

Em artigo que trata da matéria, foram apresentadas algumas músicas que podem servir para a compreensão de diversos temas dos mais variados ramos jurídico: a questão da discriminação no direito constitucional em *Bate a poeira* (Karol Conká); a ação reivindicatória do direito civil em *Saudosa maloca* (Adoniran Barbosa); a jornada de trabalho do direito do trabalho em *Construção* (Chico Buarque); a questão da ressocialização no direito penal em *O Cristo de madeira* (Ana Carolina); as condicionantes infracionais do Estatuto da Criança e Adolescente em *O meu guri* (Chico Buarque); a arrecadação de imposto do direito tributário em *Imposto* (Djavan); o respeito pelos direitos LGBTTT em *Meninos e meninas* (Legião Urbana); e a improbidade administrativa dos direitos eleitoral e administrativo em *Asa branca* (Luiz Gonzaga).[16]

Conforme se verá nesta pesquisa, as músicas de Raul Seixas também podem fornecer importantes subsídios para compreensão de diversas temáticas, e entre elas, estão as relações entre liberdade individual e autoridade no Brasil, uma das principais questões do direito administrativo.

---

[15] SALGADO, Gisele Mascarelli. O malandro e o direito: um estudo sobre as relações entre direito e música. *Âmbito Jurídico*, 1º mar. 2012. Disponível em: https://ambitojuridico.com.br/edicoes/revista-98/o-malandro-e-o-direito-um-estudo-sobre-as-relacoes-entre-direito-e-musica/. Acesso em: 22 maio 2022.

[16] SOUZA, Damiana Vania da Silva; DUNDER, Juliana Silva. A arte de ensinar direito: uma ligação entre a interpretação musical e a aplicação jurídica. *Publica Direito*. Disponível em: http://publicadireito.com.br/artigos/?cod=b7e0f3c8cbc0db30. Acesso em: 22 maio 2022.

Afinal:

acreditamos ser possível traçar um diálogo com a obra do cantor e compositor Raul Seixas do ponto de vista da história da música no Brasil, incentivando outras formas de pensar que não se enquadrem no binômio "cultura/contracultura", mas sim, por meio das "pulsações culturais e políticas" em que desenvolve uma micropolítica através de sua proposta estética musical.[17]

---

[17] SANTOS, Eberton Diego. *Um cowboy fora da lei*: Raul Seixas, uma revolução molecular na música brasileira. Dissertação (Mestrado em História) – Universidade Federal de Uberlândia, 2015. p. 70. Disponível em: https://repositorio.ufu.br/bitstream/123456789/16498/1/CowboyForaLei.pdf. Acesso em: 17 maio 2022.

CAPÍTULO 2

O LEGADO DE RAUL SEIXAS

Raul Santos Seixas nasceu em uma casa situada na Avenida Sete de Setembro, número 108, em Salvador, capital da Bahia, no dia 28.6.1945. Ele era filho de Maria Eugênia Santos Seixas (dona de casa) e de Raul Varella Seixas (engenheiro ferroviário). Raul era o filho mais velho do casal, que, três anos depois, também veria nascer Plínio, o único irmão do cantor baiano.

Embora só tenha vivido quarenta e quatro anos (Raul faleceu em 21.8.1989, na capital paulista), na condição de produtor musical, compositor e cantor, Raul Seixas ocupou um importante espaço na cena cultural brasileira dos anos 1970 e 1980, sendo um dos maiores nomes do *rock* nacional, embora tenha também enveredado por outros ritmos musicais (como jovem guarda, *rockabilly*, *folk*, *blues*, baião, xaxado, *soul music*, disco, música caribenha, gospel, bolero, tango, *jazz*, *art-rock*) e procurado fazer uma fusão entre eles.

Ora contestador,[18] ora místico,[19] ora erudito,[20] ora popular,[21] seja de forma irreverente[22] ou transmitindo mensagens carregadas

---

[18] Alguns exemplos seriam as músicas *Dentadura postiça* (1973), em que dentadura seria ditadura, e no refrão um coro canta "Vai cair"; e *Eu sou Eu, Nicuri é o Diabo* (1983), em que questiona "KiD Jango?", uma referência a João Goulart, presidente deposto pelo golpe de 1964.

[19] É o caso de *Gita* (1974), inspirada no *Bhagavad Gita*, que significa *Canção de Deus*, texto que faz parte do épico *Mahabharata*, uma parte dos *Vedas*, extensas escrituras do hinduísmo.

[20] Na música *Eu nasci há dez mil anos atrás* (1974), Raul demonstra todo seu apreço pela história.

[21] Nas músicas *Coisas do coração* (1983), *Tu és o MDC da minha vida* (1975) e *Diamante de mendigo* (1979), vê-se o lado mais "romântico" de Raul Seixas.

[22] Como exemplo, durante a ditadura militar, gravou a música *Mamãe eu não queria* (1984, álbum *Metrô Linha 743*), em que declara: "Mamãe, eu não queria servir o exército/Não

de filosofia,²³ quase sempre polêmico,²⁴ a partir de suas músicas inconfundíveis, Raul Seixas atingiu o sucesso em vida, e, provavelmente, sua fama e admiração se espalharam ainda mais após a sua morte e chegam até os dias de hoje, com milhares de fãs de diversas gerações. Neste sentido, raros são os artistas que têm, em sua homenagem, passeatas realizadas todos os anos pelo país, como é o caso de Seixas.²⁵

Neste sentido, constata-se que o artista se tornou uma lenda, e seu:

> cancioneiro, um baú de pérolas. Para parte dos fãs, o artista e sua cria se transmutaram numa ciência. Em outras tribos, seguidores preferem dizer que o fenômeno virou uma religião. Seja uma coisa, seja outra, ou ambas, fato é que, ao menos no Brasil, jovem ou velho, em algum momento da vida, já ouviram ou gritaram: "Toca Raul!".²⁶

Ao longo de sua vida, entre as cidades de Salvador, Rio de Janeiro e São Paulo, e com temporadas nos Estados Unidos, Raul compôs trezentas e doze músicas (além das inéditas), muitas delas em parceria com o escritor Paulo Coelho, com o músico Marcelo Nova e com o compositor Cláudio Roberto, entre outros, e gravou vinte e um discos.

Autor de uma biografia sobre o cantor baiano²⁷, Jotabê Medeiros afirma que Raul "tinha essa coisa de tentar conversar com o mundo por meio da música, e fazia isso com muita coloquialidade. Como

---

quero bater continência/Nem pra sargento, cabo ou capitão/Nem quero ser sentinela, mamãe/Que nem cachorro vigiando o portão/Não!".

²³ São os casos de *Ouro de tolo* (1973), *Tente outra vez* (1975), *Canto para a minha morte* (1976) e *Trem das 7* (1974).

²⁴ Neste grupo, estão as canções *Pastor João e a Igreja invisível* (1989), em que critica grupos religiosos, e *Não quero mais andar na contramão* (1988), em que trata do uso de drogas.

²⁵ Além das passeatas, geralmente realizadas no dia 21 de agosto (dia da morte do cantor), neste ano de 2022, está sendo organizada em várias capitais brasileiras a "Raul Seixas Experience", mostra montada em uma área de cerca de 900 metros quadrados, com ambientes temáticos, música, interatividade e realidade aumentada "para levar o fã a uma experiência única, além, claro, de mais de 4.500 objetos pessoais catalogados originais, desde manuscritos a vídeos inéditos, música, roupas, instrumentos e muito mais para levar o público à loucura" ('RAUL Seixas Experience' será em 2022'. *IstoÉ*. Disponível em: https://istoe.com.br/raul-seixas-experience-sera-em-2022/. Acesso em: 24 abr. 2022).

²⁶ MINUANO, Carlos. *Raul*. Por trás das canções. Rio de Janeiro: Best Seller, 2019. p. 10.

²⁷ MEDEIROS, Jotabê. *Raul Seixas*: não diga que a canção está perdida. São Paulo: Todavia, 2019.

poucos, Raul entendia a alma nacional e falava com muita propriedade a língua do povo". E completa: "os artistas acabam se afastando da realidade, mas o Raul jamais se distanciou do povo brasileiro".[28] Sobre a obra e legado do artista baiano, também já foi destacado que:

> A partir das suas canções várias metáforas tornaram-se famosas, tais como "metamorfose ambulante", "maluco beleza", "mosca na sopa" e "carimbador maluco", sendo utilizadas em discursos políticos, peças publicitárias e pelo público em geral. Rockeira, popular, brega, existencial, mística, filosófica, muitos são os nomes utilizados na tentativa de classificar sua obra e avaliar seu significado no cenário da música popular brasileira. Para muitos dos seus admiradores, além de um artista genial, autêntico, original, ele é o porta-voz de novas ideias, possibilidades de viver e entender o mundo contemporâneo, e sua obra seria, então, uma espécie de "testamento", o legado a ser preservado e, sobretudo, continuado. Assim compreendendo, muitos vêm se dedicando a manter viva a memória de Raul Seixas através dos fãs-clubes, das redes sociais na Internet, do trabalho dos covers, sósias, de publicações variadas (quadrinhos, livros, poesias, cordéis, vídeos, ensaios), e da realização de homenagens póstumas, organizando tributos, shows, passeatas. Todas estas estratégias parecem cumprir a tarefa de preencher a lacuna entre a morte e a vida, transformando a ausência em presença, ligando o mundo visível e o invisível, mantendo o vínculo entre o artista e o seu público e, ao mesmo tempo, ampliando a comunidade de fãs.[29]

Tamanho interesse pela obra de Raul Seixas teria que chegar à academia, e foi isto que realmente aconteceu: "nos meios acadêmicos, a sua obra vem ganhando atenção crescente desde o final dos anos 1990, com a produção de monografias de graduação, dissertações de mestrado e teses de doutorado".[30]

Adepto de uma filosofia de vida que ele chamava de "raulseixismo", cujo objetivo maior era atingir o ideal de liberdade, Raul Seixas viveu intensamente uma das fases da história brasileira mais marcada pelo autoritarismo, tendo sido um crítico ácido do período

---

[28] MATEUS, Bruno. Biografia mergulha na obra e na personalidade fascinante de Raul Seixas. *O Tempo*, 26 out. 2019. Disponível em: https://www.otempo.com.br/diversao/biografia-mergulha-na-obra-e-na-personalidade-fascinante-de-raul-seixas-1.2254142. Acesso em: 22 abr. 2022.
[29] ABONIZIO, Juliana; TEIXEIRA, Rosana da Câmara (Org.). *Raul Seixas*: estudos interdisciplinares. Cuiabá: Carlini & Caniato Editorial, 2015. p. 7.
[30] ABONIZIO, Juliana; TEIXEIRA, Rosana da Câmara (Org.). *Raul Seixas*: estudos interdisciplinares. Cuiabá: Carlini & Caniato Editorial, 2015. p. 8.

de ditadura militar, tendo, por esta razão, sido perseguido, censurado, preso, torturado e exilado.[31]

Mas seria Raul Seixas antiacadêmico? Na música *Eu vou reclamar*, ele proclama: "Olho os livros na minha estante/Que nada dizem de importante/Servem só pra quem não sabe ler". Todavia, conforme já destacado sobre este trecho, "é evidente que não se está pregando que os livros tenham pouca serventia, mas se questiona o modo como são lidos, sem reflexão e com alienação, quando deveriam servir para o raciocínio que levasse a uma (ainda que pretensa) autonomia intelectual".[32]

Certamente, o direito, apesar de ser tão "careta", e talvez exatamente por este seu caráter acentuadamente conservador, também tem muito que aprender e se inspirar com as mensagens cuidadosamente colocadas por Raul Seixas em suas músicas, e é isto que este trabalho se propõe a fazer, tendo escolhido, para contextualizar esta investigação, um dos ramos jurídicos mais relevantes na vida social brasileira: o direito administrativo, o setor do direito que lida com o binômio liberdade/autoridade,[33] e que, no ano de 2022, provavelmente, é o que mais está precisando respirar ares libertários, republicanos e democráticos.

Raul Seixas era um ser humano bastante complexo, que alternou "vícios e virtudes, perversidade e generosidade, grandeza

---

[31] Sobre esta questão, *vide* SANTOS, Paulo. *Raul Seixas*: a mosca na sopa da ditadura militar. Censura, tortura e exílio (1973-1974). Orientadora: Maria Izilda Santos de Matos. Dissertação (Mestrado em História) – Pontifícia Universidade Católica de São Paulo, São Paulo, 2007. Disponível em: https://tede2.pucsp.br/bitstream/handle/13021/1/Paulo%20 dos%20Santos.pdf. Acesso em: 22 abr. 2022.

[32] DEVIDES, Dílson César. *Raul Seixas e o Brasil pós-64*: cultura, repressão, censura. Disponível em: file:///C:/Users/Fabio/Downloads/2233-6979-2-PB.pdf. Acesso em: 9 jun. 2022.

[33] Di Pietro afirma que "O Direito Administrativo, desde as origens, caracterizou-se pelo binômio prerrogativas (que protegem a autoridade) e sujeições (que protegem os direitos individuais perante os excessos do poder); e esse é um dos grandes paradoxos do Direito Administrativo como ramo do direito caracterizado fundamentalmente pelo referido binômio. Não há justificativa para que esse binômio seja visto de um lado só. Pode ter havido períodos da evolução do Direito Administrativo, em que a balança pendeu para o lado das prerrogativas e, portanto, do autoritarismo. No primeiro período, da justice rétenue (justiça retida), em que o contencioso administrativo esteve vinculado ao imperador (fase do administrador-juiz) prevaleceu o caráter autoritário das normas que disciplinavam a atuação administrativa, fortemente centralizada; a última palavra sobre as manifestações do contencioso administrativo era do imperador. Com a instauração do Estado de Direito, pendeu-se para o lado oposto, ou seja, para a proteção das liberdades individuais" (DI PIETRO, Maria Sylvia Zanella. *Direito administrativo*. 33. ed. São Paulo: Forense, 2020. p. 14).

e pusilanimidade".³⁴ Neste contexto, longe de qualquer idolatria, não há neste trabalho uma adesão ou concordância cega em relação às ideias de Raul Seixas acerca das mais diversas temáticas, mas, além da admiração artística, há a demonstração de como alguns dos pensamentos, opiniões e observações que o compositor baiano apresentou em suas canções são críticas da realidade brasileira bem formuladas, adequadas e incrivelmente atuais.

A propósito, em certa medida, pode-se até mesmo afirmar que algumas das ideias de Raul Seixas chegam a ser visionárias, na medida em que previram situações que somente anos após sua morte passaram a ser padrão na gestão pública brasileira.

Neste último contexto, são apreciadas neste trabalho questões como a apatia, o medo e o receio que vêm levando grande parte da classe intelectual brasileira a não querer assumir cargos diretivos, o que já era anunciado na música *Cowboy fora da lei* e *Conserve seu medo*, que foram escritas antes mesmo da Constituição de 1988, marco que fortaleceu o sistema de controle da Administração Pública.

Ainda neste diapasão, será demonstrada como a tendência de privatizações no setor público brasileiro foi profetizada por Raul Seixas na canção *Aluga-se*, de 1980, e que veio a se concretizar algumas décadas depois.

Acrescente-se que, entre as grandes tendências da Administração Pública brasileira escolhidas nesta pesquisa e que foram relacionadas com músicas compostas por Raul Seixas, podem ser mencionadas a crítica às disfunções da burocracia, apresentada de forma irreverente em *Carimbador maluco*; e as resistências às ideias de continuidade administrativa e de inovação, que podem ser refletidas a partir de *Metamorfose ambulante*, *Maluco beleza* e *Aquela coisa*.

Também serão investigados os problemas derivados da ausência da cultura do planejamento e da prevenção em *Como vovó já dizia* (*Óculos escuros*), o papel do contextualismo (circunstancialismo) e do consequencialismo em *Capim guiné*; e a revalorização das atividades administrativas tradicionais, que ficaram evidenciadas na pandemia da Covid-19, mas já eram anunciadas em *O dia em que a Terra parou* (poder de polícia) e em *Carpinteiro do universo* (serviços públicos).

---

³⁴ MEDEIROS, Jotabê. *Raul Seixas*: não diga que a canção está perdida. São Paulo: Todavia, 2019. p. 12.

Outras temáticas a serem abordadas neste livro são o fortalecimento das parcerias e da consensualidade na Administração Pública, cujas relevâncias são apresentadas em *Por quem os sinos dobram*; o florescer da democracia administrativa em *Sapato 36*; o incremento e protagonismo do controle social em *Mosca na sopa* e a transparência administrativa em *Abre-te Sésamo*; os riscos do autoritarismo em *Sociedade alternativa*, *Novo Aeon* e *Metrô Linha 743*; e a possibilidade de retrocesso de políticas públicas e conquistas do direito administrativo em *Ouro de tolo*.

Também será realizado um resumo do direito administrativo mundial e brasileiro na atualidade a partir das músicas *No fundo do quintal da escola* e *Século XXI*. Enquanto na primeira Raul Seixas declarava "Não sei onde estou indo/mas sei que estou no meu caminho/Enquanto você me critica/Eu tô no meu caminho/Eu sou o que sou porque eu vivo/Da minha maneira/Só sei que eu sinto que foi sempre assim/Minha vida inteira", na última, em um de seus trechos, já anunciava "Você cruzou todas as fronteiras/Não sabe mais de que lado ficou/E ainda tenta e ainda procura/Por um tempo que faz tempo passou".

CAPÍTULO 3

BREVE ANÁLISE DO PENSAMENTO DE RAUL SEIXAS

Raul Seixas não era um acadêmico. Embora fosse um leitor voraz, apreciasse literatura, psicologia e filosofia e tivesse iniciado (e abandonado) o curso de direito, o baiano poderia ser considerado um autodidata.

Analisar as ideias que Raul Seixas procurava transmitir em suas canções não se trata de uma tarefa fácil. Na verdade, exige-se do intérprete um profundo mergulho na vida e no pensamento do artista:

> Raul Seixas, imbuído de desbunde, do espírito rebelde, lúdico e libertino dos inconformados de seu tempo, que preferiram a expressão à construção, utilizava um vocabulário polissêmico, simbólico, repleto de figuras de linguagem, metáforas, alegorias, metonímias, regionalismos nordestinos, gírias urbanas e prosopopéias. Inseridas na indústria cultural, suas canções transmitem pensamentos sob forma figurada, disfarçada, muitas vezes ambígua, exigindo que o ouvinte intérprete as idéias embutidas figurativamente em seus versos.[35]

Ademais, o compositor baiano "mistura, em sua obra, diferentes ritmos e estilos musicais, poesia e música, filosofia e astrologia, ocultismo e religião, crítica social e desbunde, tudo regado ao uso de drogas lícitas e ilícitas".[36]

---

[35] SANTOS, Vitor Cei. *Novo Aeon*: Raul Seixas no torvelinho de seu tempo. Dissertação (Mestrado em Letras) – Centro de Ciências Humanas e Naturais, Universidade Federal do Espírito Santo, 2009. p. 26.

[36] SANTOS, Vitor Cei. *Novo Aeon*: Raul Seixas no torvelinho de seu tempo. Dissertação (Mestrado em Letras) – Centro de Ciências Humanas e Naturais, Universidade Federal do Espírito Santo, 2009. p. 15.

Se não bastasse tudo isto, também deve ser acrescentada a construção do mito criada em torno de Raul Seixas, especialmente após sua morte. Já foi ressaltado que essa a imagem, que as pessoas (em especial, os fãs) passaram a ter, "varia de visionário, lunático, sonhador, esotérico, e místico, a revolucionário, gênio, profeta e incompreendido' se tornou o fio condutor a dar sentido a um todo biográfico".[37]

Não foram poucas as músicas em que Raul Seixas tratou de questões relacionadas à sociedade civil, ao Estado e ao poder. Neste sentido, já se destacou:

> o cantor e compositor Raul Seixas criava suas canções com questões metafísicas, filosóficas e, utilizando certas táticas, fazendo críticas ao governo ou ao sistema burocratizado de algumas instituições, como a Igreja e, principalmente, o Estado, já que os considerava "Monstro Sist".[38]

Se sob o ponto de vista filosófico, as letras de Raul Seixas procuravam propagar uma gama de teorias e ideias,[39] como o pessimismo schopenhaueriano,[40] o niilismo nietszcheano,[41] e o existencialismo sartreano,[42] sob o ponto de vista político, qual seria a ideologia de Raul Seixas? Antes de tudo, ele era um livre pensador.

---

[37] SOUZA, Lucas Marcelo Tomaz de. *Eu devia estar contente*: a trajetória de Raul Santos Seixas. Dissertação (Mestrado em Ciências Sociais) – Programa de Pós-Graduação em Ciências Sociais, Universidade Estadual Paulista, Marília, 2011. p. 22.

[38] SANTOS, Paulo. *Raul Seixas*: a mosca na sopa da ditadura militar. Censura, tortura e exílio (1973-1974). Orientadora: Maria Izilda Santos de Matos. Dissertação (Mestrado em História) – Pontifícia Universidade Católica de São Paulo, São Paulo, 2007. Disponível em: https://tede2.pucsp.br/bitstream/handle/13021/1/Paulo%20dos%20Santos.pdf. Acesso em: 22 abr. 2022.

[39] DEVIDES, Dílson César. *Raul Seixas e o Brasil pós-64*: cultura, repressão, censura. p. 29. Disponível em: file:///C:/Users/Fabio/Downloads/2233-6979-2-PB.pdf. Acesso em: 9 jun. 2022.

[40] Como na música *Caminhos*, em que ele canta: "Você me pergunta/Aonde eu quero chegar/ Se há tantos caminhos na vida/E pouca esperança no ar".

[41] É o que se vê no seguinte trecho de *Ouro de tolo*: "É você olhar no espelho/Se sentir um grandíssimo [sic] idiota/Saber que é humano, ridículo/Limitado, e que só usa dez por cento de sua cabeça animal/E você ainda acredita que é um doutor/Padre ou policial/E que está contribuindo com sua parte/Para o nosso belo quadro social".

[42] Vê-se tal influência na música *No fundo do quintal da escola*, que tem um trecho que diz: "Eu sou o que sou porque eu vivo/da minha maneira/[...] E eu tão ocupado vivendo/Eu não me pergunto. Eu faço!".

Sobre esta questão, o compositor baiano, apesar de ser politizado e crítico ácido das arbitrariedades praticadas durante a ditadura militar, não se interessava pela política partidária. Neste contexto, após a redemocratização do país, em 1988, uma repórter indagou a Raul Seixas: "Você está apoiando algum candidato?". De pronto, o compositor baiano responde: "Não, eu não voto, eu sou anarquista".[43] É neste contexto que se pode afirmar que ele não fazia parte propriamente do movimento organizado da esquerda brasileira:

> Quando pensamos em Raul Seixas, a tarefa se torna espinhosa. Dois são os motivos: primeiro, que em nenhum momento de sua obra Seixas faz elogios, exaltações ou apologias ao governo ditatorial, mas isso não nos permite dizer que ele seja um artista de esquerda, pelo menos não engajado e estritamente preocupado em combater os ideais militares e nem em fazer passeatas, eis o segundo motivo. Não encontramos na obra de Seixas o clamor comum a muitos artistas e "[...] intelectuais de oposição [que] reivindicam a anistia para os presos políticos e a volta a um regime civil" (PÉCAUT, 1990, p. 204). Vemos, sim, o combate a desmandos e a arbitrariedades que privam as pessoas de serem elas mesmas, de pensarem e agirem como realmente gostariam.[44]

Assim, parece inegável que, no campo político, o anarquismo, enquanto ideologia de caráter revolucionário (neste sentido, de esquerda) que se opõe à hierarquia, à dominação, à autoridade e ao Estado, foi a maior influência de Raul Seixas. Neste aspecto:

> é importante ressaltar que Raul Seixas se declarou publicamente como anarquista. E, de fato, o Anarquismo se faz presente na obra do *Maluco beleza*. Seja na concepção da Sociedade alternativa, com Paulo Coelho, ou seja, em canções como Carimbador Maluco, lançada em 1983.[45]

---

[43] Vídeo disponível no YouTube (Disponível em: https://youtu.be/3HmAKTAPJrI. Acesso em: 24 abr. 2022).

[44] DEVIDES, Dílson César. Raul Seixas: um livre-pensador. *In*: ABONIZIO, Juliana; TEIXEIRA, Rosana da Câmara (Org.). *Raul Seixas*: estudos interdisciplinares. Cuiabá: Carlini & Caniato Editorial, 2015. p. 28.

[45] LUSTOSA, Bruno. Raul Seixas era de esquerda? De direita? Comunista? *R10*, 28 abr. 2020. Disponível em: https://www.portalr10.com/noticia/48168/raul-seixas-era-de-esquerda-de-direita-comunista-#:~:text=Influenciado%20pela%20filosofia%20de%20Aleister,%2C%20 acima%20de%20tudo%2C%20raulseixista. Acesso em: 24 abr. 2022.

Na música *A lei* (1988), uma das últimas que compôs, é possível encontrar uma espécie de profissão de fé do artista baiano, inspirada na Lei de *Thelema*:[46]

> Todo homem tem direito/de pensar o que quiser
> Todo homem tem direito/de amar a quem quiser
> Todo homem tem direito/de viver como quiser
> Todo homem tem direito/de morrer quando quiser
> Direito de viver/viajar sem passaporte
> Direito de pensar/de dizer e de escrever
> Direito de viver pela sua própria lei/Direito de pensar de dizer e de escrever
> Direito de amar/Como e com quem ele quiser
> A lei do forte/Essa é a nossa lei e a alegria do mundo
> Faz o que tu queres ah de ser tudo da lei/fazes isso e nenhum outro dirá não
> Pois não existe Deus se não o homem
> Todo o homem tem o direito de viver a não ser pela sua própria lei
> Da maneira que ele quer viver
> De trabalhar como quiser e quando quiser/de brincar como quiser
> Todo homem tem direito de descansar como quiser
> De morrer como quiser
> O homem tem direito de amar como ele quiser
> De beber o que ele quiser/de viver onde quiser
> De mover-se pela face do planeta livremente sem passaportes/porque o planeta é dele, o planeta é nosso
> O homem tem direito de pensar o que ele quiser, de escrever o que ele quiser
> De desenhar de pintar de cantar de compor o que ele quiser
> Todo homem tem o direito de vestir-se da maneira que ele quiser
> O homem tem o direito de amar como ele quiser, tomai vossa sede de amor, como quiseres e com quem quiseres/há de ser tudo da lei
> E o homem tem direito de matar todos aqueles que contrariarem a esses direitos
> O amor é a lei, mas amor sob vontade/os escravos servirão
> Viva a sociedade alternativa/Viva Viva

---

[46] *Thelema* é uma filosofia religiosa baseada no postulado "Fazes o que tu queres, há de ser o todo da Lei. O amor é a lei, amor sob vontade", adotado como princípio fundamental de algumas organizações ocultistas, desenvolvida no início do século XX, que defendia a liberdade individual e espiritual, e foi propagada pelo escritor ocultista inglês Aleister Crowley (1875-1947).

Raul Seixas atingia as massas com facilidade, sendo um dos "poucos artistas que circulam entre os universitários e intelectuais e entre empregadas domésticas e funcionários de fábricas".⁴⁷

Outro aspecto importante do pensamento de Raul Seixas é sua adesão ao do movimento da contracultura, que criticava a:

> [...] racionalidade autoritária imposta por uma Ciência fria, a serviço, muitas vezes, do poder estabelecido; com religiões caducas em suas velhas opiniões formadas sobre tudo; e com o tempero amargo do planejamento tecnocrático burguês, que apaga a originalidade da vida individual para moldar a personalidade segundo padrões empresariais que não foram criados por eles – simplesmente eliminou a possibilidade da diferença, da poesia e do desenvolvimento de subjetividades livres [...] Raul Seixas reafirma a necessidade de construção de uma sociedade alternativa à oficialmente estabelecida.⁴⁸

Contestador do Estado, da autoridade e da sociedade, crítico dos valores burgueses e cristãos tradicionais (*vide A maçã*⁴⁹ e *Você*),⁵⁰ embora com algumas recaídas (como em *Diamante de mendigo*),⁵¹ Raul Seixas sempre compôs canções que criticavam o conformismo e passavam mensagens de incentivo, exortando cada indivíduo a se libertar das amarras sociais e a ser o agente de mudanças (como em *Tente outra*

---

⁴⁷ DEVIDES, Dílson César. Raul Seixas: um livre-pensador. *In*: ABONIZIO, Juliana; TEIXEIRA, Rosana da Câmara (Org.). *Raul Seixas*: estudos interdisciplinares. Cuiabá: Carlini & Caniato Editorial, 2015. p. 28.

⁴⁸ BOSCATO, Luiz Alberto de Lima. *Vivendo a sociedade alternativa*: Raul Seixas no panorama da Contracultura Jovem. Orientador: Marcos Antônio da Silva. Tese (Doutorado em História Social) – FFLCH/USP, São Paulo, 2006. p. 11.

⁴⁹ "Se eu te amo e tu me amas/Um amor a dois profana/O amor de todos os mortais/Porque quem gosta de maçã/Irá gostar de todas/Porque todas são iguais/[...]/Amor só dura em liberdade/O ciúme é só vaidade/Sofro mas eu vou te libertar/O que é que eu quero/Se eu te privo do que eu mais venero/Que é a beleza de deitar" (álbum *Novo Aeon*, 1975).

⁵⁰ "Você alguma vez se perguntou por quê?/Faz sempre aquelas mesmas coisas sem gostar/ Mas você faz/Sem saber porquê você faz/E a vida é curta/Por que deixar que o mundo lhe acorrente os pés?/Fingir que é normal estar insatisfeito/Será direito o que você faz com você?/Por que você faz isso, por quê?/Detesta o patrão no emprego/Sem ver que o patrão sempre esteve em você/E dorme com a esposa por quem já não sente amor/Será que é medo? Por que, você faz isso com você?" (álbum *O dia em que a terra parou*, 1977).

⁵¹ "Eu tive que perder minha família/Para perceber o benefício/Que ela me proporcionava/É triste aceitar esse engano/Quando já se esgotaram as possibilidades/E agora sofro as atitudes que tomei/Por acreditar em verdades ignorantes/Que na época tomei acreditando/ Numa moda passageira/Que se foi tal qual fumaça/Não respeitei o sacrifício/Que custa para construir/A fortaleza que se chama família" (álbum *Por quem os sinos dobram?*, 1979).

vez,⁵² em que declara "Oh queira/Basta ser sincero e desejar profundo/ Você será capaz de sacudir o mundo" ou em *Por quem os sinos dobram*,⁵³ em que estimula: "Coragem, coragem, se o que você quer é aquilo que pensa e faz/Coragem, coragem, eu sei que você pode mais").

Assim, embora o cantor não tivesse como preocupação central analisar o Estado ou a sociedade civil, demonstrar-se-á neste trabalho que suas mensagens revelam aspectos embaraçosos da realidade social brasileira, que muitas vezes não são facilmente percebidos ou mesmo admitidos. Em outras situações, suas canções denunciam as mazelas, limitações e vícios da sociedade brasileira e de suas instituições, algo que nem sempre vinha sendo apresentado ou era objeto de reflexão como se devia.

Para ilustrar as situações acima, será aqui utilizado o exemplo da participação cidadã: Raul Seixas ora expõe que há situações em que os brasileiros são acomodados, apáticos, ao não quererem atuar em questões públicas, quando canta "papai não quero provar nada/eu já servi a pátria amada/e todo mundo cobra a minha luz" (*Cowboy fora da lei*),⁵⁴ ora ironiza a inocência daqueles que acham suficiente o mero exercício de determinadas funções no contexto social, quando diz "E você ainda acredita/Que é um doutor, padre ou policial/Que está contribuindo com sua parte/Para o nosso belo quadro social" (*Ouro de tolo*).⁵⁵

Acrescente-se ainda a reflexão obtida a partir da frase "O problema é muita estrela, pra pouca constelação" (*Muita estrela, pouca constelação*),⁵⁶ que leva à conclusão de que, na desmobilizada sociedade civil brasileira, há o predomínio de interesses pessoais e o enfraquecimento das causas republicanas.

A seguir, serão apresentadas as principais tendências e desafios relacionados à Administração Pública e ao direito administrativo no Brasil. Para melhor compreensão daqueles, será adotado um caminho inusitado e até então ignorado pelos publicistas: o da visão proporcionada pelas músicas de Raul Seixas. Que algum proveito se consiga obter com esta inédita e ousada tentativa.

---

[52] Álbum *Novo Aeon*, 1975.
[53] Álbum *Por quem os sinos dobram?*, 1979.
[54] Álbum *Uah-Bap-Lu-Bap-Lah-Béin-Bum!*, 1987.
[55] Álbum *Krig-ha, Bandolo!*, 1973.
[56] Álbum *A panela do diabo*, 1989, feito em parceria com Marcelo Nova.

CAPÍTULO 4

TENDÊNCIAS E DESAFIOS DO DIREITO ADMINISTRATIVO INSPIRADOS NAS MÚSICAS DE RAUL SEIXAS

Introduzido o artista Raul Seixas, assim como seu legado e pensamento, com suas experimentações musicais e filosóficas, a missão que ora se impõe é a mais complexa entre as empreendidas por este autor neste pequeno livro: estabelecer relações entre as canções do maluco beleza e o direito administrativo, destacando suas principais perspectivas nestas primeiras décadas do século XXI.

Não seria isto uma maluquice? Conforme se verá, em certa medida, sim. Mas esta é a inspiração que moverá as reflexões a seguir apresentadas: não me esforçarei para ser um "sujeito normal, e fazer tudo igual".[57]

Procurarei evitar cair na tentação de ter "aquela velha opinião formada sobre tudo".[58] Afinal, não posso esquecer daquele velho conselho, tão repetido no universo do raulseixismo: "Faça o que tu queres pois é tudo da lei".[59]

Perceba-se que, repetindo as velhas fórmulas no estudo do direito administrativo, o jurista tradicional "convence as paredes do quarto, e dorme tranquilo, sabendo no fundo do peito que não era nada daquilo".[60] Na verdade, constata-se que há muitos anos quem

---

[57] Música *Maluco beleza*, do álbum *O dia em que a terra parou* (1977).
[58] Música *Metamorfose ambulante*, do álbum *Krig-ha, Bandolo!* (1973).
[59] Música *Sociedade alternativa*, do álbum *Gita* (1974).
[60] Música *Por quem os sinos dobram*, do álbum *Por quem os sinos dobram* (1979).

milita na área que envolve as questões jurídicas da Administração Pública "anda em círculos", e, por isto, já "não lembra de onde foi que partiu".[61]

Ademais, o administrativista que se dedica à pesquisa e ao ensino jurídico, se não ousar refletir e adotar novas posturas acadêmicas, chegará à constatação de não tem "mais nada pra ensinar".[62]

Depois de duas décadas de estudos, mesmo com livros e artigos publicados, assim como muitos administrativistas brasileiros, "confesso, abestalhado, que eu estou decepcionado",[63] pois é inegável que "o vento voa e varre as velhas ruas",[64] e com ele, exigem-se novas reflexões, adaptadas às mudanças que chegam sem pedir licença.

Confesso que "não sei onde eu tô indo, mas sei que tô no meu caminho".[65] Não que eu queira "mudar a direção do trem",[66] nem tenho a pretensão de acreditar que "a solução pro nosso povo eu vou dá",[67] mas a questão é que "eu não posso ficar aí parado".[68] Opto aqui pela ousadia, até mesmo porque "eu já tô crescidinho, pague pra ver, que eu aposto, vou escolher meu sapato e andar do jeito que eu gosto".[69]

O profissional do direito deste século deve ter uma visão multidisciplinar e multifocal: é importante sempre que se "ande pra frente, olhando pro lado",[70] caso contrário, insista-se, a pessoa "não vai a lugar nenhum".[71] De fato, é preciso ousar, inovar, pensar fora da caixa, pois "quem não tem visão bate a cara contra o muro".[72]

Confesso que "aventura como essa eu nunca experimentei",[73] mas espero que os resultados apareçam (o que, na verdade, seria

---

[61] Música *Século XXI*, do álbum *A panela do diabo* (1989).
[62] Música *O dia em que a terra parou*, do álbum *O dia em que a terra parou* (1977).
[63] Música *Ouro de tolo*, do álbum *Krig-ha, Bandolo!* (1973).
[64] Música *Novo Aeon*, do álbum *Novo Aeon* (1975).
[65] Música *No fundo do quintal da escola*, do álbum *O dia em que a terra parou* (1977).
[66] Música *Carpinteiro do universo*, do álbum *A panela do diabo* (1989).
[67] Música *Aluga-se*, do álbum *Abre-te Sésamo* (1980).
[68] Música *Ouro de tolo*, do álbum *Krig-ha, Bandolo!* (1973).
[69] Música *Sapato 36*, do álbum O dia em que a terra parou (1977).
[70] Música *Conserve seu medo*, do álbum *Mata virgem* (1978).
[71] Música *Carimbador maluco*, do álbum *Raul Seixas* (1983).
[72] Música *Como vovó já dizia* (Óculos escuros), do álbum *O rebu* (1973).
[73] Música *Carimbador maluco*, do álbum *Raul Seixas* (1983).

representado pelo maior interesse dos acadêmicos e profissionais da área jurídica pelo direito administrativo). Afinal, "é preciso você tentar, talvez alguma coisa muito nova possa lhe acontecer".[74] "E praquele que provar que eu estou mentindo, eu tiro o meu chapéu".[75]

4.1 *Aluga-se*: reformas administrativas e a redefinição do tamanho do Estado

Então candidato a presidente do Brasil e em peregrinação pelo país, Tancredo Neves estava chegando ao aeroporto de Salvador, onde uma multidão o aguardava. Raul Seixas também estava à espera do político mineiro:

> Tancredo já estava descendo da aeronave e, quando viu Raul, gritou ele: "Raulzinho!". Raul respondeu: "Desça que eu tenho a solução para o país". Tancredo, rindo, desceu com um pouco de dificuldade a escada do jatinho, já estava velhinho, não tinha corrimão, era uma corda. Quando se aproximou, questionou: "Então me diga". "A solução é alugar o Brasil". Eles riram e se abraçaram, depois o candidato a presidente já considerado eleito, comentou: "Jamais". Tinha uma quantidade estúpida de repórteres, fotógrafos e cinegrafistas.[76]

Gravada em 1980, no disco *Abra-te Sésamo*, a canção *Aluga-se* foi composta por Raul Seixas e Cláudio Roberto. Trata-se de um *rock* recheado de muita ironia, em que é apresentada uma solução para os problemas brasileiros: alugar o país para os estrangeiros assumirem o comando de tudo.

Evidentemente, como já era de se esperar, a música não agradou a censura: *Aluga-se* não passou ilesa pelos censores, tendo sua reprodução proibida na época. No entanto, como não foi lançada na época mais forte da censura militar (com a qual sofreram artistas como Caetano Veloso, Chico Buarque e Geraldo Vandré), o controle sobre sua proibição não se fez tão forte.[77]

---

[74] Música *Aquela coisa*, do álbum *Raul Seixas* (1983).
[75] Música *Eu nasci há dez mil anos atrás*, do álbum *Há 10 mil anos atrás* (1976).
[76] MINUANO, Carlos. *Raul*. Por trás das canções. Rio de Janeiro: Best Seller, 2019. p. 22.
[77] PINHEIRO, Pedro Henrique. "Aluga-se" e um alerta para a má administração do território brasileiro na voz de Raul Seixas. *Tenho Mais Discos que Amigos*, 10 dez. 2020. Disponível em:

Diversas interpretações já foram dadas a este grande *hit* de Raul Seixas, regravado pela banda Titãs em 1999. Neste sentido, já houve quem destacasse que a sacada principal da música "é diminuir o Brasil a um mero imóvel, que vai ser colocado para aluguel para a alegria dos 'gringos'. Elementos como a vista para o mar (o Oceano Atlântico) e o jardim no quintal (a Amazônia) são colocados como atrativos, como se o eu-lírico fosse um corretor de imóveis".[78]

Mas a questão não era apenas o fato de alugar o Brasil, mas, principalmente, de entregar o imóvel/país em condições bastantes vantajosas aos locadores estrangeiros. Neste sentido, já se aduziu que "há 40 anos, Raul Seixas cantava os versos de Aluga-se, com fina ironia e lúcida mensagem, vaticinando a entrega do nosso país à cobiça estrangeira".[79] Os dois primeiros versos da música têm o seguinte texto:

> A solução pro nosso povo/Eu vou dá/Negócio bom assim/Ninguém nunca viu/Tá tudo pronto aqui/É só vim pegar/A solução é alugar o Brasil!...
> Nós não vamo paga nada/Nós não vamo paga nada/É tudo free!/Tá na hora agora é free/Vamo embora/Dar lugar pros gringo entrar/Esse imóvel tá pra alugar

Perceba-se que o eu-lírico (o dito corretor de imóveis), iluminado (com ares de messias), propõe uma solução que julga ser perfeita ("negócio bom assim ninguém nunca viu"), pois tanto vai atender aos interesses (e cobiça) dos estrangeiros, como resolve a suposta falta de capacidade do país em resolver seus problemas, e tudo isto a custo zero ("nós não vamos paga nada", "é tudo free").

A propósito, a questão econômica é uma das mais relevantes nesta música: "em Aluga-se, outra parceria com Cláudio Roberto,

---

https://www.tenhomaisdiscosqueamigos.com/2020/12/10/raul-seixas-aluga-se-historia/. Acesso em: 26 abr. 2022.

[78] PINHEIRO, Pedro Henrique. "Aluga-se" e um alerta para a má administração do território brasileiro na voz de Raul Seixas. *Tenho Mais Discos que Amigos*, 10 dez. 2020. Disponível em: https://www.tenhomaisdiscosqueamigos.com/2020/12/10/raul-seixas-aluga-se-historia/. Acesso em: 26 abr. 2022.

[79] DEVISATE, Rogério. Raul Seixas cantava "Aluga-se" e vaticinava o presente. *Direito Agrário*, 6 jan. 2021. Disponível em: https://direitoagrario.com/raul-seixas-cantava-aluga-se-e-vaticinava-o-presente/. Acesso em: 26 abr. 2022.

Raul satiriza o momento econômico brasileiro vivenciado em 1979, com a dívida externa resultante do milagre econômico, propondo alugar o Brasil para saná-la, com característica dose de humor".[80] Ainda neste contexto:

> Mais do que um dançante rock, Raul fez de sua canção uma poesia das mais memoráveis. Versos curtos e diretos são de fácil reconhecimento e lembrança quando o assunto é a turbulenta economia brasileira. Não é raro ver analistas políticos e econômicos citando a música em suas obras. Em publicação no Brasil 247, o senador Jean Paul Prates (PT) usou o episódio de uma recente lista de privatizações do atual governo para traçar paralelos com a música. "Lamentavelmente, agora bastaria a Raul Seixas apelar para a triste realidade de que Bolsonaro e sua equipe econômica estão realmente pondo o nosso país à venda", provoca o autor. Já na época do governo Temer, a atriz Fernanda Montenegro usou a canção para criticar as decisões do então-prefeito de São Paulo João Dória e do ex-governador do Rio de Janeiro, Luiz Fernando Pezão. Mas as comparações vão além. Em artigo publicado em 2012 n'O Estado de S.Paulo, por exemplo, o professor e jornalista Eugênio Bucci traz, ironicamente, a solução de Raul para lidar com locação de horários em emissoras de televisão. Já o Blog do Menon, em texto disponibilizado em 2013, consegue comparar a letra da música ao contexto do futebol brasileiro. Versátil, né?[81]

Mas qual a relação desta canção com o direito administrativo? Em que medida ela representa uma tendência da Administração Pública brasileira? Resta evidente que *Aluga-se* já antecipa, para o Brasil, algo que já vinha ocorrendo em outras regiões do planeta com maior intensidade: as pressões para a abertura da economia (inclusive das atividades então exercidas pela Administração Pública) para o capital privado, com todas as consequências positivas e negativas que isto representa.

Neste contexto, a administrativista Irene Patrícia Nohara, ao tratar do contexto que fez surgir a Reforma Administrativa da década de 1990 no Brasil, explica que a "pressão desregulamentadora da

---

[80] ORGE, C. S. K. As críticas sociais na obra de Raul Seixas. Parte 2) corpo e música na cidade. *Algazarra*, São Paulo, n. 4, p. 78-96, dez. 2016. p. 84.
[81] PINHEIRO, Pedro Henrique. "Aluga-se" e um alerta para a má administração do território brasileiro na voz de Raul Seixas. *Tenho Mais Discos que Amigos*, 10 dez. 2020. Disponível em: https://www.tenhomaisdiscosqueamigos.com/2020/12/10/raul-seixas-aluga-se-historia/. Acesso em: 26 abr. 2022.

globalização apontava para a abertura dos mercados".[82] Tal pressão vem acompanhada de um discurso legitimador propagado de forma avassaladora, que levanta as bandeiras do esgotamento do modelo burocrático (exigindo práticas gerenciais próprias do mercado) e da constatação de que Administração Pública, inexoravelmente, é uma má empreendedora.

Assim, o discurso se completa, destacando que, se o Estado não serve para atuar no meio econômico, que venham as empresas privadas socorrer a sociedade e assumir uma série de atividades econômicas e serviços públicos (telecomunicações, energia elétrica, saneamento básico, infraestrutura de transportes, fornecimento de água, saúde, educação, previdência etc.), adotando as indiscutível e incomparavelmente melhores práticas do mercado (e do direito privado).

De acordo com Bresser Pereira, o mentor da Reforma Gerencial no Brasil, esta busca "a adoção de formas modernas de gestão no Estado brasileiro, que possibilitem atender de forma democrática e eficiente as demandas da sociedade. É uma reforma que, ao fazer melhor uso dos recursos limitados disponíveis, contribuirá para o desenvolvimento do país". E mais: trata-se de uma reforma "social-liberal porque acredita no mercado como um ótimo, embora imperfeito, alocador de recursos; porque utiliza a estratégia da competição administrada".[83]

Não precisa aprofundar muito a questão para perceber que isto atende ao desejo insaciável das empresas multinacionais, que querem sempre expandir cada vez mais seus negócios ("os estrangeiros eu sei que eles vão gostar").

Além desta razão primordial, também deve ser destacada a imensa dificuldade fiscal do Estado, no Brasil e no mundo, em realizar grandes investimentos, de caráter estruturante, com recursos públicos (como se viu, Bresser Pereira fala em recursos limitados disponíveis).

Por estas terras, havia ainda o agravante das dívidas externa e interna, que consumiam boa parte do orçamento público. Talvez

---

[82] NOHARA, Irene Patrícia. *Reforma administrativa e burocracia*. Impacto da eficiência na configuração do direito administrativo brasileiro. 2. tir. São Paulo: Atlas, 2016. p. 4.

[83] PEREIRA, Luiz Carlos Bresser. *Reforma do Estado para a cidadania*. A reforma gerencial brasileira na perspectiva internacional. São Paulo: Editora 34; ENAP, 1998. p. 18.

por esta razão Raul Seixas destaca que, com a entrada dos gringos (o capital estrangeiro), nós não apenas "não vamos pagar nada", como receberemos o dólar deles para pagar o nosso mingau.

A propósito, mingau aí tanto pode significar que o Estado brasileiro não conseguia sequer dar conta do básico (representado pelo alimento), como também pode remeter às propinas que os políticos passariam a ter acesso, com as inúmeras contratações vultosas que passariam a ser realizadas no Estado por muitos chamado de neoliberal.

Em resumo, neste contexto é que o Estado é reformado, deixando de ser o Estado empresário para assumir a forma de Estado regulador, o que faz importar de ordenamentos jurídicos estrangeiros figuras como as agências reguladoras e as parcerias público-privadas, e ressurgir institutos como as concessões de serviços públicos. Também é nesta toada que são realizadas diversas privatizações (ou desestatizações) de empresas estatais, e incentivada a fuga do direito administrativo.[84]

Todavia, como Raul alerta, este movimento, que parece, a princípio, ser bom para todas as partes ("negócio bom assim ninguém nunca viu"), é excelente para os estrangeiros, pois por aqui "tá tudo pronto/é só vir pegar". Perceba-se que, em muitos casos, privatizações ocorreram de forma bastante favorável àqueles que passaram a controlar as empresas estatais. Ocorrida em 1993, a privatização da Companhia Siderúrgica Nacional (CSN) é um caso emblemático neste sentido:

> o governo federal iniciou forte campanha midiática em favor das privatizações, mediante estratégia discursiva de desmoralizar a CSN perante a sociedade, taxando-a como gargalo econômico e espaço de corrupções. [...] Objetivando seguir os ditames neoliberais, desenvolver-se e adequar-se à cultura global, a CSN foi utilizada pelo governo federal para

---

[84] Sobre esta questão, deve ser advertido que "o que não se pode admitir simplesmente é a deliberada busca do regime privado com o único fito de evitar as constrições do direito público, em um movimento que tem ganhado o nome de 'fuga do Direito Administrativo'. A utilização de pessoas jurídicas de direito privado, quando possível, não tem o condão de afastar por completo a aplicação do regime jurídico público, tampouco de significar que a atividade administrativa tenha se tornado privada" (MOTTA, Fabrício. Regime privado não pode ser esconderijo do alcance e regras do direito público. *Conjur*, 10 set. 2015. Disponível em: https://www.conjur.com.br/2015-set-10/interesse-publico-regime-privado-nao-esconderijo-alcance-direito-publico. Acesso em: 26 abr. 2022).

demonstrar a adesão ao processo de saída do Estado da economia, sob uma lógica capitalista global de liberalização de mercado. No entanto, para que o Brasil fosse considerado "moderno" e "desenvolvido", o processo de privatização das empresas estatais, dentre elas a CSN, deveria acontecer rapidamente, sem diálogos e grandes movimentações. Portanto, era necessária uma estratégia que permitisse que isso ocorresse com o apoio de todos, principalmente daqueles que compunham o ambiente de não-mercado, a exemplo da igreja, dos sindicatos, do meio político e da sociedade. Destarte, foram utilizadas tanto estratégias de soft power quanto de hard power para legitimar a ideia de privatização da siderúrgica (NYE, 2005), materializadas principalmente pelo discurso de CSN "gargalo" econômico. [...] Os países que não se adequassem ao modelo estariam privados da modernização, considerados atrasados frente às mudanças globais. A partir do pensamento colonial, nações hegemônicas "civilizavam" e "doutrinavam" países ditos subdesenvolvidos, mediante aos discursos de que o mundo inteiro estava privatizando e que o Brasil precisava privatizar para desenvolver-se [...] Ademais o discurso para legitimar a privatização associado à pressa para realizar o processo ocasionou diversos problemas como a venda de terrenos da empresa juntamente com a siderúrgica, assim como o preço de venda aquém do valor de mercado.[85]

Assim, vê-se que o "imóvel Brasil", antes de ser colocado no mercado de aluguéis, para atrair os possíveis locadores, já estava reformado e o preço cobrado foi bastante atrativo para os interessados, que ainda tinham como usufruir de benfeitorias extraordinárias, como a vista (Atlântico) e o quintal (Amazônia) do imóvel.

Raul só não tirou a nota máxima em suas previsões quando disse que nós não iríamos pagar nada e que tudo seria *free*: se, nas concessões, esta assertiva pode até ser considerada verdadeira (pois o Estado geralmente não tem despesa), com o surgimento da Lei das Parcerias Público-Privadas, ao invés de simplesmente alugar este imóvel para terceiros, passamos a dividir o pagamento do aluguel com o locatário.

Na Proposta de Emenda Constitucional nº 32/2020, que tentou emplacar uma nova Reforma Administrativa no Brasil, houve a

---

[85] SILVA, Anádia Oliveira da; ABDALLA, Márcio Moutinho. Desenvolvimento? Para quem? Relações estratégicas entre empresa e sociedade: o lado obscuro da privatização da Companhia Siderúrgica Nacional (CSN). REAd. – Rev. Eletrôn. Adm., Porto Alegre, v. 26, n. 1, jan./abr. 2020.

previsão de novos princípios para a Administração Pública, entre eles, o da subsidiariedade. Acerca deste princípio, a doutrina destaca que ele "nada mais é que a preponderância do setor privado. O Estado auxiliaria e supriria a iniciativa privada em suas deficiências e carências, só a substituindo excepcionalmente. A atuação do Estado seria a exceção, não a regra".[86]

Gilberto Bercovici destaca ainda o que estaria por trás desta previsão nada despretensiosa, o que o faz, retomando um conceito introduzido por Milton Friedman, a Administração Pública dos cupons (*vouchers*):

> O que está por trás de uma proposta dessas? E aqui percebemos o engano dos nossos administrativistas de mercado. Sua advocacia do "princípio da subsidiariedade" diz respeito essencialmente ao papel do Estado na esfera econômica ou como poder concedente de serviços e obras públicas. Trata-se simplesmente de uma visão apologética do mercado em defesa dos interesses privados de alguns setores econômicos (todos grandes ou potenciais clientes). A proposta de Bolsonaro/Guedes vai, no entanto, muito além da mera garantia de interesses econômicos de concessionários ou empreiteiros. A Administração Pública subsidiária nada mais é que a concretização das ideias do economista norte-americano Milton Friedman: a da gestão das demandas sociais via setor privado por meio de vouchers ou cupons. Para Friedman, o Estado não deveria gastar com caras instalações e pagamento de salários a servidores públicos permanentes para oferecer os serviços públicos essenciais, como saúde e educação, mas criar um programa de cupons (vouchers) que dariam a possibilidade dos interessados receberem a prestação desejada em um mecanismo concorrencial de mercado, muito mais eficiente.

Com ou sem a aprovação do princípio da subsidiariedade, a realidade é que o Estado brasileiro já vem realizando, há várias décadas, diversos movimentos no sentido de ampliar a atuação dos particulares (mercado e terceiro setor), que passam a desempenhar atividades que durante boa parte do século XX vinham sendo atribuídas à Administração Pública, como a prestação de serviços públicos e a exploração de atividades econômicas estratégicas.

---

[86] BERCOVICI, Gilberto. A administração pública dos cupons. *Conjur*, 6 set. 2020. Disponível em: https://www.conjur.com.br/2020-set-06/estado-economia-administracao-publica-cupons. Acesso em: 1º jul. 2022.

Privatizações, concessões, parcerias público-privadas, contratos de gestão, termos de parcerias, entre outros instrumentos, passaram a estar cada vez mais presentes na retórica do direito administrativo brasileiro.

Desde a Reforma Administrativa dos anos 1930/40 (Era Vargas), que introduziu a Administração burocrática em terras brasileiras com objetivo de superação do modelo patrimonialista, já foram realizadas a Reforma Administrativa dos anos 1960/70, iniciando um processo de desburocratização e desestatização; a Reforma Administrativa dos anos 1990, para instalação da Administração Gerencial;[87] e, por fim, a atual proposta de Reforma iniciada em 2020, cuja principal justificativa apresentada para sua realização é de natureza financeira: o déficit orçamentário.[88] Na realidade, a própria exposição de motivos da PEC nº 32/2020 declara:

> A proposta foi elaborada para viabilizar a prestação de serviço público de qualidade para os cidadãos, especialmente para aqueles que mais precisam, a partir de três grandes orientações: (a) modernizar o Estado, conferindo maior dinamicidade, racionalidade e eficiência à sua atuação; (b) aproximar o serviço público brasileiro da realidade do país; e (c) garantir condições orçamentárias e financeiras para a existência do Estado e para a prestação de serviços públicos de qualidade.

É inegável a necessidade de modernização do Estado brasileiro, em especial, da administração pública, atividade estatal de

---

[87] De acordo com Bresser Pereira, ministro do Mare do Governo FHC e idealizador da Reforma Gerencial, esta "muda as instituições para permitir que os administradores públicos possam gerenciar com eficiência as agências do Estado e colocá-las a serviço da cidadania. Eficiência administrativa e democracia são dois objetivos políticos maiores da sociedade contemporâneas" e "a Reforma Gerencial, por meio do qual se atingirá maior eficiência dentro do Estado, só será vitoriosa se contar com a existência de um regime democrático e buscar fortalecer suas instituições" (PEREIRA, Luiz Carlos Bresser. *Reforma do Estado para a cidadania*. A reforma gerencial brasileira na perspectiva internacional. São Paulo: Editora 34; ENAP, 1998. p. 17).

[88] Neste contexto, mais uma vez, o discurso oficial procura demonizar a figura do servidor público. Em 2019, o Ministro da Economia Paulo Guedes, que comparou os servidores públicos a "parasitas", já declarava: "40% dos funcionários públicos devem se aposentar nos próximos cinco anos. Não precisa demitir, não precisa fazer nada. Basta desacelerar as entradas, que vai acontecer naturalmente". Apesar do discurso que insiste em repetir que há um número excessivo de servidores públicos no Brasil (11,4 milhões, nas três esferas, em 2017), os números apontam que, em termos percentuais, os servidores públicos representam apenas 12% da força total de trabalho do país, enquanto a maioria absoluta dos países da OCDE ostenta níveis mais altos.

maior relevância no contexto de uma sociedade desigual e com tantas injustiças, déficits e desequilíbrios sociais.

Estes desequilíbrios sociais se refletem até mesmo na organização administrativa, já que são muitas as situações em que se verifica a presença de "'ilhas de excelência' na Administração Pública, convivendo com vasta maioria de servidores atuando em situação precária e em atividades de baixa qualidade e eficácia".[89]

Muitas mudanças já vêm ocorrendo, a partir da introdução de institutos e ideias no direito administrativo, como a democracia participativa, a governança, a *compliance*, a *accoutabillity*, o governo digital, a consensualidade, a processualidade, a transparência ativa e passiva, o controle de resultados, entre tantos outros exemplos.

Todavia, embora se reconheça que muitas leis vêm modificando gradativamente a Administração Pública brasileira, ainda existem resistências culturais marcantes, impregnadas na sociedade e no Estado, que levarão muito tempo para serem superadas (ou melhor, mitigadas), a partir da conjugação de esforços permanentes que dependem mais da valorização da educação que propriamente da legislação.

Entre os exemplos de culturas a serem combatidas e que devem ser os principais focos de atenção de qualquer reforma administrativa, podem ser citadas a cultura do sigilo, a cultura da corrupção, a cultura do autoritarismo, a cultura do patrimonialismo, a cultura do amadorismo, a cultura do medo, a cultura da litigiosidade, a cultura da centralização, a cultura do desperdício, a cultura da mediocridade, a cultura do improviso e a cultura da repetição.

Juarez Freitas ensina que a educação de qualidade, inclusiva e equitativa é pressuposto para o desenvolvimento sustentável, pois gera a transformação de hábitos mentais, responsabilidade solidária intergeracional e empatia.[90]

E, como se sabe, a educação em um país com tantas pessoas excluídas como no Brasil pressupõe o fortalecimento do Estado, e

---

[89] CARDOSO JR., José Celso; NOGUEIRA, Roberto Passos. Introdução. *In*: CARDOSO JR., José Celso (Org.). *Burocracia e ocupação no setor público brasileiro*. Rio de Janeiro: Ipea, 2011. v. 5. p. 10.

[90] FREITAS, Juarez. *Sustentabilidade*. Direito ao futuro. 4. ed. Belo Horizonte: Fórum, 2019. p. 185.

não o seu aniquilamento. Por esta razão, há de ser respondida uma pergunta que nem sempre é objeto de reflexão por parte da sociedade brasileira e mundial e que nem sempre é apresentada com a devida clareza no debate sobre reforma administrativa: "Por que o 'tamanho' do Estado passou a ser uma obsessão da mídia e de determinados setores da sociedade no Brasil e alhures?".[91]

Para responder a esta questão, o cidadão/leitor deve estar ciente de que existem diferentes pontos de vista, decorrentes de ideologias ora mais estatizantes, ora mais liberais. Para juristas como Gilberto Bercovici, a proposta de Reforma Administrativa encaminhada nos últimos anos "trata-se simplesmente de uma visão apologética do mercado em defesa dos interesses privados de alguns setores econômicos (todos grandes ou potenciais clientes)".[92] Ainda neste contexto:

> Na visão liberal, reformas da previdência e administrativas são fundamentais, pois ao apontar para uma redução do gasto público, transmitiriam ao mercado e agentes econômicos relevantes a sensação de solvabilidade e confiança na gestão da dívida pública. Medidas de austeridade seriam, portanto, o instrumento e a solução para restaurar a confiança empresarial e, com isso, estabelecer fundamentos para o crescimento econômico. Essa relação entre austeridade governamental e confiança dos investidores é um mantra constante nos discursos correntes, o que tem levado governos a implementar reformas e políticas contracionistas – acompanhadas de recessão, estagnação ou mesmo deflação – em todo o globo.[93]

Por sua vez, Carlos Ari Sundfeld aponta para a existência de um caráter bipolar do direito administrativo, que gera tratamentos jurídicos marcados por um grande antagonismo: o "Direito Administrativo dos clips" e o "Direito Administrativo dos negócios".

---

[91] CARDOSO JR., José Celso; NOGUEIRA, Roberto Passos. Introdução. *In*: CARDOSO JR., José Celso (Org.). *Burocracia e ocupação no setor público brasileiro*. Rio de Janeiro: Ipea, 2011. v. 5. p. 9.

[92] BERCOVICI, Gilberto. A administração pública dos cupons. *Conjur*, 6 set. 2020. Disponível em: https://www.conjur.com.br/2020-set-06/estado-economia-administracao-publica-cupons. Acesso em: 1º jul. 2022.

[93] CARDOSO JR., José Celso; NOZAKI, William. Outra reforma administrativa é necessária: bases para uma refundação democrática do Estado no Brasil. *In*: FRENTE PARLAMENTAR MISTA DO SERVIÇO PÚBLICO. *Mitos liberais acerca do Estado brasileiro e bases para um serviço público de qualidade*. Brasília: ANFIPEA, 2019. p. 111.

O primeiro seria "o da Administração de papelaria, que age por autos e atos, trata direitos e deveres em papel, é estatista, desconfia dos privados, despreza a relação tempo, custos e resultados, não assume prioridades". Por sua vez, o "Direito Administrativo dos Negócios" seria caracterizado por ações cujo foco principal é nos:

> [...] resultados, [...] aumenta a informalidade nos procedimentos; a inação é o pior comportamento possível do agente; soluções devem ser encontradas o mais rápido; acordos são desejáveis; evitar e eliminar custos é fundamental; só se envolvem na decisão agentes e órgãos indispensáveis; riscos devem ser assumidos sempre que boa a relação custo-benefício.

Conclui o professor paulista que o direito administrativo dos negócios

> não é invenção recente de mentes deturpadas; mas parte necessária da história e da prática do direito administrativo. Talvez estejam nele algumas das soluções para os impasses governamentais recentes e para fazer de nosso ramo o direito administrativo do desenvolvimento que tanto se reclama.[94]

Para que seja possível uma mirada mais panorâmica, no continente europeu, as reformas administrativas realizadas neste século têm procurado instituir as diretrizes da *New Public Management* (NGP) ou do estado neoweberiano. Em pesquisa realizada junto a dezessete países europeus, constatou-se que as quinze principais tendências das citadas reformas foram as seguintes (em ordem de decrescente): 1 – transparência; 2 – colaboração/cooperação/ coordenação no setor público; 3 – governo digital; 4 – foco nos resultados; 5 – *downsizing* (redução do tamanho da administração); 6 – redução da burocracia; 7 – foco no cidadão/usuário; 8 – parcerias; 9 – flexibilidade na função pública; 10 – fusões; 11 – participação cidadã; 12 – terceirização; 13 – novos serviços; 14 – agencificação; e 15 – privatização.[95]

---

[94] SUNDFELD, Carlos Ari. O direito administrativo entre os clips e os negócios. *In*: ARAGÃO, Alexandre Santos de; MARQUES NETO, Floriano de Azevedo (Coord.). *Direito administrativo e seus novos paradigmas*. Belo Horizonte: Fórum, 2008. p. 89.
[95] HUXLEY, Katy; ANDREWS, Rhys; HAMMERSCHMID, Gerhard; VAN DE WALLE, Steven. Public Administration reforms and outcomes across countries and policy areas.

Queira a sociedade aumentar ou diminuir o tamanho e protagonismo do Estado, o importante é:

> qualquer reforma administrativa que almeje seguir coerente com a realidade do Estado pós-moderno, precisa deixar de lado a tentativa de se tirar poeira de temas de difícil arranjo institucional e legal e voltar suas atenções para o que efetivamente é da ordem do dia na gestão da Administração Pública.[96]

Portanto, independentemente do tamanho do Estado, o que se busca é uma Administração Pública forte e eficiente na promoção das políticas públicas. Como destaca Jaideep Prabhu, com correção, "com muita frequência, o sucesso dos programas governamentais depende não da ideologia que os sustenta, mas da competência com que são implementados" e o "desejo de eficiência desmorona nos extremos da esquerda e da direita".[97]

Assim, ao invés de reformas administrativas que defendam simplesmente que "a solução é alugar o Brasil" ao mercado, teríamos que promover debates mais propositivos, que discutissem a adoção de modelos institucionais que valorizassem a Administração Pública, colocando-a, de forma eficiente e democrática, em favor da sociedade. Este é um dos grandes desafios do direito administrativo no Brasil.

4.2 *Carimbador maluco*: a separação do joio e do trigo da burocracia

Gravada no álbum *Plunc, Plact, Zummm*, em 1983, *Carimbador maluco* alcançou grande sucesso junto ao público não somente por

---

In: HAMMERSCHMID, Gerhard; VAN DE WALLE, Steven; ANDREWS, Rhys; BEZES, Philippe (Ed.). *Public Administration Reforms in Europe*. The view from the top. Cheltenham: [s.n.], 2016. p. 262.

[96] DI SALVO, Sílvia H. Johonsom. Reforma administrativa: o potencial da inovação tecnológica. *Conjur*, 12 set. 2021. Disponível em: https://www.conjur.com.br/2021-set-12/publico-pragmatico-reforma-administrativa-potencial-inovacao-tecnologica. Acesso em: 1º jul. 2022.

[97] PRABHU, Jaideep. *Como um governo deveria ser*. Os novos recursos da atuação estatal. Tradução Luiz Antônio Araújo. 1. ed. Rio de Janeiro: Record, 2022. p. 16.

seu clima irreverente, mas também porque fez parte do programa especial infantil *Plunc, Plact, Zumm*, exibido na Rede Globo, no dia 3.6.1983.

Considerada uma das músicas mais famosas de Raul Seixas (especialmente entre as crianças), poucos se dão conta que *Carimbador maluco* é uma crítica feroz às mazelas burocráticas, em especial, o excesso de formalismo.

A música fala de um funcionário público que ocupa uma espécie de cargo de controlador de voos interplanetários, e que tem como atividade avaliar as condições das espaçonaves, precisando, para tanto, realizar uma série de atos de checagem:

> Parem, esperem aí/Onde é que vocês pensam que vão?/Han han
> Pluct, Plact, Zummm/Não vai a lugar nenhum/Pluct, Plact, Zummm/
> Não vai a lugar nenhum
> Tem que ser selado, registrado, carimbado/Avaliado e rotulado se quiser voar!!

Nada menos que cinco atos administrativos são necessários para autorizar o voo: o selo, o registro, o carimbo, a avaliação e o rótulo. Mas não para aí: o funcionário vai logo avisando que há ainda que ser paga uma taxa (pois se trata do exercício do poder de polícia),[98] que, para a lua, é alta (ou seja, não observa o princípio da modicidade, que se caracteriza pela necessidade de o valor dos preços públicos serem adequados e justos, garantindo o acesso universal aos serviços públicos). Também se exigirá identidade para viajar para o Sol, e, em qualquer caso, tudo dependerá do carimbo do funcionário:

> Se quiser voar/Pra lua, a taxa é alta
> Pro sol, identidade,/Mas já pro seu foguete viajar pelo universo
> É preciso o meu carimbo dando, sim sim sim sim

Curiosamente, no trecho final da música, o carimbador (dito maluco) avisa que está começando a mudar de ideia. Seria um

---

[98] De acordo com o art. 77 do Código Tributário Nacional, taxa é um tributo "que tem como fato gerador o exercício regular do poder de polícia, ou a utilização efetiva e potencial, de serviço público específico e divisível".

aceno à corrupção? Ou uma confissão de que já não mais suporta aquela atividade rotineira? Ou as duas coisas? É indubitável que o excesso de burocracia favorece a corrupção, pois aquele que precisa se relacionar com a Administração Pública aceitará ou proporá um caminho ilícito, mas menos tortuoso, para obter alguma situação que depende do aval dos agentes públicos.

Também parece haver consenso quanto ao fato de que a repetição burocrática e a tecnocracia desumanizam a Administração Pública e seus funcionários, tornando-os quase máquinas, insensíveis, acríticas e alienadas. Chegará uma hora que tanto formalismo inútil cobrará um preço daqueles que o reproduzem de forma automática. No caso da música, o carimbador confessa: "o que eu queria mesmo era ir com vocês":

> Mas ora, vejam só, já estou gostando de vocês/Aventura como esta eu nunca experimentei
> O que eu queria mesmo era ir com vocês/Mas já que eu não posso, boa viagem!
> E até outra vez!

Sobre a música, já se registrou que ela "é motivo de muitas críticas a Raul que teria se vendido ao sistema com uma música imbecil. Os mais inteligentes percebem a pesada crítica à burocracia do governo que teima em selar, registrar, carimbar, avaliar, rotular, adiando e atrapalhando todo tipo de atividade".[99]

Na verdade, na música há uma alusão direta ao texto *Ser governado*, escrito pelo anarquista francês Pierre-Joseph Proudhon (1809-1865):

> Ser governado é: ser guardado à vista, inspecionado, espionado, dirigido, legisferado, regulamentado, depositado, doutrinado, instituído, controlado, avaliado, apreciado, censurado, comandado por outros que não têm nem o título, nem a ciência, nem a virtude. Ser governado é: ser em cada operação, em cada transação, em cada movimento, notado, registrado, arrolado, tarifado, timbrado, medido, taxado, patenteado, licenciado, autorizado, apostilado, admoestado, estorvado, emendado, endireitado, corrigido. É, sob pretexto de utilidade pública, e em nome

---

[99] RAUL Seixas: por trás da letra de "Carimbador Maluco". *Whiplash.Net*, 1º jan. 2000. Disponível em: https://whiplash.net/materias/curiosidades/064509-raulseixas.html.

do interesse geral: ser pedido emprestado, adestrado, espoliado, explorado, monopolizado, concussionado, pressionado, mistificado, roubado; Depois, à menor resistência, à primeira palavra de queixa: reprimido, corrigido, vilipendiado, vexado, perseguido, injuriado, espancado, desarmado, estrangulado, aprisionado, fuzilado, metralhado, julgado, condenado, deportado, sacrificado, vendido, traído e, para não faltar nada, ridicularizado, zombado, ultrajado, desonrado. Eis o governo, eis sua justiça, eis sua moral! E dizer que há entre nós democratas que pretendem que o governo prevaleça; socialistas que sustentam esta ignomínia em nome da liberdade, da igualdade e da fraternidade; proletários que admitem sua candidatura à presidência! Hipocrisia!...[100]

Em pleno século XXI, mesmo com a adoção, desde a década de 1990, do modelo gerencial de Administração Pública (conforme mencionado no item anterior sobre as reformas do Estado), há inúmeras demonstrações diárias de como a burocracia ainda se encontra fortemente presente no cotidiano, não só das entidades públicas, mas de todos os espaços da sociedade brasileira.[101]

A burocracia não é um mal em si mesmo: na verdade, este sistema organizativo concebido por Max Weber possui uma série de características positivas: a racionalidade, a previsibilidade, a impessoalidade, a submissão a controles, o profissionalismo, a valorização da técnica e do mérito, entre outras.

O modelo burocrático surgiu para combater as práticas nada republicanas do patrimonialismo, em que há uma confusão entre os espaços público e privado, de forma a permitir o predomínio da vontade pessoal daquele que exerce o poder, que o utilizará para favorecer e para perseguir.

---

[100] PROUDHON, Pierre-Joseph. *A propriedade é um roubo*. Porto Alegre: L&PM Pocket, 2001. p. 114-115.
[101] Neste contexto, já se registrou que "essa cultura burocrática, muitas vezes, contamina as atividades privadas. Passei por uma experiência pessoal recentemente que dá bem uma ideia ao ponto em que chegamos. Uma atendente de uma grande rede me pediu um documento que tivesse foto. Com minha carteira de habilitação em mãos, ligou para o Call Center da própria empresa para que, a partir de minhas respostas, o atendente checasse comigo se eu era eu mesmo. Qual a lógica disso? [...] pode parecer incrível, mas, para algumas transações, é preciso providenciar uma 'certidão de óbito atualizada'. Entre nós, é obrigatório que todo eleitor tenha um título de eleitor – mas, para votar, não é necessário o título de eleitor. Existem no país mais de 5.500 Códigos Tributários Municipais" (FIGUEIREDO, Rubens. O carimbador maluco. *Espaço Democrático*, 19 fev. 2015. Disponível em: https://espacodemocratico.org.br/artigos/rubens-figueiredo-o-carimbador-maluco/. Acesso em: 27 abr. 2022).

Foi a partir da burocracia que surgiram o serviço público organizado, as carreiras administrativas, os concursos públicos, as licitações, os regulamentos internos, os procedimentos impessoais de remoção e de promoção de servidores públicos.

Assim, o modelo burocrático, quando utilizado na atividade administrativa do Estado (uma vez que também vale para o meio privado), passa a adotar a lei (e os regulamentos) como fonte da racionalidade, afastando-se de subjetivismos, caprichos pessoais e voluntarismos que são tão perigosos no âmbito público.

No Brasil, "como fenômeno predominantemente urbano e calcado na formação do Estado moderno, a burocracia estatal no Brasil estará necessariamente relacionada à era Vargas, o que não implica que ela inexistisse em períodos anteriores".[102] Com a era Vargas, as classes dominantes perceberam que o desenvolvimento do país dependia de uma maior organização administrativa do Estado. Assim, buscou-se implementar um Estado administrativo, que procurava falar a língua racional-legal, com a montagem de aparelhos modernos, com a implantação de carreiras em bases meritocráticas, com a classificação de cargos, entre outros avanços.

Conforme destaca a Professora Irene Patrícia Nohara, algumas das principais características burocráticas que se instalaram na Administração Pública foram o caráter legal das normas e regulamentos, o caráter formal das comunicações, racionalidade e divisão do trabalho, impessoalidade das relações, hierarquia entre autoridades, rotinas e procedimentos padronizados, competência técnica e meritocrática, especialização e profissionalização e previsibilidade do funcionamento.[103]

Todavia, apesar dos avanços, as coisas não saíram exatamente como o planejado, seja pelas inúmeras disfunções da burocracia, seja porque esta não conseguiu se livrar do patrimonialismo, conforme se vê:

> Era um Estado que criava uma burocracia, procurando incorporar pessoas da nova classe média urbana, burocracia esta que crescia

---

[102] RODRIGUES, Marco Antônio. *Contos da vida burocrática*: o funcionário público na narrativa curta de ficção brasileira. Brasília: Universidade de Brasília, 2015. p. 17. Disponível em: http://repositorio.unb.br/bitstream/10482/22054/1/2015_MarcoAntonioRodrigues.pdf/. Acesso em: 27 abr. 2022.

[103] NOHARA, Irene Patrícia. *Reforma administrativa e burocracia*. Impacto da eficiência na configuração do direito administrativo brasileiro. 2. tir. São Paulo: Atlas, 2016. p. 28.

quantitativamente, na medida em que crescia a pressa em recuperar o tempo perdido. Mas era um Estado que não resistia às pressões clientelísticas, e que, para impor o seu poder de dominação, usava, sem medo, estratagemas informais como a criação de uma estrutura administrativa paralela ou de inúmeros cargos "extranumerários" para atender aos crescentes pedidos de emprego, repetindo práticas que vinham da fase em que predominava a forma de dominação tradicional, como diria Weber.[104]

Assim, com o excesso e mal uso da burocracia, começaram a surgir suas disfunções, como a internalização das regras e o apego aos regulamentos, o excesso de formalismo e de papelório, a resistência a mudanças, a superconformidade com rotinas, a dificuldade no atendimento a clientes e os conflitos com o público.[105]

Na verdade, muitos destes problemas já existiam antes mesmo da instituição do modelo burocrático. Neste contexto, Caio Prado Júnior registra que a ineficiência, a corrupção e o patrimonialismo eram os grandes gargalos da Administração Pública no período colonial, e como nunca houve condições para a instalação de uma administração voltada para atender aos padrões de eficiência, inclusive pelo excesso de burocracia (algo que em geral só é associado à Administração Pública brasileira a partir do século XX):

> Vimos aí a falta de organização, eficiência e presteza do seu funcionamento. Isto sem contar os processos brutais empregados, de que o recrutamento e a cobrança dos tributos são exemplos máximos e índice destacados do sistema geral em vigor. A complexidade dos órgãos, a confusão de funções e competência; a ausência de método e clareza na confecção das leis, a regulamentação esparsa, desencontrada e contraditória que a caracteriza, acrescida e complicada por uma verborragia abundante em que não faltam às vezes até dissertações literárias; o excesso de burocracia dos órgãos centrais em que se acumula um funcionalismo inútil e numeroso, de caráter mais deliberativo, enquanto os agentes efetivos, os executores, rareiam; a centralização administrativa que faz de Lisboa a cabeça pensante única em negócios passados a centenas de léguas que se percorrem em lentos barcos a vela; tudo isto, que vimos acima, não poderia resultar noutra coisa senão naque-

---

[104] GOUVÊA, Gilda Portugal. *Burocracia e elites burocráticas no Brasil*. São Paulo: Paulicéia, 1994. p. 80.
[105] MERTON, Robert K. Estrutura burocrática e personalidade. *In*: CAMPOS, Edmundo (Org.). *Sociologia da burocracia*. 4. ed. Rio de Janeiro: Zahar, 1978. p. 117.

la monstruosa, emperrada e ineficiente máquina burocrática que é a administração colonial. E com toda aquela complexidade e variedade de órgãos e funções, não há, pode-se dizer, nenhuma especialização.[106]

Raymundo Faoro enfatiza que esta cara, pesada e aproveitadora burocracia administrativa do Estado português gera uma situação insustentável, que somente pode ser enfrentada a partir da captação de recursos nas colônias:

> O quadro será necessariamente negro e amargo, satírico e contundente. Atrás da enxurrada de funcionários, militares e pensionistas está a ruína. Todos sentem que a mascarada, sem renovo e sem seivas mais jovens, acabará em ressaca: há ricos e opulentos, mas o reino não reverdece. As subvenções, os ordenados, as pensões devoravam o Estado, para o proveito ostentatório da fidalguia, da fidalguia encasulada no cargo público. Esta a vida da empresa patrimonial sem apoio na produção doméstica, só esta capaz de se expandir na indústria. Outras nações ocuparão o vácuo, na esteira das caravelas – Portugal continuará de pé, cevando-se do Brasil, congelado, arcaicamente, na sua arquitetura barroca.[107]

Antonio Candido, no prefácio da edição de 1967 de *Raízes do Brasil*, afirma que Sérgio Buarque de Holanda já apontava nossas dualidades. No caso, convivemos com o "trabalho e aventura; método e capricho; rural e urbano; burocracia e caudilhismo; norma impessoal e impulso afetivo – são pares que o autor destaca no modo-de-ser ou na estrutura social e política, para analisar e compreender o Brasil e os brasileiros".[108]

Assim, na atualidade, há no Brasil uma administração pública burocrática com características patrimonialistas e com pretensões gerenciais. No livro *O dinossauro*, Meira Penna destaca que "a burocracia não tem definhado, mas conhece um crescimento teratológico".[109]

---

[106] PRADO JR., Caio. *Formação do Brasil contemporâneo*. São Paulo: Companhia das Letras, [s.d.]. p. 353.
[107] FAORO, Raymundo. *Os donos do poder*. Formação do patronato político brasileiro. 3. ed. Rio de Janeiro: Globo, 2001. p. 101.
[108] CANDIDO, Antonio. Prefácio de 1967. *In*: HOLANDA, Sérgio Buarque de. *Raízes do Brasil*. 26. ed. São Paulo: Companhia das Letras, 1995. p. 13.
[109] PENNA, José Osvaldo de Meira. *O dinossauro*. Uma pesquisa sobre o Estado, o patrimonialismo selvagem e a nova classe de intelectuais e burocratas. São Paulo: T. A. Queiroz Editor, 1988. p. 7.

O autor oferece dezenas (ou talvez até centenas) de exemplos da burocracia brasileira, em que, paradoxalmente, o cartorialismo convive com a bagunça. A análise que faz das mazelas da Administração Pública brasileira é um documento raro por seu detalhismo e tom de denúncia. Também faz sugestões para aperfeiçoamento. Entre as medidas que recomenda, além da "educação", "do esforço consciente do governo" e do "desenvolvimento", destacam-se a seleção mais criteriosa e criação de cursos preparatórios para as elites governantes, inspirados na Escola de Administração Pública francesa. Conclui: "sem cultura e educação política em nossas elites dificilmente podemos conceber o funcionamento suave e eficiente da democracia".[110]

Como se vê, reformas administrativas são necessárias, embora estas tenham que ser realizadas com critérios, para garantir uma maior eficiência e modernização da Administração Pública, mas sem que isto coloque em risco as conquistas advindas da burocracia.

Desta forma, vê-se como imprescindível, na análise do legado da burocracia, "separar o joio do trigo" ou ter cuidado para "não jogar a criança fora junto com a água suja". Se esta cautela não for realizada, como cantava Raul Seixas, assim o direito administrativo "não vai a lugar nenhum".

4.3 *Cowboy fora da lei* e *Conserve seu medo*: a reflexão gerada pelo direito administrativo do medo e pelo direito administrativo de espetáculo

A via-crúcis enfrentada por um servidor público honesto que passa a ter uma contratação administrativa que ele havia autorizado questionada por órgão de controle ocupa as duas primeiras páginas da introdução do livro *Direito administrativo do medo*, do jurista catarinense Rodrigo Valgas. Em uma das passagens, Valgas propõe ao leitor o seguinte quadro imaginário:

> Nosso gestor se vê alçado à condição de "celebridade", pois a imprensa já anuncia que houve grandes prejuízos e fraude à licitação

---

[110] PENNA, José Osvaldo de Meira. *O dinossauro*. Uma pesquisa sobre o Estado, o patrimonialismo selvagem e a nova classe de intelectuais e burocratas. São Paulo: T. A. Queiroz Editor, 1988. p. 255.

por eles praticados. Seu nome fica exposto ao público, mal falado em todo seu círculo de amizades e seus filhos são insultados pelos colegas de escola por terem pai "ladrão". Para pagar seus advogados, agora deve recorrer a familiares, posto que as economias de anos de trabalho agora estão indisponíveis e nem mesmo é possível vender algum patrimônio. Após alguns anos, finalmente seu processo chega a termo e, para sua incredulidade, o gestor é condenado em primeiro grau por dano ao erário (art. 10 da Lei 8.429/92), além de lhe ser aplicada multa civil, suspensão dos direitos políticos e ainda a perda da função pública na qual ingressou há décadas por via do concurso. Como ato final desse enredo, nosso gestor apela ao tribunal que reforma a decisão anterior e o isenta de qualquer responsabilidade por improbidade administrativa, verificando que não restou provado o dano ao erário e que sua atuação no referido contrato se deu sem qualquer dolo e em absoluta boa-fé. Após o decorrido, o servidor passa a declinar de qualquer função de ordenador de despesas – da qual inclusive já tinha sido afastado no início do processo – e passa agir de modo a não assumir qualquer risco no exercício de suas funções, mesmo que saiba que isso poderá implicar graves prejuízos ao interesse público, porque em seu íntimo sua principal missão passa a ser a autopreservação, a blindagem decisória e o direcionamento de responsabilidade para outras pessoas, pois está determinado a nunca mais passar novamente por experiência tão traumática. Histórias similares repetem-se aos milhares no Brasil.[111]

Este seria o cenário do direito administrativo do medo, que representa o excesso e a disfuncionalidade da atuação dos órgãos de controle da atuação administrativa, que vem gerando um grande temor naqueles que poderiam ter interesse em ocupar cargos públicos de natureza decisória, uma vez que não querem correr o risco de ser processados, muitas vezes por interpretações que fogem da razoabilidade.

Ainda sobre o fenômeno do direito administrativo do medo, já se destacou:

> o administrador público vem, aos poucos, desistindo de decidir. Ele não quer mais correr riscos. Desde a edição da Constituição de 88, que inspirou um modelo de controle fortemente inibidor da liberdade e da autonomia do gestor público, assistimos a uma crescente ampliação e sofisticação do controle sobre as suas ações.

---

[111] SANTOS, Rodrigo Valgas dos. *Direito administrativo do medo*. Risco e fuga da responsabilização dos agentes públicos. São Paulo: Revista dos Tribunais, 2020. p. 32.

Por esta razão, "decidir sobre o dia a dia da Administração passou a atrair riscos jurídicos de toda a ordem, que podem chegar ao ponto da criminalização da conduta. Sob as garras de todo esse controle, o administrador desistiu de decidir".[112]

Neste contexto, outra expressão criada nos últimos tempos é a do direito administrativo de espetáculo, em que o jurista paranaense Marçal Justen Filho, inspirado na obra *A sociedade do espetáculo*, de Guy Debord,[113] afirma que a citada tendência "indica a proliferação de institutos e interpretações descolados da realidade, vinculados à produção de um cenário imaginário e destinado a produzir o entretenimento dos indivíduos antes do que a efetiva implantação de valores fundamentais".[114]

Assim, pode-se afirmar que os órgãos de controle, muitas vezes sabedores de que suas ações não se justificam ou que não têm uma base sólida o suficiente, atuam para dar uma satisfação à sociedade, até mesmo para ficarem sob os holofotes da mídia. Paradoxalmente, muitos gestores públicos também querem estar nas páginas dos jornais, ainda que não sejam aquelas em que há manchetes enobrecedoras. O que vale mesmo é ter seus nomes em evidência, pois assim não sairão da cabeça do eleitor. Marçal Justen Filho ressalta:

> Sob esse prisma, o Estado do Espetáculo tem íntima relação com a indústria do entretenimento. Os organismos estatais produzem notícias para preencher o cotidiano das pessoas. Divulgam ações que somente têm existência na dimensão das notícias. Nesse contexto, os agentes políticos se tornam membros de um grande show, verdadeiros atores a desempenhar papéis buscando o aplauso dos expectadores. O universo dos artistas é ocupado não apenas pelos atores, mas também pelos políticos. O governante, que no passado foi uma manifestação divina, transforma-se no principal artista da Nação. Levando avante essas ideias, pode-se afirmar que, num Estado do Espetáculo, a Nação é transformada em Platéia. Tal qual em um grande programa de televisão, a Platéia

---

[112] GUIMARÃES, Fernando Vernalha. O direito administrativo do medo: a crise da ineficiência pelo controle. *Direito do Estado*, 31 jan. 2016. Disponível em: http://www.direitodoestado.com.br/colunistas/fernando-vernalha-guimaraes/o-direito-administrativo-do-medo-a-crise-da-ineficiencia-pelo-controle. Acesso em: 10 jul. 2022.

[113] DEBORD, Guy. *La société du spetacle*. 3. ed. Paris: Gallimard, 1992.

[114] JUSTEN FILHO, Marçal. O direito administrativo de espetáculo. *Fórum Administrativo – FA*, Belo Horizonte, ano 9, n. 100, jun. 2009.

aguarda com ansiedade a evolução diária do "jogo político" – adotada a expressão para indicar as novidades, as acusações, as falsidades, os julgamentos, as derrotas e as vitórias das personagens investidas em cargos e funções públicas. Num Estado de Espetáculo, deixa de existir uma instância centralizada configurável como um Big Brother. A intromissão sobre a vida privada se institucionaliza como um modo de organização estatal, mas em termos plurilaterais. Tal como o Estado fiscaliza e se intromete na vida individual privada, também existem mecanismos para produzir a intromissão sobre a vida e a conduta dos agentes públicos.[115]

Evidentemente, vêm surgindo reações ao direito administrativo do medo e do espetáculo. Neste contexto, com o advento da Lei nº 13.655/2018, que acrescentou à Lei de Introdução às Normas do Direito Brasileiro (LINDB) dez artigos sobre segurança jurídica e eficiência na criação e aplicação do direito público, passou-se a adotar no direito administrativo brasileiro a orientação pragmática que a doutrina sintetizou na expressão "primado da realidade".

Carlos Ari Sundfeld explicou que as mudanças introduzidas "trazem a realidade para dentro dos jogos de aplicação da lei".[116] Destaque deve ser conferido ao art. 22 da LINDB, que determina:

> Art. 22. Na interpretação de normas sobre gestão pública, serão considerados os obstáculos e as dificuldades reais do gestor e as exigências das políticas públicas a seu cargo, sem prejuízo dos direitos dos administrados.
> §1º Em decisão sobre regularidade de conduta ou validade de ato, contrato, ajuste, processo ou norma administrativa, serão consideradas as circunstâncias práticas que houverem imposto, limitado ou condicionado a ação do agente. (Incluído pela Lei nº 13.655, de 2018)
> §2º Na aplicação de sanções, serão consideradas a natureza e a gravidade da infração cometida, os danos que dela provierem para a administração pública, as circunstâncias agravantes ou atenuantes e os antecedentes do agente. (Incluído pela Lei nº 13.655, de 2018)
> §3º As sanções aplicadas ao agente serão levadas em conta na dosimetria das demais sanções de mesma natureza e relativas ao mesmo fato. (Incluído pela Lei nº 13.655, de 2018)

---

[115] JUSTEN FILHO, Marçal. O direito administrativo de espetáculo. *Fórum Administrativo – FA*, Belo Horizonte, ano 9, n. 100, jun. 2009.
[116] SUNDFELD, Carlos Ari. Prefácio. *In*: DUQUE, Marcelo Schenk; RAMOS, Rafael (Coord.). *Segurança jurídica na aplicação do direito público*. Salvador: JusPodivm, 2019. p. 11.

Assim, a partir da citada lei, começa a haver uma maior preocupação, pelo menos no ordenamento jurídico, com os "obstáculos e as dificuldades reais do gestor e as exigências das políticas públicas a seu cargo", havendo uma reação à cultura do hipercontrole público.[117]

Há órgãos de controle que atuam como "engenheiros de obras prontas", expressão que, para Irene Patrícia Nohara, é geralmente utilizada para criticar a:

> situação em que o controle a posteriori se foca exclusivamente a apontar falhas e erros, sem procurar compreender as dificuldades práticas e obstáculos enfrentados pelo gestor no processo, sendo criticável quando o controle é meramente sancionatório e repressivo, especialmente quando é injusto.[118]

Assim, vê-se que a LINDB se trata de uma importante tentativa de combate à onda de paralisia decisória que vem assolando a Administração Pública brasileira e que vem sendo intitulada de "apagão das canetas", cenário em que, dada a intensidade de controle suportada pelo gestor e o alto risco de sua atuação ser reputada ilícita, a inércia torna-se a escolha mais vantajosa, ainda que "servil e, por vezes, medrosa e covarde".[119]

Este medo e covardia já vinham sendo anunciados por Raul Seixas deste 1987, em *Cowboy fora da lei*, composição em parceria com Cláudio Roberto que foi inserida no álbum *Uah-Bap-Lu-Bap-Lah-Béin-Bum!*, e cujas vendas proporcionaram um disco de ouro ao cantor baiano.

---

[117] MENDONÇA, José Vicente Santos de. Art. 21 da LINDB – Indicando consequências e regularizando atos e negócios. *Revista de Direito Administrativo*, Rio de Janeiro, nov. 2018. Edição especial. p. 45. DOI: https://doi.org/10.12660/rda.v0.2018.77649. Disponível em: https://bibliotecadigital.fgv.br/ojs/index.php/rda/article/view/77649. Acesso em: 29 jun. 2022.

[118] Sobre esta matéria, recomenda-se o vídeo gravado pela Professora Irene Nohara e postado em 30.7.2020 no canal do YouTube da professora (Disponível em: https://youtu.be/vXK0NzxYr2o. Acesso em: 10 jul. 2022).

[119] BATISTA JÚNIOR, Onofre Alves; CAMPOS, Sarah. A Administração Pública consensual na modernidade líquida. *Fórum Administrativo – FA*, Belo Horizonte, ano 14, n. 155, p. 31-43, jan. 2014. Disponível em: https://www.editoraforum.com.br/wp-content/uploads/2014/09/Administracao-Publica-consensual-na-modernidade-liquida-Editora-Forum.pdf. Acesso em: 29 jun. 2022.

Além de ter sido o maior destaque no mencionado disco, *Cowboy fora da lei* foi o último grande sucesso do artista, impulsionado por um videoclipe exibido no programa *Fantástico* da Rede Globo e por fazer parte da trilha sonora da novela *Brega & Chique*.

Na citada música, o eu-lírico declara seu temor em exercer cargos públicos: "Mamãe, não quero ser prefeito/Pode ser que eu seja eleito/E alguém pode querer me assassinar". Adaptando-se a música ao ano de 2022, "assassinar" pode ser perfeitamente substituído por "processar".

Na canção, há um outro trecho bastante elucidativo, em que o eu-lírico declara explicitamente que considera a atividade daqueles que se dedicam às causas públicas um ato de heroísmo: "eu não sou besta pra tirar onda de herói".

Também merece registro a passagem da música em que se revela todo o egoísmo cidadão do eu-lírico, que não faz a menor questão de participar, de dar sua contribuição: "e quem quiser que fique aqui/entrar pra história é com vocês".

Vale ainda mencionar que a música gera uma importante reflexão: mentes brilhantes podem ser afastadas da vida pública, a partir de um processo de desmotivação que gera a apatia: "Papai, não quero provar nada/Eu já servi à pátria amada/E todo mundo cobra a minha luz". É a lei do cada um por si, que dá mais valor a aproveitar a vida e ser um *cowboy* (nos tempos de hoje, talvez um *playboy*) fora da lei, que se arriscar pelos outros.

Sobre a música, já se indagou:

> Você faz questão de entrar pra história? Se preocupa com o que os seus pais querem que você se torne? Raul parece não ligar: Mamãe, não quero ser prefeito. Afinal, vale mais a pena ser uma pessoa comum e continuar viva, do que se arriscar em um grande cargo ou virar um ídolo e acabar morto.[120]

Acerca do surgimento desta canção, registre-se que ela foi inspirada em Tancredo Neves, que teria, na visão do artista, sido uma espécie de mártir:

---

[120] FREIRE, Erika. Conheça o significado da música Cowboy Fora da Lei, de Raul Seixas, *Letras.mus*, 6 fev. 2020. Disponível em: https://www.letras.mus.br/blog/significado-cowboy-fora-da-lei/. Acesso em: 17 maio 2022.

Depois da morte do presidente, na primeira versão de "Cowboy fora da lei", Raul cita o "velhinho" na música: "Oh, coitado do Tancredo, Deus me livre, eu tenho medo, morrer dependurado numa cruz", que depois, para evitar problemas, ele mudou para "Oh, coitado, foi tão cedo [...]". Para Raul, o fim de Tancredo foi este: pendurado numa cruz, com um mártir da abertura política.[121]

Acerca desta canção, cujo videoclipe remete a um filme de faroeste, também já se registrou:

> Na última estrofe ele brinca que não é besta pra tirar onda de herói, reforçando mais uma vez que muitos daqueles que deram as caras, que lutaram por uma causa, que falaram às nações, morreram. Ele está vacinado e prefere se divertir, sendo um cowboy fora da lei. Durango Kid foi um personagem de quadrinhos que surgiu na década de 40, em filmes de faroeste, interpretado por Charles Starrett.[122]

O que poucos recordam é que Raul Seixas já havia escrito uma outra canção em que destaca o sentimento do medo, destacando, todavia, seu lado positivo. Em *Conserve seu medo*, do álbum *Mata virgem*, de 1978, ele exorta que cada um de nós "Conserve seu medo/ Mantenha ele aceso", pois "Se você não teme/Se você não ama/Vai acabar cedo".

Na canção, há até mesmo um elogio à paranoia como condição de subsistência: "Esteja atento ao rumo da História/Mantenha em segredo/Mas mantenha viva/Sua paranoia".

Assim, ao que parece, Raul Seixas, se em *Cowboy fora da lei* usou o humor para denunciar os riscos da atuação cidadã, inclusive a partir do exercício de cargos públicos, em *Conserve seu medo*, ele adverte, com sabedoria, que aqueles que resolverem enfrentar o desafio devem ter muito cuidado.

Por esta razão, é importante deixar claro que o gestor público brasileiro também deveria estar atento aos conselhos de Raul Seixas em *Conserve seu medo*, especialmente quando a música alerta: "ande pra frente/olhando pro lado".

---

[121] MINUANO, Carlos. *Raul*. Por trás das canções. Rio de Janeiro: Best Seller, 2019. p. 22.
[122] FREIRE, Erika. Conheça o significado da música Cowboy Fora da Lei, de Raul Seixas, *Letras.mus*, 6 fev. 2020. Disponível em: https://www.letras.mus.br/blog/significado-cowboy-fora-da-lei/. Acesso em: 17 maio 2022.

Na música, pouco divulgada quando comparada a outras do repertório do artista baiano, chega-se à sofisticação até mesmo de diferenciar a vida pública da vida privada. Embora em ambas deva a pessoa se entregar de corpo e alma, também deverá fazê-lo de forma precavida: "Se entregue a quem ama/Na rua ou na cama/ Mas tenha cuidado".

São lições que devem ser refletidas, a fim de se garantir que pessoas de boa índole queiram efetivamente exercer funções públicas e que, uma vez ocupando tais posições, apesar de atuarem de forma precavida, sintam-se devidamente encorajadas ("Conserve seu medo/Mas sempre ficando/Sem medo de nada").

Portanto, o desafio do direito administrativo é superar a fase do medo (derivado do ceticismo, da descrença e do receio recíproco entre controladores e controlados, o que teve razões históricas para existir) e possa alcançar a fase da empatia e da confiança.

4.4 *Metamorfose ambulante*, *Maluco beleza* e *Aquela coisa*: a conciliação entre continuidade e inovação

No filme documentário *Raul, o início, o fim e o meio* (2011, dirigido por Walter Carvalho), ao ser entrevistado sobre sua parceria com Raul Seixas, que gerou quarenta e uma músicas, o escritor Paulo Coelho revelou seu maior arrependimento: não ter participado da gravação de *Maluco beleza* e de *Metamorfose ambulante*, compostas por Raul Seixas e Cláudio Roberto.

Presente no álbum *O dia em que a Terra parou*, de 1977, e considerada a música mais representativa da fase existencial e filosófica de Raul Seixas, *Maluco beleza*, além de ser o "hino simbólico da condição filosófica do artista",[123] é também a canção mais tocada do cantor baiano e passou a servir como apelido deste.

Mas quem seria o verdadeiro *maluco beleza*? Sobre esta questão, convém que o leitor saiba:

> Apesar de Raulzito ter ficado marcado como a figura central da música *Maluco beleza*, a canção foi escrita e inspirada no estilo de vida de um

---

[123] MEDEIROS, Jotabê. *Raul Seixas*: não diga que a canção está perdida. São Paulo: Todavia, 2019. p. 228.

de seus maiores parceiros de composição, Cláudio Roberto. Isso não significa que Raul também não fosse considerado um doido aos olhos do social; sim, ele era. Também era seu parceiro Cláudio Roberto, visto na cidade em que vivia, Miguel Pereira, como um sujeito diferente, recluso e avesso a padrões e normas. Por isso a parceria entre eles deu tão certo: os dois pensavam de forma similar e traduziram um pouco dessas ideias na canção *Maluco beleza*. A letra fala sobre preservar a sua essência, ter uma vida mais autônoma e longe do comportamento de manada. O que pode ser interpretado como maluquice pela maioria, para Raul era uma forma de respeitar a si mesmo, seguir a sua intuição e se tornar uma pessoa mais verdadeira. Enquanto boa parte das pessoas opta por um roteiro padronizado, sem ao menos questionar se serve e combina com seu próprio estilo, Raul se nega a fazer tudo igual.[124]

Segundo o dicionário, maluco beleza "diz-se de ou pessoa que se arrisca em aventuras inusitadas e apresenta comportamento oscilante entre a loucura e a lucidez, movida a droga, ou não, sem representar ameaça a outrem".[125]

Em *Maluco beleza*, o eu-lírico revela nas primeiras frases as diferentes posturas que as pessoas podem adotar: seguir padrões de comportamento ou atuar com naturalidade, de acordo com suas convicções. É o que se verifica no trecho: "Enquanto você se esforça pra ser/Um sujeito normal/E fazer tudo igual/Eu do meu lado/Aprendendo a ser louco/Um maluco total/Na loucura real".

Na primeira parte da música, vê-se que o caminho natural seria o da loucura (no caso, o da espontaneidade, da autenticidade), tanto que, para alguém ser "normal", precisa haver um esforço. Todavia, como a postura mais adotada é a antinatural, hoje em dia, é preciso aprender a ser louco, ou seja, a se despir das convenções que a sociedade impõe.

Na segunda parte da canção, o *Maluco beleza* revela sua fórmula: "controlando a minha maluquez/misturada com minha lucidez/vou ficar/ficar com certeza/maluco beleza".

---

[124] FREIRE, Érika. Conheça o significado de Maluco Beleza, sucesso de Raul Seixas. *Analisando Letras*, 21 jan. 2021. Disponível em: https://www.letras.mus.br/blog/maluco-beleza-significado/. Acesso em: 30 jun. 2022.

[125] MALUCO beleza. *Michaelis – Dicionário Brasileiro da Língua Portuguesa*. Disponível em: https://michaelis.uol.com.br/moderno-portugues/busca/portugues-brasileiro/maluco#:~:text=EXPRESS%C3%95ES%20Maluco%20beleza%20%2C%20coloq%20%3A%20diz,sem%20representar%20amea%C3%A7a%20a%20outrem. Acesso em: 30 jun. 2022.

Conforme se vê, não há na canção uma defesa da maluquez total, sem limites, uma vez que esta tem que ser até certo ponto controlada. O segredo estaria na mistura entre a maluquez (ousadia, espontaneidade, inovação, inconformismo) e a lucidez (racionalidade, equilíbrio, ponderação).

Como se vê, embora o eu-lírico tenha dito no primeiro momento que está "aprendendo a ser louco, um maluco total", na verdade, reconhece que a citada mistura forjaria um "maluco beleza", alguém consciente da necessidade de conciliar a espontaneidade com a racionalidade.

A última frase de impacto desta bela canção diz: "E esse caminho que eu mesmo escolhi/É tão fácil seguir/Por não ter onde ir". Ser um maluco beleza, portanto, na visão do eu-lírico da canção, seria uma opção fácil de ser acolhida, pois seria a única viável. Em entrevista, Raul Seixas declarou:

> Estou sempre experimentando, inventando, não se pode é deixar parar, porque quando se para apodrece e fede. Tem-se que conservar o dinamismo e buscar. O quê? Não sei, não importa. Buscar. As portas estão sempre abertas para as pessoas; é questão de coragem de aceitá-las abertas e entrar. Eu entrei, entro e viajo e apenas começo a agora a grande viagem: "Raul Seixas no país das Maravilhas" (Baú do Raul, 1973).

Outro clássico do repertório de Raul, *Metamorfose ambulante*, presente no álbum *Krig-ha, Bandolo!*, de 1973, é uma canção que faz uma exortação à transformação, à mudança, à possibilidade de aceitação do novo. Como já destacado, "se Raul Seixas é o protótipo do homem da Era de Aquário", também se pode ser afirmar que "Metamorfose ambulante é a sua alma".[126]

Assim como em *Maluco beleza*, em *Metamorfose ambulante* se buscam romper os padrões da normalidade, pois é preferível "ser essa metamorfose ambulante/do que ter aquela velha opinião formada sobre tudo".

Metamorfose é o título do mais famoso livro do escritor tcheco Franz Kafka, escrito em 1915. Sobre esta obra, escrita em vinte dias:

---

[126] BOSCATO, Luiz Alberto de Lima. *Vivendo a sociedade alternativa*: Raul Seixas no panorama da Contracultura Jovem. Orientador: Marcos Antônio da Silva. Tese (Doutorado em História Social) – FFLCH/USP, São Paulo, 2006. p. 80.

Sem a menor cerimônia, o texto coloca o leitor diante de um caixeiro-viajante - o famoso Gregor Samsa – transformado em inseto monstruoso. A partir daí, a história é narrada com um realismo inesperado que associa o inverossímil e o senso de humor ao que é trágico, grotesco e cruel na condição humana – tudo no estilo transparente e perfeito desse mestre inconfundível da ficção universal. [...] A premissa de Metamorfose é bastante simples, "o que acontece à família quando o único capaz de sustentá-la sofre uma tragédia?". A partir disso troque a tragédia pelo elemento fantástico, do personagem acordar no corpo de barata. Kafka desenvolve esta questão enquanto acompanhamos a cena no ponto de vista do protagonista Gregor. A escrita nos faz olhar pela perspectiva do protagonista. Algumas imagens dão agonia só de lembrar como a visão das patas de Gregor transformado em barata balançando sem controle. Kafka mostra as consequências desta transformação na história, toda focada na situação de Gregor. Não conta o que acontece fora de casa, quando os demais moradores precisam recuperar a garantia da família enquanto o jovem entristece perante o horror de quem o vê. Assim ocorre a metamorfose no resto do lar, em busca da sobrevivência financeira.[127]

Ressalte-se que, enquanto na obra kafkiana, a tragédia relatada é a da terrível metamorfose sofrida pelo personagem Gregor Samsa, a da canção de Raul Seixas é exatamente o contrário, ou seja, quando o indivíduo não estivesse aberto a transformar-se permanentemente:

Quase 60 anos depois Raul Seixas daria um novo sentido ao termo "Metamorfose". Na poesia simples da música Metamorfose ambulante ele reverencia a ideia de romper com padrões sociais, chamados de "aquela velha opinião formada sobre tudo". Para Raul, a possibilidade de mudar constantemente é libertadora. O músico aponta para uma superação do acirramento político-ideológico que marcou sua época. Guerra fria em um mundo bipolar, e ditadura militar em um Brasil dominado pela censura e repressão, produziram movimentos sociais e culturais, marcados pelo radicalismo. Naquele contexto Raul usou, de forma brilhante, a metáfora da transformação para criticar as opiniões dogmáticas que davam o tom do debate social. Sua metamorfose apontava para a democracia brasileira e para seu direito de exibir suas opiniões sem medo da censura. Enquanto para Kafka a metamorfose é um ato involuntário, para o qual a sociedade de massa conduz o homem, para Raul Seixas ela é condição natural do ser humano, que é capaz

---

[127] ARAÚJO, Diego. Resenha: "A Metamorfose" de Franz Kafka. *Ficções Humanas*, 4 jun. 2019. Disponível em: https://www.ficcoeshumanas.com.br/post/resenha-a-metamorfose-de-franz-kafka. Acesso em: 30 jun. 2022.

de pensar, compreender, criar e ser crítico. Um mesmo conceito, com sentidos opostos. Um conceito que pode ser bom ou ruim, dependendo de como é empregado.[128]

Ao estar aberto para a metamorfose, não será constrangedor "dizer agora o oposto do que eu disse antes", até mesmo porque "eu nem sei quem sou" e "se hoje eu sou estrela amanhã já se apagou/ se hoje eu te odeio amanhã lhe tenho amor". Evidentemente, este é um caminho longo e tortuoso, que não será atingido rapidamente ou sem esforço. Mas quem tem pressa? Afinal, "é chato chegar a um objetivo num instante".

Em *Aquela coisa*, canção de 1983 e escrita por Raul Seixas, Cláudio Roberto e Kika Seixas, é abordada, mais uma vez, a temática da necessidade de se estar sempre aberto à mudança.

Em seu primeiro verso, a canção declara que o sofrimento ocorre quando não se tem liberdade para se fazer o que se quer: "meu sofrimento é fruto do que me ensinaram a ser/sendo obrigado a fazer tudo mesmo sem querer".

Tal postura de conformismo viria de uma série de influências que o indivíduo recebe ao longo da trajetória de vida: "quando o passado morreu e você não enterrou/o sofrimento do vazio e da dor".

Tal carga de informações recebida durante a vida é considerada tão forte no comportamento do indivíduo que o eu-lírico da canção afirma preferir seguir a intuição (coração) à razão (cabeça): "Minha cabeça só pensa aquilo que ela aprendeu/por isso mesmo, eu não confio nela eu sou mais eu/sim... pra ser feliz e olhar as coisas como elas são/sem permitir da gente uma falsa conclusão/seguir somente a voz do seu coração".

Assim como em *Maluco beleza* e em *Metamorfose ambulante*, em *Aquela coisa* é apontado um caminho: "É preciso você tentar/ mas é preciso você tentar/talvez alguma coisa muito nova possa lhe acontecer". Ademais, nesta canção, ao se afirmar que "minha cabeça só pensa aquilo que ela aprendeu", demonstra-se como o

---

[128] MÚSICA e trabalho: Raul Seixas canta 'Metamorfose Ambulante'. *Força Sindical*. Disponível em: https://fsindical.org.br/forca/musica-e-trabalho-raul-seixas-canta-metamorfose-ambulante /#:~:text=Enquanto%20para%20Kafka%20a%20metamorfose,mesmo%20conceito%2C%20 com%20sentidos%20opostos. Acesso em: 30 jun. 2022.

processo de abertura a novas ideias deve ser contínuo, e que ter uma mente aberta é "aquela coisa que eu sempre tanto procurei/é o verdadeiro sentido da vida".

Mas o que estas três canções de Raul Seixas que convidam à mudança permanente têm a ver com a Administração Pública e com o direito administrativo? Embora haja uma louvável e até mesmo imprescindível preocupação com o planejamento no setor público (o que será aprofundado neste livro no capítulo que analisa a música *Como vovó já dizia* [*Óculos escuros*]), também não se pode deixar de valorizar a inovação.

Ainda bastante impregnada por disfunções da burocracia, como a superconformidade a rotinas, o apego aos regulamentos, o excesso de formalismo e a resistência a mudanças, a Administração Pública brasileira precisa se abrir à inovação.

Ricardo Rivero Ortega, professor de Direito Administrativo da Universidad de Salamanca, registrou, ao analisar o novo cenário que se abria diante da crise econômica vivenciada na última década, que eram exigidas mudanças de muito grande impacto na organização, no procedimento, nos funcionários, nos contratos e nas estratégias de regulação administrativa. Acrescenta o jurista espanhol:

> O pressuposto de sustentabilidade é a inovação [...] Para adaptar-se aos novos cenários, é preciso inovar, superando o preconceito de que as organizações burocráticas não são capazes de fazê-lo. Algumas das inovações mais relevantes que caracterizam a sociedade da informação e do conhecimento surgiram no setor público – nada menos que a Internet – assim que não é correto afirmar que os servidores públicos careçam de iniciativa para desenhar novas formas de resolver os problemas.[129]

No contexto brasileiro, a Professora Irene Nohara destaca que "sem a força da inovação não há como pensar em soluções estratégicas para os desafios que as Administrações Públicas enfrentam no cenário atual, sendo que a gestão pública deve dar soluções distintas às novas circunstâncias que surgem", até mesmo porque, "soluções antigas dificilmente solucionarão novos

---

[129] RIVERO ORTEGA, Ricardo. *La necesaria inovación en las instituciones administrativas*. Organización, procedimiento, función pública, contratos administrativos y regulación. Madrid: Instituto Nacional de Administración Pública – INAP, 2012. p. 23.

problemas".[130] Evidentemente, nem toda inovação é positiva. Nohara ressalta ainda:

> ao lado de inovações que geram eficiência, modernização e também inúmeros benefícios do ponto de vista coletivo, que devem ser estimuladas pelas Administrações Públicas, há, por outro lado, inovações que representam um grande retrocesso em conquistas sociais, tanto por parte da população, como dos próprios servidores públicos, que são, em inúmeras circunstâncias, desprezados em nome de projetos que escondem, sob uma nova roupagem, o resgate da "ancestral" terceirização, disseminando a precarização das relações nas Administrações Públicas a pretexto de inovar.[131]

São muitas as iniciativas inovadoras que estão sendo implementadas nas Administrações Públicas brasileiras, em todos os poderes. Mas onde encontrá-las? Seguem abaixo três possibilidades.

A Escola Nacional de Administração Pública (Enap) criou um programa denominado GNova, que é um laboratório de inovação, fruto de uma parceria com o governo da Dinamarca, que "se propõe a desenvolver soluções inovadoras em projetos com instituições do governo federal para que o serviço público possa responder com mais eficiência às demandas dos cidadãos". Também merece registro o Concurso Inovação no Setor Público, promovido anualmente, desde 1996, pela Enap. Tal concurso é dividido em três categorias: Inovação em processos organizacionais no Poder Executivo Federal; Inovação em serviços e políticas públicas no Poder Executivo federal; e Inovação em processos organizacionais, serviços ou políticas públicas no Poder Executivo estadual/distrital.[132]

---

[130] NOHARA, Irene Patrícia. Desafios de inovação na Administração Pública contemporânea: "destruição criadora" ou "inovação destruidora" do Direito Administrativo? *Irene Nohara – Direito Administrativo*, 24 abr. 2020. Disponível em: https://direitoadm.com.br/desafios-de-inovacao-na-administracao-publica-contemporanea-destruicao-criadora-ou-inovacao-destruidora-do-direito-administrativo/. Acesso em: 1º jul. 2022.

[131] NOHARA, Irene Patrícia. Desafios de inovação na Administração Pública contemporânea: "destruição criadora" ou "inovação destruidora" do Direito Administrativo? *Irene Nohara – Direito Administrativo*, 24 abr. 2020. Disponível em: https://direitoadm.com.br/desafios-de-inovacao-na-administracao-publica-contemporanea-destruicao-criadora-ou-inovacao-destruidora-do-direito-administrativo/. Acesso em: 1º jul. 2022.

[132] *Vide* sítio eletrônico da Escola Nacional de Administração Pública – ENAP (Disponível em: https://gnova.enap.gov.br/pt/projetos. Acesso em: 1º jul. 2022). Na 24ª edição do concurso em comento, em 2020, foram estes os vencedores: Categoria Inovação em Processos Organizacionais no Poder Executivo Federal, Estadual e do Distrito Federal – 1º Lugar:

Se a Enap tem como foco fomentar e divulgar a inovação no âmbito do Poder Executivo, o Prêmio Innovare "tem como objetivo identificar, divulgar e difundir práticas que contribuam para o aprimoramento da Justiça no Brasil". Convém ainda registrar que, "desde 2004, já passaram pela comissão julgadora do Innovare mais de sete mil práticas, vindas de todos os estados do país. Elas são a prova de que a nossa justiça passa por uma 'revolução silenciosa'".[133]

Outro ambiente que fomenta a divulgação de iniciativas inovadoras na Administração Pública é o Congresso Brasileiro de Direito Administrativo, organizado anualmente pelo Instituto Brasileiro de Direito Administrativo (IBDA).

Registre-se que quando foi encaminhada a Proposta de Emenda Constitucional nº 32/2020 (Reforma Administrativa), da mesma forma que se tentou introduzir a subsidiariedade como princípio constitucional da Administração Pública, também se queria incluir a inovação em tal rol.

Adota-se aqui a posição apresentada pela doutrina de que embora a:

> inovação é bem-vinda e deve ser estimulada no âmbito da Administração Pública, uma vez que procedimentos inovadores, em geral, trazem consigo economia de recursos e qualidade de resultado [...] elevar tal preceito à categoria de princípio constitucional é, no mínimo, problemático.[134]

---

[132] Sistema de Credenciamento de Empresas e Sistema de Rastreabilidade – Polícia Civil do Estado de Minas Gerais – MG – 2º Lugar: ProScheduleSolver – Geração de escalas para profissionais da saúde – Hospital de Clínicas de Porto Alegre – RS – 3º Lugar: Gestão de Qualidade: sistema de vigilância extubação não planejada – Universidade Federal do Paraná – PR. Categoria Inovação em serviços ou políticas públicas no Poder Executivo Federal – 1º Lugar: Carteira de Trabalho Digital – Ministério da Economia – DF – 2º Lugar: Uso de inteligência artificial e eficiência nas ouvidorias públicas Universidade Federal do Rio Grande do Norte – RN – 3º Lugar: Otimização da fiscalização de emissões atmosféricas veiculares Ministério da Justiça e Segurança Pública – MG. Categoria Inovação em serviços ou políticas públicas no Poder Executivo Estadual, do Distrito Federal e Municipal – 1º Lugar: Modelo de apoio à fiscalização de equipamentos públicos de alimentação – Secretaria de Estado do Trabalho, da Habitação e da Assistência Social do Rio Grande do Norte – RN – 2º Lugar: Programa Municipal de Linguagem Simples – Pref. Municipal de São Paulo – SP – 3º Lugar: Confecção de Órteses de Baixo Custo – Hosp. Geral de Vitória da Conquista – BA.

[133] Instituto Innovare (Disponível em: https://www.premioinnovare.com.br/. Acesso em: 2 jul. 2022).

[134] MATOS, Gabriel Visoto de. A inovação como princípio da Administração Pública na reforma administrativa. *Jota*, 13 out. 2020. Disponível em: https://www.jota.info/

E isto se dá por uma razão evidente: não se pode aplicar um princípio apenas em determinados contextos ou situações.

Na verdade, é importante que se frise, a inovação já está contemplada na Constituição Federal, que prevê que "o Estado promoverá e incentivará o desenvolvimento científico, a pesquisa, a capacitação científica e tecnológica e a inovação" (art. 218).

Portanto a inovação não é um princípio da Administração Pública, mas uma valiosa ferramenta que deve ser utilizada sempre que possível, a fim de que sejam encontradas alternativas mais eficientes até então não utilizadas, atendendo às demandas da sociedade que estão a cargo do Estado.

Perceba-se que na legislação que trata das concessões e permissões (Lei Federal nº 8987/95), já se falava em serviços públicos adequados, e isto exigia tanto a continuidade como a atualidade (compreendendo esta "a modernidade das técnicas, do equipamento e das instalações e a sua conservação, bem como a melhoria e expansão do serviço", conforme art. 6º, §2º).

Como se vê facilmente, atualidade e inovação são conceitos bem próximos, pois ambos se baseiam na ideia de mudanças, como cantava Raul Seixas em *Maluco beleza*, *Metamorfose ambulante* e *Aquela coisa*.

Assim, o que se quer é uma Administração Pública que saiba identificar as situações em que deva ser garantida a continuidade, a fim de que sejam preservadas as conquistas alcançadas, em especial, na implementação das políticas públicas garantidoras dos direitos fundamentais (o que nos lembra o princípio da vedação ao retrocesso), e, ao mesmo tempo, consiga visualizar com rapidez e eficiência as possibilidades de mudanças (inovação), sempre que estas garantam a evolução e o aperfeiçoamento das atividades administrativas.

4.5 *Como vovó já dizia* (*Óculos escuros*): a valorização da cultura do planejamento e da prevenção

Inserida no álbum *O rebu*, de 1974, a música *Como vovó já dizia* (que também ficou conhecida como *Óculos escuros*, título da primeira

---

coberturas-especiais/inova-e-acao/a-inovacao-como-principio-da-administracao-publica-na-reforma-administrativa-13102020. Acesso em: 1º jul. 2022.

versão), composta pela dupla Raul Seixas e Paulo Coelho, não se trata de uma canção qualquer: na realidade, foi a primeira obra de Raul que sofreu censura.[135] Neste sentido:

sua primeira canção a despertar a censura viria de outro disco lançado naquele ano: a trilha sonora da novela "O Rebu", composta por Raul e Paulo Coelho. Na música "Como vovó já dizia", dois versos foram considerados subversivos – "quem não tem papel dá recado pelo muro" e "quem não tem presente se conforma com o futuro" (substituídas por "quem não tem filé come pão em osso duro" e "quem não tem visão bate a cara contra o muro"). Em maio de 1974, o Departamento de Ordem Política e Social (Dops) finalmente fechou o cerco. Raul Seixas foi preso e torturado. "Tudo para eu poder dizer os nomes das pessoas que faziam parte da Sociedade alternativa, que, segundo eles, era um movimento revolucionário contra o governo", contaria mais tarde.[136]

Sobre as razões que levaram a ditadura a censurar *Óculos escuros* (*Como vovó já dizia*), o parecer da Divisão de Censura e Propaganda, o órgão encarregado de liberar as produções culturais no país, tinha o seguinte teor:

> Gênero: protesto social; Linguagem: direta, como veículo de mensagem subversiva; Tema: sóciopolítico; Mensagem: negativa, induz

---

[135] A versão original é a seguinte: "Quem não tem colírio, usa óculos escuros/Quem não tem colírio, usa óculos escuros/Quem não tem papel dá o recado pelo muro/Quem não tem presente se conforma com o futuro/(Quem não tem colírio, usa óculos escuros.) Essa luz tá muito forte, tenho medo de cegar/(Quem não tem colírio, usa óculos escuros)/Os meus olhos tão manchados com teus raios de luar/(Quem não tem colírio, usa óculos escuros)/Eu deixei a vela acesa para a bruxa não voltar/(Quem não tem colírio, usa óculos escuros)/Acendi a luz do dia para a noite não chiar/Quem não tem colírio, usa óculos escuros/Quem não tem papel dá o recado pelo muro/Quem não tem presente se conforma com o futuro/(Quem não tem colírio, usa óculos escuros)/Já bebi daquela água quero agora vomitar/(Quem não tem colírio, usa óculos escuros)/Uma vez a gente aceita, duas tem que reclamar/(Quem não tem colírio, usa óculos escuros)/A serpente está na terra o programa está no ar/(Quem não tem colírio, usa óculos escuros)/Vim de longe de outra terra pra morder teu calcanhar/Quem não tem colírio, usa óculos escuros/Quem não tem papel dá o recado pelo muro/Quem não tem presente se conforma com o futuro/(Quem não tem colírio, usa óculos escuros)/Essa noite eu tive um sonho, eu queria me matar/(Quem não tem colírio, usa óculos escuros)/Tudo tá na mesma coisa, cada coisa em seu lugar/(Quem não tem colírio, usa óculos escuros)/Com dois galos, a galinha não tem tempo de chocar/(Quem não tem colírio, usa óculos escuros)/Tanto pé na nossa frente que não sabe como andar".

[136] LIMA, Luiz. Ouro de tolo. Raul Seixas escrachou os valores da ditadura. *Revista de História*, 9 jun. 2008. Disponível em: http://www.revistadehistoria.com.br/secao/retrato/ouro-de-tolo. Acesso em: 30 abr. 2022.

flagrantemente ao descontentamento e insatisfação no que tange ao regime vigente e incita a uma nova ideologia, contrária aos interesses nacionais... A gravação em tape da melodia em epígrafe, apresenta relevante predominância do ritmo sobre a letra musical, dissonância esta elaborada propositalmente, para que a linha melódica desviasse o interesse, atenção e cuidado que a letra exige, uma vez que a mesma é indubitavelmente estruturada em linguagem ora ostensiva, ora figurada, com o propósito de vilependiar e achincalhar a atual conjuntura sóciopolítico nacional. Isto exposto e calcado no Decreto 20493, art. 41, itens d e g, sou pela NÃO LIBERAÇÃO da referida composição, ou seja, de ÓCULOS ESCUROS.[137]

Se a ditadura militar conseguiu impedir a divulgação da versão original de *Como vovó já dizia*, cujos versos censurados traziam mensagens que eram tapas na cara do regime autoritário vigente, cuja repressão gerava a necessidade de a sociedade civil se utilizar se subterfúgios ("quem não tem papel dá recado pelo muro") e de sonhar com dias vindouros mais alentadores ("quem não tem presente se conforma com o futuro"), a censura não imaginou que os novos trechos não retirariam da música seu forte viés crítico. Embora a crítica ao regime militar tenha se tornado bem mais suave, ainda manteve "se subiu tem que descer", referindo-se à queda do regime militar.[138]

Assim, a canção de Raul Seixas em sua versão gravada revela importantes elementos para análise de comportamentos da sociedade brasileira, como a dificuldade de superação da cultura do improviso, que reina de forma absoluta nestas terras. Sobre esta situação, Mário de Andrade já ressaltava, no prefácio de *Macunaíma*, que:

> O brasileiro não tem caráter porque não possui nem civilização própria nem consciência tradicional. [...] Daí nossa gatunagem sem esperteza, (a honradez elástica/a elasticidade da nossa honradez), o desapreço à cultura verdadeira, o improviso, a falta de senso étnico nas famílias. E

---

[137] Parecer nº 10.207/73 da Divisão de Censura e Diversões Públicas, Departamento da Polícia Federal, Brasília, 12.11.1973, *vide* Processo nº 562, p. 4 (Disponível em: http://sian.an.gov.br/. Acesso em: 1º maio 2022).

[138] *Vide* GONÇALVES, João de Sene. *Sexo, drogas e rock'n roll*: "Raulseixismo" o estilo próprio de crítica à ditadura militar. Monografia (Conclusão de curso de Graduação em História) – Universidade Federal de Uberlândia, 2008. Disponível em: https://repositorio.ufu.br/bitstream/123456789/19080/1/SexoDrogasRaulseixismo.pdf. Acesso em: 1º maio 2022.

sobretudo uma existência (improvisada) no expediente (?) enquanto a ilusão imaginosa feito Colombo de figura-de-proa busca com olhos eloqüentes na terra um eldorado que não pode existir mesmo, entre panos de chãos e climas igualmente bons e ruins, dificuldades macotas que só a franqueza de aceitar a realidade poderia atravessar. É feio.[139]

Sérgio Buarque de Holanda, em *Raízes do Brasil*, explica nossas heranças a partir da análise de duas categorias de povos: a dos caçadores ou coletores ("aventureiro") e a dos lavradores ("trabalhador"). Enquanto a primeira visa apenas ao objeto final, dispensando os processos intermediários, tem como ideal "colher o fruto sem plantar a árvore", "ignora as fronteiras", "sabe transformar [...] obstáculo em trampolim", a última "enxerga primeiro a dificuldade a vencer, não o triunfo a alcançar". Ademais, enquanto o trabalhador não tolera a audácia, a imprevidência, a irresponsabilidade, a instabilidade e a vagabundagem, para o aventureiro, devem ser desprezados "os esforços sem perspectiva de rápido proveito material".[140]

Em qual das duas categorias acima retratadas a sociedade brasileira se enquadra predominantemente? Em *Como vovó já dizia* (*Óculos escuros*), Raul Seixas nos apresenta uma série de conselhos dados por uma avó sábia e que confirmam que estamos mais próximos dos caçadores/coletores que propriamente dos lavradores:

> Como vovó já dizia
> Quem não tem colírio usa óculos escuros
> Mas não é bem verdade [...]
> Minha vó já me dizia pra eu sair sem me molhar
> Quem não tem colírio usa óculos escuros
> Mas a chuva minha amiga e eu não vou me resfriar
> Quem não tem colírio usa óculos escuros
> A serpente está na terra e o programa está no ar
> Quem não tem colírio usa óculos escuros
> A formiga só trabalha porque não sabe cantar
> Quem não tem colírio usa óculos escuros
> Quem não tem filé come pão e osso duro
> Quem não tem visão bate a cara contra o muro

---

[139] ANDRADE, Mário de. *Macunaíma, o herói sem nenhum caráter*. São Paulo: [s.n.], 1928. p. 129.
[140] HOLANDA, Sérgio Buarque. *Raízes do Brasil*. 26. ed. São Paulo: Companhia das Letras, 1995. p. 44.

Se não fizermos a coisa certa (como colocar colírio nos olhos irritados), só nos resta o improviso (representado pelo uso dos óculos escuros). E se não agirmos com prudência, precavendo-nos dos perigos (como o uso de um guarda-chuva para não nos molharmos), somente nos resta rezar, de joelhos, pela intervenção da providência divina ou da sorte ("mas a chuva é minha amiga e não vou me resfriar").

Quando a vovó da canção de Raul Seixas alerta que "a formiga só trabalha porque não sabe cantar", o compositor está ironizando e fazendo uma alusão à fábula *A cigarra e a formiga*,[141] que narra a história de dois animais: um previdente, diligente, esforçado, que planeja suas ações, juntando alimentos, já que, se não o fizer, morrerá de fome e de frio no inverno (esta é a formiga); o outro é preguiçoso, inconsequente e passa os dias de verão cantando, pois não se preocupa com o futuro, no caso, com o inverno que fatalmente chegará de forma implacável (esta é a cigarra):

> [...] A cigarra passou o verão cantando, enquanto a formiga juntava seus grãos.
> Quando chegou o inverno, a cigarra veio à casa da formiga para pedir que lhe desse o que comer.
> A formiga então perguntou a ela:
> – E o que é que você fez durante todo o verão?
> – Durante o verão eu cantei – disse a cigarra.
> E a formiga respondeu: – Muito bem, pois agora dance![142]

E os versos acrescentados à música após a censura do regime militar? Tanto "quem não tem filé come pão e osso duro", como "quem não tem visão bate a cara contra o muro" representam o quanto será malsucedido aquele que não fizer o dever de casa, que não se esforçar, que não planejar. Só lhe restará amargar as consequências da falta de visão, do improviso.

A propósito, de acordo com o dicionário, improvisar significa "criar, dizer, compor ou organizar algo às pressas, sem preparo

---

[141] Há uma versão original de *Esopo* (620 a.C.–564 a.C.), escritor da Grécia Antiga, cuja história foi intitulada de *O gafanhoto e a formiga*, e uma versão moderna do francês Jean de La Fontaine (1621-1695), na obra *Fábulas* (1668), sem falar das inúmeras adaptações, incluindo a do escritor brasileiro Monteiro Lobato.

[142] Trecho retirado do *site* Cultura Genial (Disponível em: https://www.culturagenial.com/a-cigarra-e-a-formiga/. Acesso em: 1º maio 2022).

prévio".¹⁴³ Trazendo a discussão para a Administração Pública, é inegável que, nesta seara, o improviso só tem espaço quando o Estado se vê diante de uma situação que não teria como ser planejada,¹⁴⁴ como diante de tragédias naturais. Na verdade, até estas podem ser previstas com certo grau de confiabilidade, como ocorre com um vulcão que está prestes a entrar em erupção e tem como ser monitorado.

Há situações decorrentes das forças da natureza que causam diversos transtornos à população: terremotos, furacões, tsunamis etc. No Brasil, historicamente, há duas grandes manifestações naturais que geram grandes dificuldades à sociedade. São as enchentes e as secas.

Acerca destas últimas, em *Vidas secas*, Graciliano Ramos retratou de forma insuperável na literatura mundial a trajetória de uma família de retirantes assolados pela falta de chuva, fenômeno climático cujas consequências até hoje abatem milhões de família nordestinas e que gera, a uma elite política e econômica, oportunidades de ganho próprio, o que se convencionou chamar de indústria da seca. Neste contexto, políticos e latifundiários se utilizam do sofrimento alheio para angariar recursos governamentais, a pretexto de atender àquelas pessoas, o que muitas vezes não acontece. Assim, desde o Império, as políticas públicas para enfrentar os efeitos da seca vêm favorecendo muito mais as elites locais¹⁴⁵ que aqueles que mais necessitam.

---

[143] IMPROVISAR. *Michaelis – Dicionário brasileiro da língua portuguesa*. Disponível em: https://michaelis.uol.com.br/moderno-portugues/busca/portugues-brasileiro/improvisar/. Acesso em: 30 abr. 2022.

[144] Evidentemente, na gestão pública, não se está aqui a confundir improviso (algo só aceitável em situações extremas), com inovação (algo que se estimula, o que se vê no item deste trabalho sobre a música).

[145] No livro *Vidas secas*, há duas passagens que mostram bem como eram as relações entre os proprietários de terra e seus empregados. Vê-se também quem mais lucrava e quem mais perdia com a seca: "Comparando-se aos tipos da cidade, Fabiano reconhecia-se inferior. Por isso desconfiava que os outros mangavam dele. Fazia-se carrancudo e evitava conversas. Só lhe falavam com o fim de tirar-lhe qualquer coisa. Os negociantes furtavam na medida, no preço e na conta. O patrão realizava com pena e tinta cálculos incompreensíveis. Da última vez que se tinham encontrado houvera uma confusão de números, e Fabiano, com os miolos ardendo, deixara indignado o escritório do branco, certo de que fora enganado". Destaque-se ainda: "O patrão atual, por exemplo, berrava sem precisão. Quase nunca vinha à fazenda, só botava os pés nela para achar tudo ruim. O gado aumentava, o serviço ia bem, mas o proprietário descompunha o vaqueiro. Natural. Descompunha porque podia descompor, e Fabiano ouvia as descomposturas com o chapéu de couro debaixo

Assim como em relação à seca, com as enchentes causadas pelas fortes chuvas acontece algo parecido: embora fosse muito mais lógico, eficiente e econômico investir em prevenção, evitando ou minimizando danos às pessoas que vivem em áreas de risco, por diversas razões, isto não sucede. Quando se trata de tragédias naturais, a falta de planejamento costuma ser a tônica das administrações públicas brasileiras. E mais: quando o pior acontece, vêm as entidades públicas socorrer as pessoas vitimadas, dando-lhes roupas, medicamentos, comida e até mesmo casas, tornando-as gratas por estes gestos generosos. Em outras palavras: mais eleitores para manter no poder o político benfeitor.

Se atualmente o Brasil se preocupa mais com o socorro à população vitimada pelas tragédias naturais que com a sua prevenção (não para evitar o fenômeno natural, mas para minorar seus efeitos), o que dizer de 1928. Naquele ano, o mesmo Graciliano Ramos que narraria em 1938 o drama da seca, enquanto ocupante do cargo de prefeito de Palmeira dos Índios (AL), e como um ponto fora da curva, procurou se pautar pelo planejamento, realizando ações de prevenção às enchentes.[146]

Entre tais ações, a prefeitura realizou a terraplanagem da lagoa, pois "a água das chuvas, impetuosa em virtude da inclinação do terreno, transformava-se ali em verdadeira torrente, o que aumentava a cavidade e ocasionava sério perigo aos transeuntes".[147] Todavia, Graciliano avaliou que não bastava a realização de uma obra feita às pressas e que, após a primeira chuva, já teria que ser refeita. Neste sentido, afirma:

> empreendi aterrar e empedrar o caminho, mas reconheci que o solo não fendido era inconsistente: debaixo de uma tênue camada de terra de aluvião, que uma estacada sustentava, encontrei lixo. Retirei o lixo,

---

do braço, desculpava-se e prometia emendar-se. Mentalmente jurava não emendar nada, porque estava tudo em ordem, e o amo só queria mostrar autoridade, gritar que era dono" (RAMOS, Graciliano. *Vidas secas*. 130. ed. Rio de Janeiro: Record, 2016. p. 178).

[146] Vide CARVALHO, Fábio Lins de Lessa. *Graciliano Ramos e a Administração Pública*. Comentários aos seus relatórios de gestão à luz do direito administrativo moderno. Belo Horizonte: Fórum, 2017.

[147] RAMOS, Graciliano. *Relatório I, publicado no Diário Oficial de Alagoas em 24 de janeiro de 1929*. Maceió: Imprensa Oficial Graciliano Ramos, 2013.

para preparar o terreno e para evitar fosse um monturo banhado por água que logo entrava em um riacho de serventia pública.

Ademais, explica: "estou fazendo dois muros de alvenaria, extensos, espessos e altos, para suportar o aterro".[148]

Vê-se, assim, que o Prefeito Graciliano não caiu na tentação de fazer uma obra sem eficácia, que não resistisse por muito tempo, o que geraria, entre outros problemas, um enorme desperdício do dinheiro público.[149]

No Brasil do século XXI, mesmo com o avanço da tecnologia e da ciência, ainda são realizadas obras de baixa qualidade e de reduzida durabilidade, o que gera a sensação de que o gestor público queria apenas colher os frutos gerados pela inauguração do novo equipamento público, sem que haja qualquer preocupação com as futuras gerações. Sobre esta questão, percebe-se um:

> generalizado desleixo com a qualidade de obras públicas no Brasil. Há em todo o país outros exemplos de empreendimentos que, mesmo tendo supostamente passado pelo crivo técnico, apresentam problemas de toda ordem – de concepção, execução ou de funcionamento. Nesse pacote, pontos comuns aos processos de contratação e acompanhamento de obras ajudam a entender o porquê do descompromisso com o dinheiro público, a segurança e bem-estar dos beneficiários dos empreendimentos. Um deles, talvez o mais comum na cadeia dos descasos, é ditado pelo calendário eleitoral: apressa-se a contratação e execução de projetos de olho em dividendos nos palanques. No caso da habitação popular, há a pouco criteriosa maneira como a Caixa Econômica Federal, o grande agente público de financiamento de moradias populares parece analisar os projetos. Há, ainda, fatores que precisam ser considerados como o aumento do preço de terrenos, o encarecimento de material, da mão de obra, que estreitam a margem de lucros de empreiteiras contratadas. Mais um motivo para haver rígida fiscalização dos canteiros pelo poder público. A esses fatores a Controladoria-Geral da União incluiu, em relatório de 2011, outra causa

---

[148] RAMOS, Graciliano. *Relatório I, publicado no Diário Oficial de Alagoas em 24 de janeiro de 1929.* Maceió: Imprensa Oficial Graciliano Ramos, 2013.

[149] Registre-se que este estilo administrativo de Graciliano Ramos, marcado pela austeridade no gasto do dinheiro público, permaneceu quando ele ocupou o cargo de diretor da instrução pública estadual em Alagoas. Naquela oportunidade, o governador do estado, "por questões políticas, queria ampliar a rede. O diretor da instrução publica ponderava que era preciso, primeiro, reformar as unidades existentes", devido à sua precariedade (MORAES, Dênis de. *O velho Graça. Uma bibliografia de Graciliano Ramos.* 1. ed. rev. e ampl. São Paulo: Boitempo, 2012. p. 92).

da má qualidade dos projetos de engenharia contratados por governos: mais de 90% dos municípios brasileiros não têm no quadro permanente profissional qualificado de área técnica para elaborar editais de contratação de empreendimentos. São injunções que explicam – mas nenhuma delas justifica – a banalização da baixa qualidade de edificação no setor.[150]

Assim, para enfrentar este cenário marcado pela desorganização, prática do improviso e desvalorização da cultura da prevenção, o direito administrativo vem adotando em diversas normas, desde o art. 6º, I, do Decreto-Lei nº 200/67[151] até o art. 5º da recente Lei de Licitações e Contratos Administrativos (Lei nº 14.133/2021),[152] o princípio do planejamento, que impõe uma série de implicações na atuação estatal.

No campo das contratações administrativas brasileiras, já se enfatizou haver um "enorme déficit de planejamento e gestão, o qual se revela como uma das principais causas das ineficiências estatais no processo de contratação pública".[153]

Por sua vez, em relação ao preenchimento dos cargos públicos, geralmente não costuma haver muita preocupação com o planejamento que vise atender à necessidade de uma rápida atuação administrativa, embora seja importante que se registre:

> o correto é, pois, ao ser criado determinado cargo ou emprego público, a Administração Pública já estar preparada para realizar de forma objetiva e célere o concurso para provimento de tais cargos e não se valer de forma torpe da exceção contida no art. 37, inciso IX, da CF/88, para aguardar a realização do certame.[154]

---

[150] Trecho retirado da reportagem A MÁ qualidade das obras públicas. *O Globo*, 28 mar. 2013. Editorial. Disponível em: http://oglobo.globo.com/opiniao/a-ma-qualidade-das-obras-publicas-7963825#ixzz4VGVuedEC. Acesso em: 30 abr. 2022.

[151] "Art. 6º As atividades da Administração Federal obedecerão aos seguintes princípios fundamentais: I - planejamento. [...]".

[152] "Art. 5º Na aplicação desta Lei, serão observados os princípios da legalidade, da impessoalidade, da moralidade, da publicidade, da eficiência, do interesse público, da probidade administrativa, da igualdade, do planejamento, da transparência, da eficácia, da segregação de funções, da motivação, da vinculação ao edital, do julgamento objetivo, da segurança jurídica, da razoabilidade, da competitividade, da proporcionalidade, da celeridade, da economicidade e do desenvolvimento nacional sustentável, assim como as disposições do Decreto-Lei nº 4.657, de 4 de setembro de 1942 (Lei de Introdução às Normas do Direito Brasileiro)".

[153] GARCIA, Flávio Amaral. *Licitações e contratos administrativos*: casos e polêmicas. 4. São Paulo: Malheiros, 2016. p. 54.

[154] MACHADO JÚNIOR, Agapito. *Concursos públicos*. São Paulo: Atlas, 2008. p. 103.

No contexto da presente análise suscitada pela música *Como vovó já dizia* (*Óculos escuros*), também merecem destaque os princípios da prevenção e da precaução, que, embora sejam mais tratados no âmbito do direito ambiental, aplicam-se também ao direito administrativo.

Neste sentido:

> aninham-se precaução e prevenção no domínio das medidas de cautela, diligência, prudência e segurança, e que reconduzem à ideia da eficiência, princípio regente da administração pública expressamente catalogado no art. 37 da Constituição de 1988. Atuar com precaução é agir de maneira eficiente.[155]

Convém esclarecer que o princípio da prevenção tem por finalidade:

> a adoção de ações ou de inações para evitar eventos previsíveis; já o princípio da precaução visa a gerir riscos em princípio não prováveis por completo. O princípio da prevenção visa a inibir o dano potencial sempre indesejável, e o princípio da precaução visa a impedir o risco de perigo abstrato.[156]

Exemplos da adoção destes princípios podem ser extraídos, em grande quantidade, da nova Lei de Licitações e Contratados Administrativos (Lei nº 14.133/2021). Em primeiro lugar, quando o citado diploma legal adota os princípios do planejamento e do desenvolvimento nacional sustentável (art. 5º). No art. 18, também se exige que a fase preparatória do processo licitatório seja caracterizada pelo planejamento. Para tanto, impõe-se a realização de diversas medidas preventivas, como o estudo técnico preliminar (art. 18, §1º) e a matriz de alocação de riscos (art. 22).

---

[155] MARTINS JUNIOR, Wallace Paiva. Princípios jurídicos de direito administrativo, ambiental e urbanístico e o princípio de precaução. *Interesses Difusos e Coletivos/Difuse and Collective Interests, Justitia*, São Paulo, 70-71-72 (204/205/206), jan./dez. 2013-2014-2015. p. 361.

[156] WEDY, Gabriel. Precaução no direito ambiental não quer dizer o mesmo que prevenção. *Conjur*, 31 maio 2013. Disponível em: https://www.conjur.com.br/2014-mai-30/gabriel-wedy-precaucao-direito-ambiental-nao-prevencao#:~:text=O%20princ%C3%ADpio%20 da%20preven%C3%A7%C3%A3o%20tem%20por%20finalidade%20a%20ado%C-3%A7%C3%A3o%20de,princ%C3%ADpio%20n%C3%A3o%20prov%C3%A1veis%20 por%20completo. Acesso em: 2 jul. 2022.

Por sua vez, o parágrafo único do art. 11 prevê "o alinhamento das contratações ao planejamento estratégico e às leis orçamentárias"; o art. 40 trata do planejamento das compras; o §3º do art. 117 estipula, como medida de fiscalização, a prevenção de riscos na execução contratual; o art. 151 prevê a utilização de meios alternativos de prevenção de controvérsias; e o art. 169 estabelece que "as contratações públicas deverão submeter-se a práticas contínuas e permanentes de gestão de riscos e de controle preventivo".

Mas por que razão, no âmbito da Administração Pública, as coisas podem não dar certo, mesmo diante de tanto planejamento, prevenção e precaução? Algumas respostas serão apresentadas no próximo capítulo, que analisará o papel do contextualismo e do consequencialismo em *Capim guiné*.

4.6 *Capim guiné*: o consequencialismo e o contextualismo na era do primado da realidade

No início da década de 1980, enquanto passava uma temporada no interior da Bahia, onde se recuperava de uma cirurgia no pâncreas e tentava "desintoxicar-se das influências urbanas",[157] Raul Seixas, a convite do amigo Beto Sodré, estava na cidade baiana de Piritiba, na região da Chapada Diamantina, distante trezentos e dezesseis quilômetros de Salvador, quando ouviu uma canção que lhe agradou bastante.

Sua versão inicial, escrita pelo compositor Wilson Aragão, utiliza-se de uma linguagem peculiar, própria do homem do campo, e é recheada de elementos rurais (com nomes de plantas e animais locais).

Sobre *Capim guiné*, "Raul gostava das coisas do interior, em especial da linguagem simples". E mais: "era uma canção que Raul gostaria de ter feito. Foi ele mesmo quem disse isto a Beto Sodré, que sugeriu o amigo gravar a música".[158] Raul sugeriu algumas mudanças e a música foi gravada no álbum *Raul Seixas*, de 1983.

---

[157] MEDEIROS, Jotabê. *Raul Seixas*: não diga que a canção está perdida. São Paulo: Todavia, 2019. p. 261.

[158] MINUANO, Carlos. *Raul*. Por trás das canções. Rio de Janeiro: Best Seller, 2019. p. 251.

A música se tornou um "clássico instantâneo inesperado".¹⁵⁹ Desde então, a música foi gravada por mais de cinquenta artistas. O que muitos não desconfiam é que, embora parecesse, à primeira vista, uma música boba e despretensiosa, foi composta para denunciar o abandono do interior brasileiro nos tempos da ditadura militar,¹⁶⁰ causado por invasores (grileiros), gerente de banco, delegado e políticos. Sobre este pano de fundo:

> A letra original, composta ainda nos tempos sombrios da ditadura por Wilson Aragão, é na verdade um desabafo da revolta contra a ação de grileiros que invadiram as terras que seus pais tinham em Morro do Chapéu, a Fazenda Folha Branca, cerca de setenta quilômetros de Piritiba. Segundo Aragão, quem fosse contra o regime militar dançava, tinha as terras invadidas, com o aval do governo. "Meu pai era oposição e estava preparado para a reforma agrária, mas teve que abandonar tudo e fugir", conta Aragão. Era ele – seu pai – o sujeito da canção "que com muita raça tudo tudo sozinho". Segundo Aragão, da "sussuarana que só fez perversidade" a "dona raposa que só vive na mardade", cada animal na letra da música é um personagem da história. "Tem o gerente do banco, que não emprestou dinheiro para fazer uma cerca, e tem também o delegado e deputados que não deram atenção às denúncias de invasão de terras por grileiros". Sobrou bronca até para o presidente Ernesto Geisel, que governou até 1979, ano em que a música foi composta. "Tá vendo tudo e fica aí parado com cara de veado que viu caxinguelê".¹⁶¹

Mas, afinal, qual o enredo da música *Capim guiné*? Como resposta, pode-se dizer que "a música, cantada a partir de um eu-lírico do sertão, faz referência ao esforço que fez para que o sítio tivesse sucesso, quando de repente uma série de intempéries, bichos e pragas estão destruindo a roça...".¹⁶²

---

¹⁵⁹ MEDEIROS, Jotabê. *Raul Seixas*: não diga que a canção está perdida. São Paulo: Todavia, 2019. p. 261.

¹⁶⁰ Apesar da crítica à ditadura militar, sua censura, equivocadamente, considerou que a música "fazia referência ao fumo e a maconha" (PESSI, Gabriele; LOPES, Job. O lirismo crítico de Raul Seixas: uma análise de canções que refletem a ditadura. *Unioeste*, Cascavel, 2017. Disponível em: http://www.seminariolhm.com.br/2018/simposios/17/simp17art05.pdf. Acesso em: 4 jul. 2022).

¹⁶¹ MINUANO, Carlos. *Raul*. Por trás das canções. Rio de Janeiro: Best Seller, 2019. p. 252.

¹⁶² BAM, Sebastian. Não planto capim guiné, pra boi abanar rabo... *Música e Prosa*, 23 abr. 2017. Disponível em: https://musicaemprosa.wordpress.com/2017/04/23/nao-planto-capim-guine-pra-boi-abanar-rabo/. Acesso em: 3 jul. 2022.

Conforme já destacado, a música denuncia os obstáculos enfrentados por um produtor rural de pequeno ou médio porte que, apesar de todos os seus muitos esforços, não conseguiu prosperar.

Na primeira parte da música, o eu-lírico revela suas várias ações empreendidas no sentido de tornar produtivo seu sítio:

> Plantei um sitio no sertão de Piritiba/dois de pés de guataíba, cajú, manga e cajá
> Peguei na enxada como pega um catingueiro/fiz aceiro botei fogo, vá ver como é que tá
> Tem abacate, genipapo, bananeira/milho verde, macaxeira, como diz no Ceará
> Cebola, coentro, andú, feijão de corda/vinte porco na engorda, inté gado no currá

Em seguida, passa a ressaltar a falta de apoio como a primeira adversidade que enfrentou, mas, que, desta vez, conseguir superar: "Com muita raça fiz tudo aqui sozinho/nem um pé de passarinho veio a terra semeá".

Se a omissão alheia foi superada com muita dificuldade, nas estrofes seguintes, é apresentado o relato de como muitos obstáculos representados pela ação de animais (que agiram com "safadeza", "mardade", "marvadeza" e "perversidade") passaram a inviabilizar as investidas para tornar a propriedade rural uma empresa viável:

> Agora veja, cumpadi a safadeza/Começou a marvadeza, todo bicho vem prá cá
> Num planto capim-guiné/prá boi abaná rabo
> Eu tô virado no Diabo, eu tô retado cum você
> Tá vendo tudo e fica aí parado/com cara de veado que viu caxinguelê
> Sussuarana só fez perversidade
> Pardal foi prá cidade
> Piruá minha saqué, qué, qué
> Dona raposa só vive na mardade
> Me faça a caridade, se vire dê no pé
> Sagui trepado no pé da goiabeira
> Sariguê na macacheira, tem inté tamanduá
> Minhas galinha já não ficam mais paradas
> E o galo de madrugada tem medo de cantar

Nas estrofes em questão, são listados os animais inimigos do produtor rural: sussuarana (onça), pardal, raposa, sagui, sariguê (gambá) e tamanduá, cada um agindo a seu modo e destruindo tudo o que foi cuidadosamente preparado no sítio.

Tal qual em uma fábula, em que os animais são os personagens e vivenciam situações análogas a dos seres humanos, em *Capim guiné*, cada um dos animais que estragou os trabalhos do dono do sítio representa uma pessoa ou segmento que, na realidade, foi responsável pela derrocada do pequeno fazendeiro: o gerente do banco que não liberou o empréstimo para construção da cerca, os grileiros que invadiram a propriedade, o delegado de polícia que foi negligente em relação à ação criminosa, os deputados que incentivaram a invasão das terras dos opositores ao regime da ditadura militar e até mesmo o presidente da República, que não promoveu a Reforma Agrária.

Como resultado de tantas ações e omissões contrárias, por maiores que tenham sido os esforços do produtor rural, este, revoltado, desiludido e desmotivado, chegou à conclusão que não compensava fazer o seu melhor ("não planto capim guiné/pra boi abanar rabo").

A situação relatada na música de Raul Seixas pode ser perfeitamente comparada ao cotidiano da Administração Pública: ainda que os gestores públicos atuem com diligência, com zelo, com dedicação, mesmo que estejam preocupados com o planejamento e com a prevenção (como visto no capítulo sobre a música *Como vovó já dizia*), eles devem ter consciência de que todas as ações administrativas: a) devem ser precedidas da análise de suas consequências práticas; b) podem ser comprometidas diante de circunstâncias adversas, sejam internas ou externas.

Depois de praticamente ignorar, por décadas, a necessidade de avaliação das circunstâncias (elementos influenciadores prévios e concomitantes) e das consequências (efeitos posteriores) que envolvem a atuação da Administração Pública, o direito administrativo brasileiro passou a adotar a valorização do primado da realidade, ou seja, uma postura mais atenta aos fatos, ao contexto em que se aplica.

A propósito, este maior distanciamento entre Administração e contexto no qual se encontram inseridos os administrados levou o jurista Floriano de Azevedo Marques Neto a cunhar a expressão ato administrativo autista:

> Este ato administrativo, tomado pelo ângulo interno ao sistema jurídico administrativo, tratado pelo vetor da estrutura da administração pública,

denominaremos aqui de ato administrativo autista. E assim o faremos para ressaltar sua principal característica: um brutal déficit de comunicação com o meio ambiente cultural, social, econômico; sua absoluta indiferença para com os administrados e com a sociedade que, em última instância, são destinatários e razão de ser da prática destes atos. Esta exacerbação da autonomia do ato administrativo, que pressupõe que todos os elementos para sua existência, validade e eficácia são encontráveis internamente ao sistema jurídico administrativo, gera uma absoluta indiferença em relação ao meio. Aquilo que num primeiro momento procura imunizar o ato das interferências da política, da economia, da cultura e, para tanto, coloca o administrado na condição de mero espectador e destinatário do ato.[163]

Convém registrar que o citado jurista e o Professor Carlos Ari Sundfeld formaram a comissão que elaborou o texto do PL nº 349/2015, que se transformou na Lei nº 13.655/2018, incluindo os arts. 20 a 30 na Lei de Introdução às Normas do Direito Brasileiro (LINDB) para normatizar a aplicação do direito público. Em tais normas, vê-se um grande destaque ao consequencialismo e ao contextualismo, duas das três características do pragmatismo.[164]

Acerca do consequencialismo, de plano, registre-se que o direito é uma prática argumentativa, cuja aplicação demanda coerência, consistência e análise das consequências, conforme lição de Basile Christopoulos.[165]

Neste contexto, convém destacar as normas inseridas nos arts. 20 e 21 da LINDB e que consagram o consequencialismo no direito administrativo brasileiro:

> Art. 20. Nas esferas administrativa, controladora e judicial, não se decidirá com base em valores jurídicos abstratos sem que sejam consideradas as consequências práticas da decisão.

---

[163] MARQUES NETO, Floriano de Azevedo. A superação do ato administrativo autista. *In*: MEDAUAR, Odete; SCHIRATO, Vitor Rhein (Coord.). *Os caminhos do ato administrativo*. São Paulo: Revista dos Tribunais, 2012. p. 96.

[164] Destaca a doutrina que a LINDB sofreu "forte influência do pragmatismo norte-americano, sendo que seu núcleo (antifundacionalismo, consequencialismo e contextualismo) permeia a totalidade das novas disposições" (GODOI, Marcela Gonçalves. Do caráter pragmatista das disposições da Nova Lei de Introdução às Normas do Direito Brasileiro – LINDB e o impacto na gestão pública e na atuação dos órgãos de controle. *Âmbito Jurídico*, 25 nov. 2019. Disponível em: https://ambitojuridico.com.br/cadernos/direito-administrativo/do-carater-pragmatista-das-disposicoes-da-nova-lei-de-introducao-as-normas-do-direito-brasileiro-lindb-e-o-impacto-na-gestao-publica-e-na-atuacao-dos-orgaos-de-controle/. Acesso em: 4 jul. 2022).

[165] CHRISTOPOULOS, Basile Georges. Argumento consequencialista no direito. *Revista Eletrônica do Mestrado em Direito da UFAL*, Maceió, v. 6, n. 3, p. 4-27, 2015. p. 9-11.

Art. 21. A decisão que, nas esferas administrativa, controladora ou judicial, decretar a invalidação de ato, contrato, ajuste, processo ou norma administrativa deverá indicar de modo expresso suas consequências jurídicas e administrativas.
Parágrafo único. A decisão a que se refere o caput deste artigo deverá, quando for o caso, indicar as condições para que a regularização ocorra de modo proporcional e equânime e sem prejuízo aos interesses gerais, não se podendo impor aos sujeitos atingidos ônus ou perdas que, em função das peculiaridades do caso, sejam anormais ou excessivos.

Conforme se vê, no art. 21, o legislador passou a exigir de forma expressa algo até então desprezado, embora já devesse ser obrigatório, no caso, que a Administração Pública (assim como o órgão de controle), ao tomar uma decisão, levasse em consideração todos os desdobramentos que pudessem ser por ela gerados. O que se passa a destacar é que as decisões administrativas (e judiciais) não podem ser descoladas da realidade, não devendo se basear apenas em valores jurídicos abstratos, sem que haja uma análise dos efeitos potenciais que poderão ocorrer.

Segundo Marçal Justen Filho, "a finalidade buscada é reduzir o subjetivismo e a superficialidade de decisões, impondo a obrigatoriedade do efetivo exame das circunstâncias do caso concreto, tal como a avaliação das diversas alternativas sob um prisma de proporcionalidade".[166]

Para o professor paranaense, há de ser realizada uma distinção entre a concepção mecanicista da aplicação do direito e a concepção realista. Enquanto a primeira considera que todas as soluções a serem concretamente adotadas já se encontram previstas (ainda que de modo implícito) nas normas gerais, de modo que a atividade de aplicação do direito não envolveria qualquer inovação por parte do agente investido em competência decisória, a última reconhece que a norma é insuficiente para contemplar todas as soluções para os casos concretos, cabendo à autoridade administrativa (ou judicial) realizar escolhas que melhor se apresentem. Esta seria "a concepção

---

[166] JUSTEN FILHO, Marçal. Art. 20 da LINDB. Dever de transparência, concretude e proporcionalidade nas decisões públicas. *Revista de Direito Administrativo*, Rio de Janeiro, p. 13-41, nov. 2018. Edição Especial: Direito Público na Lei de Introdução às Normas de Direito Brasileiro – LINDB (Lei nº 13.655/2018). p. 15.

que se reputa mais adequada para descrever a atividade de aplicação do Direito".[167]

Antes de publicada a Lei nº 13.655/2018, em um capítulo de livro intitulado "Princípio é preguiça?", Carlos Ari Sundfeld já afirmava que, "vive-se hoje um ambiente de "geleia geral" no direito público brasileiro, em que princípios vagos podem justificar qualquer decisão".[168]

O que a LINDB visa corrigir é a proliferação de decisões administrativas e judiciais que não consideram suas consequências práticas na vida das pessoas e das instituições. Não se busca aqui reduzir a relevância dos princípios jurídicos, mas sua invocação de forma abstrata, retórica ou vazia, sem a adequada e necessária contextualização com a realidade concreta.

Tal exigência do art. 20 é reforçada no art. 21, que impõe que toda decisão que venha a decretar a invalidade de um ato, contrato, ajuste, processo ou norma administrativa "deverá indicar de modo expresso suas consequências jurídicas e administrativas". Buscam-se evitar decisões irresponsáveis, que não avaliem, com cautela, seus efeitos, muitas vezes devastadores. Perceba-se que a atual Lei de Licitações e Contratos Administrativos (Lei nº 14.133/2022), inspirada no espírito da LINDB, passou a prever que a anulação das licitações e contratos somente deve ocorrer após avaliação de determinados aspectos (consequências) e efetivamente comprovada que a invalidação se revela medida de interesse público:

> Art. 147. Constatada irregularidade no procedimento licitatório ou na execução contratual, caso não seja possível o saneamento, a decisão sobre a suspensão da execução ou sobre a declaração de nulidade do contrato somente será adotada na hipótese em que se revelar medida de interesse público, com avaliação, entre outros, dos seguintes aspectos:
> I - impactos econômicos e financeiros decorrentes do atraso na fruição dos benefícios do objeto do contrato;
> II - riscos sociais, ambientais e à segurança da população local decorrentes do atraso na fruição dos benefícios do objeto do contrato;

---

[167] JUSTEN FILHO, Marçal. Art. 20 da LINDB. Dever de transparência, concretude e proporcionalidade nas decisões públicas. *Revista de Direito Administrativo*, Rio de Janeiro, p. 13-41, nov. 2018. Edição Especial: Direito Público na Lei de Introdução às Normas de Direito Brasileiro – LINDB (Lei nº 13.655/2018). p. 16.

[168] SUNDFELD, Carlos Ari. *Direito administrativo para céticos*. 2. ed. São Paulo: Malheiros, 2014. p. 205.

III - motivação social e ambiental do contrato;
IV - custo da deterioração ou da perda das parcelas executadas;
V - despesa necessária à preservação das instalações e dos serviços já executados;
VI - despesa inerente à desmobilização e ao posterior retorno às atividades;
VII - medidas efetivamente adotadas pelo titular do órgão ou entidade para o saneamento dos indícios de irregularidades apontados;
VIII - custo total e estágio de execução física e financeira dos contratos, dos convênios, das obras ou das parcelas envolvidas;
IX - fechamento de postos de trabalho diretos e indiretos em razão da paralisação;
X - custo para realização de nova licitação ou celebração de novo contrato;
XI - custo de oportunidade do capital durante o período de paralisação.
Parágrafo único. Caso a paralisação ou anulação não se revele medida de interesse público, o poder público deverá optar pela continuidade do contrato e pela solução da irregularidade por meio de indenização por perdas e danos, sem prejuízo da apuração de responsabilidade e da aplicação de penalidades cabíveis.
Art. 148. A declaração de nulidade do contrato administrativo requererá análise prévia do interesse público envolvido, na forma do art. 147 desta Lei, e operará retroativamente, impedindo os efeitos jurídicos que o contrato deveria produzir ordinariamente e desconstituindo os já produzidos.
§1º Caso não seja possível o retorno à situação fática anterior, a nulidade será resolvida pela indenização por perdas e danos, sem prejuízo da apuração de responsabilidade e aplicação das penalidades cabíveis.
§2º Ao declarar a nulidade do contrato, a autoridade, com vistas à continuidade da atividade administrativa, poderá decidir que ela só tenha eficácia em momento futuro, suficiente para efetuar nova contratação, por prazo de até 6 (seis) meses, prorrogável uma única vez.

Se antes havia uma aplicação da norma mais ligada à ideia de subsunção, ou seja, quando o caso concreto se enquadra à norma legal em abstrato (no caso, havendo um vício de legalidade, o ato administrativo deve ser anulado), agora, tudo dependerá de uma maior ponderação acerca das consequências práticas de eventual invalidação ou manutenção do ato.

Evidentemente, as mudanças introduzidas não foram imunes a críticas. Neste sentido:

> o propósito desse artigo 20 é nobre, mas não deixa de ser curioso que ele pretenda coibir o uso retórico de normas mais abstratas e assim o faça

pelo uso de termos também muito abstratos, como "valores jurídicos abstratos", "consequências práticas", "necessidade e a adequação da medida" e "possíveis alternativas".

Como se vê, o art. 20, a pretexto de combater a insegurança jurídica criada por decisões baseadas em valores abstratos (valorizando um maior pragmatismo jurídico), corre o risco de gerar decisões que também proporcionem insegurança jurídica, como a decisão de não anular um contrato administrativo de uma obra pública em que se constatou que houve fraude na licitação, sob o argumento de que haverá o fechamento de muitos postos de trabalho ou a decisão de não invalidar um concurso público para médicos em que houve sérios problemas na execução das provas (como o vazamento do gabarito), sob a justificativa de que a sociedade precisa que tais cargos sejam logo providos.

Ao abordar as novidades trazidas pela LINDB, Irene Patrícia Nohara, após diagnosticar problemas na aplicação do direito público no Brasil e reconhecer a necessidade de se conter excessos, desproporções e desequilíbrios dos controles, ponderou com precisão:

> Contudo, ao analisar tecnicamente os dispositivos da LINDB, que supostamente se voltariam, então, a equacionar os problemas de "segurança jurídica e eficiência na criação e na aplicação do direito público", percebe-se, que, não obstante um diagnóstico preciso, a TERAPÊUTICA, isto é, a SOLUÇÃO apresentada em termos de inovações legislativas é composta, em grande medida, por "SOLUBLEMAS", isto é, soluções que estão longe de resolver os problemas diagnosticados, muito pelo contrário: são SOLUBLEMAS porque elas não deixam de produzir novos problemas, dada a mesma imprecisão, o mesmo decisionismo, a mesma insegurança e de alguns outros pontos mais problemáticos e especulativos que derivam da análise do novo texto normativo da LINDB...[169]

Para resolver esta questão, propõe a doutrina a adoção de um consequencialismo fraco. Neste sentido, segundo Luís Fernando Schuartz, enquanto no consequencialismo forte, a justificação decisória se baseia prioritária e fundamentalmente nas consequências, no consequencialismo fraco, as consequências ocupam um caráter residual de fundamentação, sendo analisadas quando as técnicas

---

[169] NOHARA, Irene Patrícia. "Solublemas" da LINDB ao Direito Público. *Irene Nohara – Direito Administrativo*. Disponível em: https://direitoadm.com.br/tag/lindb/. Acesso em: 3 jul. 2022.

convencionais não delimitarem uma resposta, ou equivalente às demais técnicas que conferem sentido normativo ao texto legal.[170] Na LINDB, o primado da realidade não é apenas destacado a partir da valorização do consequencialismo. Em seu art. 22, o citado diploma legal tratou de positivar o contextualismo (circunstancialismo):

> Art. 22. Na interpretação de normas sobre gestão pública, serão considerados os obstáculos e as dificuldades reais do gestor e as exigências das políticas públicas a seu cargo, sem prejuízo dos direitos dos administrados.
> §1º Em decisão sobre regularidade de conduta ou validade de ato, contrato, ajuste, processo ou norma administrativa, serão consideradas as circunstâncias práticas que houverem imposto, limitado ou condicionado a ação do agente.
> §2º Na aplicação de sanções, serão considerados a natureza e a gravidade da infração cometida, os danos que dela provierem para a administração pública, as circunstâncias agravantes ou atenuantes e os antecedentes do agente.
> §3º As sanções aplicadas ao agente serão levadas em conta na dosimetria das demais sanções de mesma natureza e relativas ao mesmo fato.

Conforme se vê, a lei impõe que sejam considerados, na interpretação e na aplicação do direito administrativo, os obstáculos e as dificuldades reais do gestor, as exigências das políticas públicas a seu cargo e as circunstâncias práticas que houverem imposto, limitado ou condicionado a ação do agente.

Fabrício Motta e Irene Patrícia Nohara registram que a partir das alterações da LINDB, um novo vocabulário passou a nortear os debates acerca da interpretação do direito público. Termos como "direito administrativo do medo", "apagão das canetas", "consequencialismo", "princípio da deferência, "engenheiros de obras prontas" e "soublemas da LINDB" foram incorporados à doutrina administrativista. Acerca do primado da realidade, os citados autores ressaltam que este postulado representa a:

> necessidade de se interpretar o texto normativo e as exigências da gestão pública também da perspectiva das dificuldades reais do

---

[170] SCHUARTZ, Luís Fernando. Consequencialismo jurídico, racionalidade decisória e malandragem. *Revista de Direito Administrativo*, Rio de Janeiro, v. 248, p. 130-158, 2008. p. 131.

gestor e das exigências das políticas públicas a seu cargo, sendo averiguadas, quando da regularização da situação, portanto, as circunstâncias práticas que houverem imposto, limitado ou condicionado a ação do agente.[171]

Emerson Gabardo e Pablo Ademir de Souza, em artigo sobre a LINDB, afirmam, apoiados no livro *O xangô de Baker Street* (de Jô Soares), que "Sherlock Holmes atuando na Inglaterra é um; atuando no Brasil, todavia, será outra pessoa. O mesmo sujeito, seguindo os mesmos métodos, estando em ambientes culturais diversos, pode chegar a diferentes resultados – sendo um herói ou um idiota".[172]

Neste contexto, é inegável que por mais preparado ou bem-intencionado que esteja o administrador público, as circunstâncias que envolvem sua atuação são determinantes. O contexto, em sua complexidade e dinamismo, tem um papel fundamental na ação administrativa, seja para seu êxito ou insucesso.

Enquanto a complexidade do contexto do agir administrativo envolve circunstâncias jurídicas, políticas, culturais, financeiras, estruturais, motivacionais, históricas, geográficas, geopolíticas, etc., o seu dinamismo pode fazer com que cada um dos referidos fatores seja alterado.

Neste contexto, também tanto podem incidir fatores externos, como uma crise econômica mundial, uma pandemia, um problema de ordem climática ou uma guerra, como também fatores internos, como uma greve no serviço público, uma política de salários inadequada, um concurso que nunca sai do papel ou uma arrecadação tributária insuficiente.

Todas estas circunstâncias geram impactos consideráveis em uma gestão pública. Em alguns casos, quando há uma previsibilidade dos riscos envolvidos, deve-se adotar a prevenção, em outros, quando há uma probabilidade de um problema que pode surgir, o princípio a ser observado é o da precaução.

---

[171] MOTTA, Fabrício; NOHARA, Irene Patrícia. *LINDB no direito público*. Lei 13.655/2018. São Paulo: Thomson Reuters Revista dos Tribunais, 2019. p. 24.

[172] GABARDO, Emerson; SOUZA, Pablo Ademir de. O consequencialismo e a LINDB: a cientificidade das previsões quanto às consequências práticas das decisões. *Revista de Direito Administrativo & Constitucional*, Belo Horizonte, 2020. p. 115.

Entre os vários contextos que influenciam e impactam a ação administrativa, destaque deve ser dado à questão de pessoal. Assim como na música *Capim guiné*, em que o produtor rural narra que "com muita raça fiz tudo aqui sozinho, nem um pé de passarinho veio a terra semeá", não raras vezes, o administrador público também se sente abandonado, largado à sorte. Graciliano Ramos, quando prefeito de Palmeira dos Índios, afirmou que "dos funccionarios que encontrei em janeiro do anno passado restam poucos: sahiram os que faziam politica e os que não faziam coisa nenhuma".[173]

Em outras situações, a quantidade de funcionários não é o problema: o que falta é qualidade. A eficiência da atuação da Administração Pública depende de inúmeros fatores, da adequada organização administrativa à adoção da cultura do planejamento, da suficiência dos recursos materiais à qualificação dos recursos humanos. Todavia, convém destacar que, frequentemente, o mapeamento organizativo e funcional das administrações públicas somente reflete as características mais abstratas, deixando ocultos os atributos materiais decisivos para a vida administrativa, cuja imagem espectral é de um mundo vivo cuja essência é o ser humano.[174]

Ressalte-se que, geralmente, a ideia que a sociedade brasileira tem dos profissionais que trabalham no setor público não corresponde à realidade. Neste sentido, a título de ilustração, embora se diga com certa frequência que os servidores públicos ganham bem, na verdade, isto vai depender do nível federativo e do poder. No caso, os servidores públicos municipais que atuam no Poder Executivo são os que recebem as remunerações mais baixas, sendo inferiores, em muitos casos, aos salários da iniciativa privada, já que quase sessenta por cento dos servidores das prefeituras recebem menos que R$2.500,00 (dois mil e quinhentos reais).[175]

---

[173] RAMOS, Graciliano. *Relatório I, publicado no Diário Oficial de Alagoas em 24 de janeiro de 1929*. Maceió: Imprensa Oficial Graciliano Ramos, 2013. p. 26.

[174] GUERRERO, Omar. *El funcionario, el diplomático y el juez. Las experiencias en la formación profesional del servicio público en el mundo*. México: Instituto Nacional de Administración Pública, 1998. p. 47.

[175] IPEA – INSTITUTO DE PESQUISA ECONÔMICA APLICADA. *Distribuição de remuneração nos níveis federativos*. Disponível em: https://www.ipea.gov.br/atlasestado/consulta/119. Acesso em: 21 maio 2022.

E qual é o nível de qualidade destes servidores municipais? De acordo com o Ipea, é nos municípios que se encontram os servidores menos qualificados.[176] Perceba-se, todavia, que são os servidores públicos municipais que prestam vários dos serviços públicos mais necessários à sociedade, como são os casos da saúde e da educação.

Assim, vê-se que há uma relação direta entre a eficiência na prestação dos serviços públicos (em especial, os sociais) e as condições que o Poder Público proporciona a seus servidores, destacando-se, neste contexto, a necessidade de haver uma maior preocupação com a motivação e a capacitação dos profissionais do setor público, algo que vem sendo negligenciado no Brasil.

Na verdade, tal problema não é uma exclusividade deste país. Ao tratar da realidade espanhola, o jurista catalão Carles Ramió destacou que um dos maiores problemas daquele país ibérico é a falta de motivação dos servidores públicos. Neste sentido:

> la cuestión es que la mayoría de los empleados públicos acceden, bastante jóvenes, con estusiasmo profesional y vocación de servicio público. Pero este estusiasmo y vocación debe mantenerse durante muchíssimos años (entre 35 y 40) hasta el momento de la jubilación. Y eso es complicado.[177]

Motivação e capacitação são duas realidades bastante interligadas: uma conduz à outra, e vice-e-versa. Neste sentido, uma das chaves para manter a motivação dos servidores públicos é a necessidade de sua capacitação permanente, o que irá aperfeiçoar suas competências e habilidades, garantindo-lhes que possam exercer suas funções com maior eficiência, ascender na carreira, e, consequentemente, ter melhor remuneração.

Resta indubitável que o ordenamento jurídico pátrio impõe um dever a todo gestor público: promover a capacitação dos servidores públicos, medida administrativa essencial à concretização do princípio da eficiência (Constituição Federal, art. 37, *caput*), uma vez

---

[176] IPEA – INSTITUTO DE PESQUISA ECONÔMICA APLICADA. *Total de vínculos por nível de escolaridade, Poder e nível federativo*. Disponível em: https://www.ipea.gov.br/atlasestado/consulta/93. Acesso em: 21 maio 2022.

[177] RAMIÓ, Carles. *La renovación de la función pública*. Estrategias para frenar la corrupción política en España. Barcelona: Editorial Catarata, 2016. p. 73.

que viabiliza a uma maior profissionalização dos agentes estatais. Registre-se que, neste contexto, a Constituição Federal determina expressamente, no §2º do art. 39 (dispositivo inserido a partir da EC nº 19/98), que os entes públicos instituam políticas públicas para formação e aperfeiçoamento dos servidores públicos, inclusive a partir da manutenção de escolas de governo.

Durante muito tempo, as administrações públicas negligenciaram este dever constitucional. Como regra geral, muitas gestões simplesmente faziam vista grossa em relação à necessidade de qualificarem aqueles que são os maiores responsáveis pelo sucesso ou fracasso da ação estatal, os servidores públicos.

Com servidores públicos mais qualificados, a "safadeza", "mardade", "marvadeza" e "perversidade" de sussuaranas, pardais, raposas, saguis, sariguês e tamanduás não desaparecerão, mas farão menos estragos.

4.7 O dia em que a Terra parou e Carpinteiro do universo: a revalorização do poder de polícia e dos serviços públicos

Desde que a pandemia da Covid-19 assolou o planeta e a humanidade passou a se sujeitar a medidas de quarentena e isolamento social, não foram poucos os brasileiros que se recordaram de uma canção de Raul Seixas.

Em *O dia em que a Terra parou*, de 1977, que faz parte do álbum de mesmo nome e que foi composta por Raul Seixas e Cláudio Roberto, com mais de trinta anos de antecedência, anunciou algo que poucos poderiam imaginar: o "dia em que todas as pessoas do planeta inteiro/resolveram que ninguém ia sair de casa/como que se fosse combinado, em todo o planeta/naquele dia ninguém saiu de casa/Ninguém". Sobre o pano de fundo da música de Raul Seixas:

O dia em que a Terra parou (1977) trata-se de uma recepção do filme, de mesmo título (1951), norteamericano, do gênero ficção científica, dirigido por Robert Wise. A referida obra cinematográfica narra a visita de um ser alienígena à Terra e o seu apelo para a paz entre os povos do planeta, em meio a um contexto histórico de ameaça de conflitos bélicos na denominada Guerra Fria. Para demonstrar sua força, o referido alienígena provoca uma pane em todos os aparelhos elétricos da Terra, com exceção daqueles essenciais à vida, como os de hospitais e de aviões em voo. Enredo esse relacionado ao tema dos discos voadores tão caro na vida e na produção lítero-musical de Raul Seixas. Além dessa temática, é descrito um cenário de distopia, em contraposição à sociedade ideal de uma sociedade alternativa, defendida pelo músico baiano nos anos 1970. Nas distopias, em geral, inclusive na retratada por Raul Seixas, são contextualizados cenários assustadores e pessimistas, governos totalitários e cidadãos privados de seus direitos fundamentais. Esse conceito, por vezes, é relacionado às histórias futurísticas, nas quais, pelo declínio da sociedade e da natureza, cria-se um cenário ideal para regimes ditatoriais. Na letra de música em análise, são as pessoas, e não, os equipamentos como ocorre no filme O dia em que a Terra parou, que cessam suas atividades. O sujeito poético destaca, com tom de utopia de um sonhador, os papéis sociais de cada ser humano para contribuir com a harmonia e a solidariedade no convívio social.[178]

Embora na pandemia da Covid-19 as pessoas não resolveram ficar em casa, mas foram obrigadas a tal, há muitas semelhanças da música de Raul Seixas com a situação vivenciada pela humanidade nos últimos anos:

> O empregado não saiu pro seu trabalho/pois sabia que o patrão também não tava lá
> Dona de casa não saiu pra comprar pão/pois sabia que o padeiro também não tava lá
> E o guarda não saiu para prender/pois sabia que o ladrão também não tava lá
> E o ladrão não saiu para roubar/pois sabia que não ia ter onde gastar [...]
> E nas Igrejas nem um sino a badalar/pois sabiam que os fiéis também não tavam lá
> E os fiéis não saíram pra rezar/pois sabiam que o padre também não tava lá
> E o aluno não saiu para estudar/pois sabia, o professor também não tava lá
> E o professor não saiu pra lecionar/pois sabia que não tinha mais nada pra ensinar [...]
> O comandante não saiu para o quartel/pois sabia que o soldado também não tava lá
> E o soldado não saiu pra ir pra guerra/Pois sabia que o inimigo também não tava lá

---

[178] NERY NERY, Emilia Saraiva. História, pandemia, distopia e utopia – Um estudo a partir do Dia em que a Terra parou (1977)/o Corona acabou (2020) de Raul Seixas e Tom Cavalcante. *Brazilian Journal of Development*, Curitiba, v. 8, n. 1, p. 5102-5113, jan. 2022. p. 5104.

E o paciente não saiu pra se tratar/Pois sabia que o doutor também não tava lá
E o doutor não saiu pra medicar/pois sabia que não tinha mais doença pra curar

Apesar das impressionantes coincidências, parece que somente a última frase da música (conforme transcrição anterior) é que não correspondeu à realidade. Na verdade, com a pandemia da Covid-19, provavelmente, os sistemas de saúde nunca tiveram tanto trabalho.

O dia 30.1.2020 ficará marcado na história. Nesta data, Organização Mundial de Saúde (OMS) declarou o surto da Covid-19 como sendo emergência de saúde pública de importância internacional. Nos termos do Regulamento Sanitário Internacional (RSI), a citada emergência, a sexta reconhecida pela OMS, é "um evento extraordinário que pode constituir um risco de saúde pública para outros países devido a disseminação internacional de doenças; e potencialmente requer uma resposta internacional coordenada e imediata".[179]

Menos de dois meses após a citada declaração, em 11.3.2020, a OMS reconheceu a situação de pandemia, que representa a distribuição geográfica da doença por várias partes do planeta.

Para que se possa ter uma dimensão do impacto desta pandemia, alguns números são bem representativos: até a presente data, mais de quinhentas e cinquenta milhões de pessoas foram infectadas no mundo, tendo havido a morte mais de seis milhões, trezentas e quarenta mil. Atualmente, embora a situação esteja mais controlada, especialmente após as campanhas de vacinação, ainda morrem, por dia, mais de mil pessoas de Covid-19 no planeta. Convém destacar, todavia, que, em 5.5.2022, quando o número total de mortos era de 5,4 milhões, a Organização Mundial de Saúde declarou que, devido às subnotificações, o número total de vítimas fatais da Covid-19 pode ter ultrapassado a cifra de quinze milhões de pessoas.[180]

---

[179] Regulamento Sanitário Internacional, de 15.6.2007, da Organização Mundial de Saúde (OMS).

[180] Reportagem NÚMERO real de mortes por Covid no mundo pode ter chegado a 15 milhões, diz OMS. BBC, 5 maio 2022. Disponível em: https://www.bbc.com/portuguese/internacional-61332581. Acesso em: 5 jul. 2022.

No Brasil, segundo país em número de mortes, segundo os dados oficiais, mais de seiscentas e setenta mil pessoas perderam suas vidas, número correspondente à população de cidade de Aracaju.

Além das vidas perdidas, a pandemia vem causando enormes impactos nas mais diversas áreas: da saúde (inclusive mental) à educação, do trabalho à economia, do turismo à religião, do lazer à política. Segundo a Fundação Oswaldo Cruz (Fiocruz):

> A pandemia de Covid-19, causada pelo vírus SARS-CoV-2 ou Novo Coronavírus, vem produzindo repercussões não apenas de ordem biomédica e epidemiológica em escala global, mas também repercussões e impactos sociais, econômicos, políticos, culturais e históricos sem precedentes na história recente das epidemias. A estimativa de infectados e mortos concorre diretamente com o impacto sobre os sistemas de saúde, com a exposição de populações e grupos vulneráveis, a sustentação econômica do sistema financeiro e da população, a saúde mental das pessoas em tempos de confinamento e temor pelo risco de adoecimento e morte, acesso a bens essenciais como alimentação, medicamentos, transporte, entre outros. Além disso, a necessidade de ações para contenção da mobilidade social como isolamento e quarentena, bem como a velocidade e urgência de testagem de medicamentos e vacinas evidenciam implicações éticas e de direitos humanos que merecem análise crítica e prudência.

Neste contexto, o jurista Fábio Marroquim, após destacar a impressionante gama de consequências advindas da pandemia e como ela tomou o mundo de surpresa, passados poucos mais de cem anos da gripe espanhola, registra que a Covid-19, além do alcance global, interferiu "em diferentes campos das atividades humanas, indo além da área da saúde para alcançar outras, dentre as quais se destacam a Economia e o Direito, especialmente o Administrativo".[181]

De fato, para atender às inúmeras demandas surgidas ou agravadas a partir da pandemia, o direito administrativo teve que passar a oferecer respostas rápidas e eficazes, instrumentalizando a Administração Pública para que esta pudesse ser a principal responsável pelo socorro à sociedade civil.

---

[181] MARROQUIM, Fábio Máximo de Carvalho. Apresentação. *In*: CARVALHO, Fábio Lins de Lessa; RODRIGUES, Ricardo Schneider (Coord.). *Covid-19 e direito administrativo*. Impactos da pandemia na Administração Pública. Curitiba: Juruá, 2020. p. 5.

Institutos jurídico-administrativos passaram a ter sua utilização potencializada. Alguns deles, como a requisição administrativa, o isolamento e a quarentena, antes praticamente reservados aos exemplos dos livros, passaram a fazer parte do cotidiano das administrações públicas.

Nas mais diversas áreas, o direito administrativo teve que se reinventar em tempo recorde: as contratações administrativas tiveram que ser mais ágeis para garantir a aquisição de bens e serviços essenciais ao combate à pandemia e ao tratamento dos infectados, o controle da Administração Pública passou a ser mais sensível à realidade enfrentada,[182] o governo digital[183] e as novas tecnologias foram utilizadas com maior intensidade, tendo avançado consideravelmente em áreas como a educação e o teletrabalho, contratações temporárias se tornaram um expediente mais usual e o concurso público teve que passar por adaptações.[184]

Fabrício Motta destacou que, mesmo antes da pandemia, já havia consenso no sentido de que a Administração Pública não pode se limitar a fórmulas rígidas e às soluções tradicionais diante da natural mutabilidade das necessidades públicas, e que a dinâmica do interesse público exige mecanismos flexíveis para seu real atendimento. Ademais, com a pandemia, por se tratar de momento singular:

> as soluções buscadas devem permitir acudir à emergência principal (resguardar a saúde da população) sem desbordar dos cânones jurídicos que estruturam a atuação do Estado (no tocante aos limites à intervenção no mercado, por exemplo, e à necessária transparência e sujeição aos controles constitucionais). Por se tratar de respostas excepcionais, as soluções jurídicas emergenciais trazem como

---

[182] *Vide* o artigo GOMES, Filipe Lôbo. A aplicação do LINDB a partir da pandemia. *In*: CARVALHO, Fábio Lins de Lessa; RODRIGUES, Ricardo Schneider (Coord.). *Covid-19 e direito administrativo*. Impactos da pandemia na Administração Pública. Curitiba: Juruá, 2020. p. 129-144.

[183] *Vide* o artigo REIS, Camille Lima. Governo digital: os impactos da Covid-19 na Administração Pública. *In*: CARVALHO, Fábio Lins de Lessa; RODRIGUES, Ricardo Schneider (Coord.). *Covid-19 e direito administrativo*. Impactos da pandemia na Administração Pública. Curitiba: Juruá, 2020. p. 309-318.

[184] *Vide* o artigo CARVALHO, Fábio Lins de Lessa. Concurso público e contratação temporária em tempos de pandemia da Covid-19. *In*: CARVALHO, Fábio Lins de Lessa; RODRIGUES, Ricardo Schneider (Coord.). *Covid-19 e direito administrativo*. Impactos da pandemia na Administração Pública. Curitiba: Juruá, 2020. p. 283-294.

contrapartida maior ônus argumentativo e de transparência como contrapontos necessários à legitimação de medidas que desbordam das prerrogativas e restrições normais. A exigência de motivação congruente de toda e qualquer medida jurídica, desta forma, é reforçada para que se conheçam as dificuldades reais do gestor e as circunstâncias práticas que houverem imposto, limitado ou condicionado sua ação, como exige a LINDB. As medidas de transparência, por outro lado, devem ser incrementadas para permitir o amplo conhecimento e controle das ações do Estado, ainda que levadas em consideração as circunstâncias especiais de cada atuação.[185]

Não restam dúvidas de que as atividades administrativas que sofreram os maiores impactos a partir da pandemia foram o poder de polícia e os serviços públicos. Também se pode afirmar que as citadas atividades estão entre as mais relevantes para superação das dificuldades trazidas pela Covid-19: enquanto a primeira foi imprescindível para disciplinar as atividades individuais e coletivas mediante a restrição da liberdade individual, garantindo o interesse público de preservação da saúde e da vida, a última foi vital para garantir, a partir do oferecimento de prestações positivas, a efetivação de direitos sociais tão ameaçados pela pandemia, como a saúde, a educação e a assistência social.

Acerca do poder de polícia, com a pandemia, foi editada a Lei Federal nº 13.979/2020, que passou a prever, para a tutela do interesse público (no caso, saúde pública), diversas medidas, como isolamento, quarentena, realização compulsória de exames, testes, vacinas e afins, exumação, necropsia, cremação e manejo de cadáver e restrição excepcional e temporária de entrada e saída do país (conforme art. 3º).

Emerson Moura ressalta que, uma vez prevista a lei, impõe-se que na atividade de poder de polícia administrativo haja uma ponderação pelo agente público da proporcionalidade e razoabilidade da adoção da medida.[186] Por sua vez, Patrícia Prieto Moreira ressalta:

---

[185] MOTTA, Fabrício. O direito administrativo continua vivo durante a pandemia. *Conjur*, 23 abr. 2020. Disponível em: https://www.conjur.com.br/2020-abr-23/interesse-publico-direito-administrativo-continua-vivo-durante-pandemia. Acesso em: 5 jul. 2022.

[186] MOURA, Emerson Affonso da Costa. Limites do exercício do poder de polícia à luz dos direitos fundamentais: análise das medidas restritivas adotadas durante a pandemia do Covid-19. *Revista Estudos Institucionais*, v. 6, n. 3, p. 935-952, set./dez. 2020. p. 947.

A gravidade da situação emergencial que assola o país clama pela adoção de medidas de polícia, ora mais ora menos restritivas aos direitos fundamentais, para que possamos salvar o maior número de vidas possível. Mas isso não significa e, nem pode significar, o retrocesso das liberdades que se apresentam como verdadeiras armas contra o autoritarismo e o abuso de poder estatal. Assim foram concebidos os direitos fundamentais pelo constituinte originário e assim devem permanecer, ao menos enquanto durar a ordem constitucional vigente. A resignação do povo brasileiro não corresponde à disponibilidade e nem tampouco à renúncia aos direitos fundamentais, mas tão-somente ao espírito de sacrifício para a aceitação pacífica das intervenções estatais gerais inerentes ao direito da crise, excepcional e passageiro, porque acima de tudo, o Brasil continua a ser um Estado de Democrático de Direito.[187]

Ainda que se reconheça a absoluta necessidade de serem observados os devidos parâmetros jurídicos para exercício do poder de polícia nos quadrantes do Estado democrático de direito, como a razoabilidade (em seu trinômio adequação-necessidade-proporcionalidade), a motivação e a transparência, o que também parece ser indiscutível é que, com a pandemia, houve uma ampliação da conscientização social quanto à relevância do Estado na proteção e concretização de direitos. Neste sentido:

> A pandemia evidenciou que em certas situações a ação do Estado é essencial. A sociedade e o setor privado não conseguiriam, por exemplo, providenciar leitos hospitalares para todos os que precisaram, não forneceriam auxílios emergenciais aos que ficaram sem renda e não providenciariam acesso universal à vacina. O mercado costuma ser eficiente para produzir, mas não consegue distribuir adequadamente o resultado da produção, pois o acesso a bens e serviços destina-se apenas aos que podem pagar por eles, deixando de fora largas porções da população [...] Um Estado pesado e que atrapalha deve ser contido, mas é de se ressaltar que não se pode ignorar o seu papel essencial e estratégico em certas áreas. O enfrentamento da pandemia do coronavírus foi um ótimo exemplo para reafirmar essa questão.[188]

---

[187] MOREIRA, Patrícia Prieto. Poder de polícia em tempos de Covid-19. *Conteúdo Jurídico*, 26 jan. 2021. Disponível em: https://conteudojuridico.com.br/consulta/artigos/56112/poder-de-polcia-em-tempos-de-covid-19. Acesso em: 5 jul. 2022.

[188] LIMA, Edilberto Carlos Pontes. A pandemia e o papel do Estado. *Instituto Rui Barbosa*, 18 set. 2021. Disponível em: https://irbcontas.org.br/artigo/a-pandemia-e-o-papel-do-estado/. Acesso em: 5 jul. 2022.

Ainda neste sentido, até mesmo na área econômica, convém destacar como a opinião pública, que vinha até então considerando o Estado *persona non grata* e que a iniciativa privada é que deveria resolver todos os problemas da sociedade, com a pandemia, passou a ter outra posição:

> As medidas anunciadas pelo governo para combater os efeitos socioeconômicos da crise decorrente da pandemia de coronavírus no Brasil demonstram a importância do papel do Estado, tão maltratado no último período, apontado como a "origem de todos os males" no Brasil. [...] a pandemia de coronavírus acelerou a formação de uma "nova maioria" na sociedade brasileira, a favor de uma sociedade mais "civilizada", com investimento em pesquisa, saúde e desenvolvimento industrial. Substitui a mentalidade em vigor, até então, que acreditava que todos os problemas deveriam ser resolvidos pela iniciativa privada. O cenário atual, segundo ele, demonstrou que, sem a participação do Estado na articulação desses esforços, as empresas não conseguem arcar com esses desafios, conduzindo a sociedade à "barbárie".[189]

Como se verifica, a pandemia mostrou "ao mundo a importância de Estados e governos fortes, alicerçados em sólidas estruturas de serviços públicos, principalmente em saúde, mas não só nesta área. A ilusão ultraliberal de que o mercado e a iniciativa privada seriam capazes de dar todas as respostas caiu por terra".[190]

Em relação aos serviços públicos, com a pandemia, muitos perceberam a importância do Estado social de direito. Neste sentido, a sociedade brasileira despertou sua atenção para a relevância do Sistema Único de Saúde (SUS). A frase "Viva o SUS" foi dita e repetida incontáveis vezes, seja por pacientes que recebiam alta dos hospitais, seja por pessoas que acabavam de ser vacinadas.

No Brasil, atualmente, cento e sessenta e dois milhões de pessoas dependem exclusivamente do SUS, enquanto apenas quarenta e sete milhões têm planos de saúde, mas acabam também utilizando

---

[189] PANDEMIA demonstra a importância do papel do Estado, diz Pochmann. *Rede Brasil Atual*, 8 abr. 2020. Disponível em: https://www.redebrasilatual.com.br/economia/2020/04/pandemia-demonstra-a-importancia-do-papel-do-estado-diz-pochmann/. Acesso em: 5 jul. 2022.

[190] OLIVEIRA, Eloy. Pandemia mostra relevância do Estado, e que iniciativa privada não dá conta. *UOL*, 28 maio 2021. Disponível em: https://economia.uol.com.br/colunas/2021/05/28/pandemia-mostra-relevancia-do-estado-e-que-iniciativa-privada-nao-da-conta.htm. Acesso em: 5 jul. 2022.

o sistema público, como para a realização de procedimentos, entre os quais vacinação e transplantes.[191]

É importante destacar que a maior parte da população brasileira necessita não somente de assistência clínica diante da infecção, mas de todo o amparo fornecido pela rede pública de saúde gerida pelo SUS. Para Cátia Guimarães, o contato direto entre cada unidade básica e a comunidade específica a que atende permite que o Estado acompanhe o quadro de saúde e os problemas enfrentados no cotidiano daquela parcela da população, incluindo o mapeamento e monitoramento dos grupos de risco do coronavírus em cada região, à exemplo da presença de determinadas comorbidades (diabetes, hipertensão, tuberculose, sobrepeso) consideradas agravantes dos sintomas ocasionados pela Covid-19. A atenção básica funciona, também, através das equipes de saúde da família, compostas normalmente por médico, enfermeiro, auxiliar ou técnico de enfermagem e agente comunitário de saúde (ACS), que atuam indo ao território do usuário, facilitando, assim, a vigilância e a intervenção preventiva na região.[192]

De volta a Raul Seixas, em *O dia em que a Terra parou*, foram as pessoas de todo o planeta que resolveram ficar em casa. Neste enredo, "o guarda não saiu para prender/pois sabia que o ladrão também não tava lá", "o professor não saiu pra lecionar/pois sabia que não tinha mais nada pra ensinar", "o doutor não saiu pra medicar/pois sabia que não tinha mais doença pra curar".

Na vida real, o guarda precisa prender, o professor, lecionar e o doutor, medicar. Segurança pública, educação e saúde são apenas alguns exemplos de áreas em que a sociedade civil depende da atuação da Administração Pública. E a pandemia da Covid-19 evidenciou isto, seja quando o Estado exerceu o poder de polícia como há muito tempo não o fazia, seja quando ele prestou serviços públicos com uma intensidade raramente experimentada.

---

[191] GUIMARÃES, Cátia. A importância de um sistema de saúde público e universal no enfrentamento à epidemia. *EPSJV/Fiocruz*, 25 mar. 2020. Disponível em: http://www.epsjv.fiocruz.br/noticias/reportagem/a-importancia-de-um-sistema-de-saude-publico-e-universal-no-enfrentamento-a. Acesso em: 5 jul. 2022.

[192] GUIMARÃES, Cátia. O papel da atenção primária à saúde no controle da epidemia. *EPSJV/Fiocruz*, 15 abr. 2020. Disponível em: http://www.epsjv.fiocruz.br/noticias/reportagem/o-papel-da-atencao-primaria-a-saude-no-controle-da-epidemia. Acesso em: 5 jul. 2022.

A Administração Pública (e seus diversos órgãos) tem um papel fundamental na vida social: trabalhar árdua e discretamente, sem glamour, vaidades, holofotes ou interrupções, ajudando as pessoas em suas necessidades básicas. Se um ofício fosse associado à Administração Pública, este deveria ser o do carpinteiro, seja por seu caráter instrumental, seja por ser uma das profissões mais antigas que se tem notícia. Aliás, a atividade do carpinteiro inspirou uma canção gravada por Raul Seixas.

Na música *Carpinteiro do universo*, de 1989, composta por Raul Seixas e Marcelo Nova, uma das últimas trabalhadas pelo maluco beleza antes de morrer,[193] são apresentados versos que bem que poderiam ser atribuídos à atuação da Administração Pública, e todo o seu ímpeto de "ajudar a querer consertar", inclusive "o que não pode ser", seja ao "aparar o cabelo de alguém", ao "mudar a direção do trem" ou ao não apagar luz "para que você não tropece na escada quando chegar".

Por tudo isto, impõe-se reconhecer que, com a pandemia da Covid-19, nos dias em que a Terra parou (e não foi "um sonho de sonhador"), a humanidade não teria superado este pesadelo real e as dificuldades que ele causou sem a atuação das administrações públicas nacionais, estaduais e municipais, que, tais quais carpinteiros esforçados, e, mesmo muitas vezes sem as serras, lixas e madeiras adequadas, ajudaram a reconstruir nossa casa-planeta.

4.8 *Por quem os sinos dobram*: o fortalecimento das parcerias e da consensualidade na Administração Pública

Escrito em 1940 por Ernest Hemingway, o livro *Por quem os sinos dobram* (*For whom the bell tolls*), considerado pela crítica e pelo público[194] como uma das melhores obras do escritor norte-

---

[193] Em sua última entrevista, concedida poucos meses antes de falecer, Raul Seixas (ao lado de Marcelo Nova) cantou *Carpinteiro do universo* na televisão, no programa *Jô Soares Onze e Meia* (Disponível em: https://youtu.be/q6E1x0Q5Z4w. Acesso em: 5 jul. 2022).

[194] Em 1999, foram eleitos os 100 livros do século do XX através de uma sondagem promovida pela empresa francesa de distribuição de bens culturais Fnac e pelo jornal parisiense *Le Monde*. O livro *Por quem os sinos dobram* ficou em oitavo lugar.

americano, é uma comovente história, cujo pano de fundo é a Guerra Civil espanhola, que narra três dias na vida de um americano que se ligara à causa da legalidade na Espanha.

Hemingway, que havia se alistado como voluntário na Primeira Guerra Mundial, na qual serviu como motorista de ambulância para o Exército da Itália, foi ferido e recebeu uma condecoração, e, trabalhando como jornalista na Segunda Guerra Mundial e na Guerra Civil espanhola, tinha vivenciado algumas das cenas que passou a narrar em seu livro mais aclamado. Sobre o livro:

> Em 1937 Ernest Hemingway viajou para Madrid, com o intuito de aí realizar reportagem sobre a resistência do governo legítimo da Espanha ao avanço dos revoltosos fascistas. Três anos mais tarde, concluiria a elaboração de um dos mais famosos romances sobre a Guerra Civil de Espanha, Por Quem os Sinos Dobram. A história de Robert Jordan, um jovem americano das Brigadas Internacionais, membro de uma unidade guerrilheira que combate algures numa zona montanhosa, é um relato de coragem e lealdade, de amor e derrota, que acabou por constituir um dos mais belos romances de guerra do século XX.[195]

Mas de onde vem a frase título do livro e que é citada em um trecho do livro de Hemingway? Antigamente, era comum ser anunciada a morte de alguém em uma pequena cidade, tocando-se o sino da igreja. Em 1764, o escritor e clérigo anglicano John Donne redigiu, em sua *Meditação 17*, o trecho hoje famoso:

> Nenhum homem é uma ilha, completa em si mesma; todo homem é um pedaço do continente, uma parte da terra firme. Se um torrão de terra for levado pelo mar, a Europa fica menor, como se tivesse perdido um promontório, ou perdido o solar de um amigo teu, ou o teu próprio. A morte de qualquer homem diminui a mim, porque na humanidade me encontro envolvido; por isso, nunca mandes perguntar por quem os sinos dobram; eles dobram por ti.[196]

Como se vê, o autor inglês demonstra como todas as pessoas têm seu valor, e, principalmente, como todos os seres humanos estão

---

[195] POR quem os sinos dobram. *Portal da Literatura*. Disponível em: https://www.portaldaliteratura.com/livros.php?livro=6529. Acesso em: 31 maio 2022.
[196] DONNE, Jonh. *In*: VIZIOLI, Paulo (Intr., sel., trad. e notas). *Jonh Donne. O poeta do amor e da morte*. Ed. bilíngue. São Paulo: J. C. Ismael, 1985. p. 103-105.

interligados, pois "ninguém é uma ilha", de maneira que o destino de cada um interessa a todos (à humanidade).

Neste mesmo contexto que destaca a interdependência entre os seres humanos e a necessidade de serem estabelecidas medidas de cooperação, Raul Seixas escreveu a música *Por quem os sinos dobram*, de 1979.[197] Este também é o título do nono álbum do artista, um dos que menos êxito teve. Na letra da música, Raul declara que "Nunca se vence uma guerra lutando sozinho/Você sabe que a gente precisa entrar em contato/Com toda essa força contida e que vive guardada/O eco de suas palavras não repercutem em nada".

Como se vê, mesmo Raul, que sempre foi um grande defensor do individualismo, reforça a necessidade de união de forças para que seja enfrentado qualquer desafio, até mesmo porque alguém que esteja sozinho irá, no máximo, ouvir o eco de suas próprias palavras.

Em outro trecho desta belíssima canção, registra-se que "É sempre mais fácil achar que a culpa é do outro/Evita o aperto de mão de um possível aliado, é/Convence as paredes do quarto, e dorme tranquilo/Sabendo no fundo do peito que não era nada daquilo".

Assim, reconhece-se que existe uma tendência natural das pessoas ao egoísmo, o que faz com que se convençam, presunçosamente, de que estão invariavelmente com a razão. Todavia, se o indivíduo se abrir ao diálogo com o outro, poderá, ao apertar sua mão, ganhar um valioso aliado.

Sobre *Por quem os sinos dobram*, também já se destacou que esta frase enigmática influenciou "o pensamento de um controverso e genial artista brasileiro: Raul Seixas, que batizou seu 9º álbum – e uma de suas canções – com esse título. Além de leitor de Hemingway, Raul devorava também outros escritores e filósofos".[198]

Raul Seixas demonstra como acusar o outro, imputando-lhe a culpa por determinados problemas, é uma característica bastante presente na vida em sociedade, que gera extremismos, ódios, antagonismos, dualismo, maniqueísmo, ou, como está na moda

---

[197] Sobre a composição desta música, "a faixa-título de Por quem os sinos dobram acabou provocando um desentendimento com Claudio Roberto, por Raul registrado em nome de Oscar Rasmussen a composição, que segundo Claudio, seria uma parceria deles" (MINUANO, Carlos. *Raul*. Por trás das canções. Rio de Janeiro: Best Seller, 2019. p. 214).

[198] DIAS, Elder. Os sinos que unem John Donne, Hemingway e Raul Seixas. *Revista Bula*, 28 jun. 2020. Disponível em: https://www.revistabula.com/1553-os-sinos-que-unem-john-donne-hemingway-e-raul-seixas/. Acesso em: 31 maio 2022.

nos dias atuais, o "nós contra eles". Neste contexto, com muita propriedade, o Filósofo Leandro Karnal traça um quadro da sociedade brasileira que, ao invés de ser caracterizada pela tão propagada convivência harmônica, é um "pote até aqui de mágoa" (como diria Chico Buarque de Holanda na canção *Gota d'água*):

> Os momentos de polarização política, como 1935 (Intentona Comunista) ou 1964 (golpe militar), foram retratados na versão oficial e conservadora como infiltração de doutrinas estrangeiras de ódio. Era o marxismo pantanoso em meio a um povo cristão e pacífico. Foram os primeiros momentos nos quais a elite pátria pensou em "nós", ou seja, os pacifistas que queriam construir um país de progresso e prosperidade, contra "eles", os grevistas, sindicalistas, agitadores e outros que insistiam em inocular no corpo nacional o vírus do dissenso. "Nós" correspondia aos patriotas, aos que só desejavam a paz. "Eles" correspondia à cizânia e aos cronicamente insatisfeitos. Sempre fomos bons em pensamentos maniqueístas, em dualismos morais perfeitos. Ninguém é católico por séculos e emerge ileso desse destino...[199]

Ademais, os valores relacionados à solidariedade social, como o altruísmo e a cooperação, muitas vezes sucumbem diante do culto ao egocentrismo, que isola cada ser humano (lembremos que o verbo "isolar" tem sua origem etimológica em ilha). Em *Por quem os sinos dobram*:

> Num ritmo triunfal, heroico, corajoso, Raul fala sobre a união como caminho para a Humanidade evoluir. Já na época a tendência individualista se impunha, as pessoas cada vez mais competitivas enxergando no outro apenas inimigos. E ao chegar em casa no fim do dia, "sabendo no fundo do peito que não era nada daquilo", não têm escolha a não ser se resignar, se convencer superficialmente. Enfim, uma crítica ao ego humano, que há milênios tantos tentaram apontar, e até hoje, sem sucesso.[200]

No âmbito do direito administrativo, nas últimas décadas, há uma inegável tendência à valorização da ideia de consensualidade, em especial, a partir do declínio do modelo burocrático, que gerava,

---

[199] KARNAL, Leandro. *Todos contra todos*: o ódio nosso de cada dia. Rio de Janeiro: Leya, 2017. p. 9.
[200] RAUL Seixas 11 – Por quem os sinos dobram (1979). *Disco a disco. Discografias comentadas*. Disponível em: http://discoadisco.blogspot.com/2014/04/raul-seixas-11-por-quem-os-sinos-dobram.html. Acesso em: 7 jun. 2022.

entre outras disfunções, o encastelamento da Administração Pública e sua autorreferencialidade.

Outro aspecto a ser destacado é a busca pela superação da mentalidade adversarial. Juarez Freitas afirma que, alterando-se conjecturas que não possuem êxito, é "plausível destronar, a pouco e pouco, a hiperinflação adversarial, que tem sido a tônica do dificultoso relacionamento tecido entre a administração pública e a sociedade civil por circunstâncias históricas multifatoriais". Entre estas circunstâncias, o jurista gaúcho aponta o patrimonialismo extrativista, a cegueira voluntária de governantes, a desconfiança exacerbada em relação a termos de ajustamento de conduta, o emprego ardiloso da legalidade de maneira lesiva à Constituição e a gestão contaminada pela rigidez autoritária.[201]

Raquel Carvalho ressalta:

> em boa parte da legislação que normatiza a competência sancionadora na via administrativa, seja o poder de polícia, seja a atribuição disciplinar em face dos servidores estatutários, não se identifica a previsão de instrumentos de consenso alternativos à aplicação das sanções.[202]

Um marco legal importante para apontar o novo caminho da não conflituosidade foi instituído pela Lei Federal nº 9784/99, que disciplinou o processo administrativo no âmbito da Administração Pública Federal. Neste diploma normativo, destaca-se o art. 3º, inc. I, que assegura o direito de o administrado "ser tratado com respeito pelas autoridades e servidores, que deverão facilitar o exercício de seus direitos e o cumprimento de suas obrigações".

Mais recentemente, a Lei de Introdução às Normas do Direito Brasileiro (LINDB, na nova redação dada pela Lei nº 13.655/2018) passou a dispor:

> Art. 26. Para eliminar irregularidade, incerteza jurídica ou situação contenciosa na aplicação do direito público, inclusive no caso de

---
[201] FREITAS, Juarez. Direito administrativo não adversarial: a prioritária solução consensual de conflitos. *RDA – Revista de Direito Administrativo*, Rio de Janeiro, v. 276, p. 25-46, 2017. p. 29.
[202] CARVALHO, Raquel Melo Urbano de. Direito sancionador: a não previsão do consenso na legislação. Como fazer? *Raquel Carvalho – Direito Administrativo*, 9 mar. 2021. Disponível em: http://raquelcarvalho.com.br/2021/03/09/direito-sancionador-a-nao-previsao-do-consenso-na-legislacao-como-fazer/. Acesso em: 7 jun. 2022.

expedição de licença, a autoridade administrativa poderá, após oitiva do órgão jurídico e, quando for o caso, após realização de consulta pública, e presentes razões de relevante interesse geral, celebrar compromisso com os interessados, observada a legislação aplicável, o qual só produzirá efeitos a partir de sua publicação oficial.

§1º O compromisso referido no caput deste artigo:
I - buscará solução jurídica proporcional, equânime, eficiente e compatível com os interesses gerais;
II - (VETADO);
III - não poderá conferir desoneração permanente de dever ou condicionamento de direito reconhecidos por orientação geral;
IV - deverá prever com clareza as obrigações das partes, o prazo para seu cumprimento e as sanções aplicáveis em caso de descumprimento.

Ainda neste contexto que reconhece que "a união faz a força", surgem novas bandeiras do direito administrativo, como a democracia participativa e a valorização das parcerias na Administração Pública. Até mesmo a forma de identificação do interesse pública, que até então dependia exclusivamente do Estado, passa a ser repensada. Para Odete Medauar:

> a atividade de consenso-negociação entre Poder Público e particulares, mesmo informal, passa a assumir papel importante no processo de identificação de interesses públicos e privados, tutelados pela Administração. Esta não mais detém exclusividade no estabelecimento do interesse público; a discricionariedade se reduz, atenua-se a prática de imposição unilateral e autoritária de decisões. A Administração volta-se para a coletividade, passando a conhecer melhor os problemas e aspirações da sociedade. A Administração passa a ter atividade de mediação para dirimir e compor conflitos de interesses entre várias partes ou entre estas e a Administração. Daí decorre um novo modo de agir, não mais centrado sobre o ato como instrumento exclusivo de definição e atendimento do interesse público, mas como atividade aberta à colaboração dos indivíduos. Passa a ter relevo o momento do consenso e da participação.[203]

Patrícia Baptista reforça esta questão, destacando que, "sobretudo no que se refere ao exercício da discricionariedade, a eleição

---

[203] MEDAUAR, Odete. *O direito administrativo em evolução*. 2. ed. São Paulo: Revista dos Tribunais, 2003. p. 211.

das vias consensuais, no lugar das imperativas, permite a obtenção dos elementos necessários para que seja encontrada a solução mais adequada ao atendimento da finalidade perseguida".[204]

> Com a ascensão de fenômenos como o Estado em rede e a Governança Pública, emerge uma nova forma de administrar, cujas referências são o diálogo, a negociação, o acordo, a coordenação, a descentralização, a cooperação e a colaboração. Assim, o processo de determinação do interesse público passa a ser desenvolvido a partir de uma perspectiva consensual e dialógica, a qual contrasta com a dominante perspectiva imperativa e monológica, avessa à utilização de mecanismos comunicacionais internos e externos à organização administrativa. Trata-se da Administração Consensual, a qual marca a evolução de um modelo centrado no ato administrativo (unilateralidade) para um modelo que passa a contemplar os acordos administrativos (bilateralidade e multilateralidade). Sua disseminação tem por fim nortear a transição de um modelo de gestão pública fechado e autoritário para um modelo aberto e democrático, habilitando o Estado contemporâneo a bem desempenhar suas tarefas e atingir os seus objetivos, preferencialmente, de modo compartilhado com os cidadãos.[205]

Luciano Ferraz propõe a existência de um princípio da consensualidade, de modo a "impor à administração pública o dever de, sempre que possível, buscar a solução para as questões jurídicas e conflitos que vivencia pela via do consenso".[206]

Este princípio da consensualidade teria fundamento na Constituição Federal de 1988, seja porque o seu preâmbulo assegura estar o Estado brasileiro comprometido na ordem interna e internacional com a solução pacífica das controvérsias, seja porque o inc. VII do art. 4º impõe ao Estado brasileiro, nas relações internacionais, a solução pacífica dos conflitos. Mas não para por aí: existem outros três grandes fundamentos jurídico-constitucionais para a adoção

---

[204] BAPTISTA, Patrícia. *Transformações do direito administrativo*. Rio de Janeiro: Renovar, 2003. p. 270.

[205] OLIVEIRA, Gustavo Justino de; SCHWANKA, Cristiane. A administração consensual como a nova face da administração pública no séc. XXI: fundamentos dogmáticos, formas de expressão e instrumentos de ação. *Revista da Faculdade de Direito da Universidade de São Paulo*, v. 104, p. 303-322, jan./dez. 2009. p. 319.

[206] FERRAZ, Luciano. Termos de ajustamento de gestão (TAG): do sonho à realidade. *Rere – Revista Eletrônica sobre a Reforma do Estado*, v. 27, p. 81-92, 2011. Disponível em: http://www.direitodoestado.com.br/artigo/luciano-ferraz/termos-de-ajustamento-de-gestao-tag-do-sonho-a-realidade. Acesso em: 7 jun. 2022.

de métodos consensuais na resolução de conflitos em que se vê envolvido o Poder Público, seja na esfera administrativa, seja na esfera judicial:

> a) o princípio do acesso à justiça (art. 5º, XXXV, da Const. Federal), que exige a disponibilização de métodos adequados (sob os aspectos temporal, econômico e de resultados) de resolução de conflitos, não se subsumindo a uma simples garantia de acesso formal ao sistema judicial – princípio do qual decorre o também positivado princípio da razoabilidade na duração do processo administrativo e judicial (art. 5º, LXXIV); b) o princípio da eficiência (art. 37, caput), que demanda sejam os conflitos resolvidos da forma que apresente a melhor relação entre custo e benefício, ou seja, menores custos, menos tempo, menos desgaste para a relação entre as partes e melhores resultados para ambas; e c) o princípio democrático, fundamento de nossa ordem constitucional (art. 1º.), que decorre de o Estado não ser um fim em si mesmo e reclama portanto que, quando o Poder Público se veja envolvido em conflitos com particulares, ele se disponha, em primeiro lugar, a dialogar com estes para encontrar uma solução adequada para o problema.[207]

Esta tendência decorrente da consensualidade e que estimula a resolução administrativa de conflitos está assentada no próprio Código de Processo Civil:

> Art. 174. A União, os Estados, o Distrito Federal e os Municípios criarão câmaras de mediação e conciliação, com atribuições relacionadas à solução consensual de conflitos no âmbito administrativo, tais como:
> I - dirimir conflitos envolvendo órgãos e entidades da administração pública;
> II - avaliar a admissibilidade dos pedidos de resolução de conflitos, por meio de conciliação, no âmbito da administração pública;
> III - promover, quando couber, a celebração de termo de ajustamento de conduta.
> Art. 175. As disposições desta Seção não excluem outras formas de conciliação e mediação extrajudiciais vinculadas a órgãos institucionais ou realizadas por intermédio de profissionais independentes, que poderão ser regulamentadas por lei específica.
> Parágrafo único. Os dispositivos desta Seção aplicam-se, no que couber, às câmaras privadas de conciliação e mediação.

---

[207] SOUZA, Luciana Moessa de. *Resolução consensual de conflitos coletivos envolvendo políticas públicas*. Brasília: Fundação Universidade de Brasília, 2014. p. 61.

Neste mesmo contexto, a nova Lei de Licitações e Contratos Administrativos (Lei nº 14.133/2021) dedica um setor aos "Meios Alternativos de Resolução de Controvérsias", cujas normas têm o seguinte teor:

> Art. 151. Nas contratações regidas por esta Lei, poderão ser utilizados meios alternativos de prevenção e resolução de controvérsias, notadamente a conciliação, a mediação, o comitê de resolução de disputas e a arbitragem.
> Parágrafo único. Será aplicado o disposto no caput deste artigo às controvérsias relacionadas a direitos patrimoniais disponíveis, como as questões relacionadas ao restabelecimento do equilíbrio econômico-financeiro do contrato, ao inadimplemento de obrigações contratuais por quaisquer das partes e ao cálculo de indenizações.
> Art. 152. A arbitragem será sempre de direito e observará o princípio da publicidade.
> Art. 153. Os contratos poderão ser aditados para permitir a adoção dos meios alternativos de resolução de controvérsias.
> Art. 154. O processo de escolha dos árbitros, dos colegiados arbitrais e dos comitês de resolução de disputas observará critérios isonômicos, técnicos e transparentes.

Entre as várias áreas de influência da consensualidade, podem ser destacadas: na atuação administrativa, com a passagem dos atos (unilaterais, verticalizados e autoritários) aos ajustes administrativos; na organização administrativa, com adoção de figuras como os contratos de gestão no setor público; na prestação dos serviços públicos, que experimenta uma febre de parcerias; na função pública, em que a previsão de metas de desempenho e remuneração por produtividade apontam os caminhos para aprimorar a relação entre a Administração Pública e seus servidores; nos poderes administrativos, em que se percebe que, muitas vezes, é melhor um bom acordo que uma sanção; e na prevenção e resolução de conflitos, o que evitaria ao máximo a judicialização.

Acerca da influência da consensualidade na atividade administrativa sancionadora, convém destacar que, tradicionalmente, tem prevalecido no direito administrativo a lógica do controle-sanção, em que não há meio termo: ou a conduta do controlado é conforme as regras e procedimentos ou não é. Destaca a doutrina:

> neste último caso, deve-se penalizar o sujeito, independentemente das circunstâncias práticas por ele vivenciadas na ocasião e das

consequências futuras, às vezes negativas para o próprio funcionamento da máquina administrativa e quiçá à perspectiva de justiça inerente ao Direito na modernidade.

Todavia, registra-se que no atual cenário de aproximação da atividade do Poder Público com o particular, "restou concebida a ideia de produção de instrumentos consensuais de controle, com o objetivo deliberado de substituir parcialmente o controle-sanção pelo controle-consenso; o controle-repressão pelo controle-impulso".[208]

Em várias leis, esta tendência, que foi iniciada com a Lei da Ação Civil Pública, cujo §6º do art. 5º prevê que "os órgãos públicos legitimados poderão tomar dos interessados compromisso de ajustamento de sua conduta às exigências legais, mediante cominações, que terá eficácia de título executivo extrajudicial" (Lei nº 7.347/1985, alterada pela Lei nº 8.078/1990), já pode ser percebida.

Neste contexto, também se destaca a Lei Anticorrupção, aplicável às pessoas jurídicas (Lei nº 12.846, de 1º.8.2013), em que há a figura do acordo de leniência:

> Art. 16. A autoridade máxima de cada órgão ou entidade pública poderá celebrar acordo de leniência com as pessoas jurídicas responsáveis pela prática dos atos previstos nesta Lei que colaborem efetivamente com as investigações e o processo administrativo, sendo que dessa colaboração resulte:
> I - a identificação dos demais envolvidos na infração, quando couber; e
> II - a obtenção célere de informações e documentos que comprovem o ilícito sob apuração.
> §1º O acordo de que trata o caput somente poderá ser celebrado se preenchidos, cumulativamente, os seguintes requisitos:
> I - a pessoa jurídica seja a primeira a se manifestar sobre seu interesse em cooperar para a apuração do ato ilícito;
> II - a pessoa jurídica cesse completamente seu envolvimento na infração investigada a partir da data de propositura do acordo;
> III - a pessoa jurídica admita sua participação no ilícito e coopere plena e permanentemente com as investigações e o processo administrativo, comparecendo, sob suas expensas, sempre que solicitada, a todos os atos processuais, até seu encerramento.

---

[208] FERRAZ, Luciano. Termos de ajustamento de gestão (TAG): do sonho à realidade. *Rere – Revista Eletrônica sobre a Reforma do Estado*, v. 27, p. 81-92, 2011. p. 4. Disponível em: http://www.direitodoestado.com.br/artigo/luciano-ferraz/termos-de-ajustamento-de-gestao-tag-do-sonho-a-realidade. Acesso em: 7 jun. 2022.

2º A celebração do acordo de leniência isentará a pessoa jurídica das sanções previstas no inciso II do art. 6º e no inciso IV do art. 19 e reduzirá em até 2/3 (dois terços) o valor da multa aplicável.
§3º O acordo de leniência não exime a pessoa jurídica da obrigação de reparar integralmente o dano causado.

Por sua vez, a Lei de Improbidade Administrativa (Lei nº 8429/92, alterada pelas leis nº 13.964/2019 e nº 14.230/2021) atualmente prevê o acordo de não persecução cível:

> Art. 17-B. O Ministério Público poderá, conforme as circunstâncias do caso concreto, celebrar acordo de não persecução civil, desde que dele advenham, ao menos, os seguintes resultados:
> I - o integral ressarcimento do dano;
> II - a reversão à pessoa jurídica lesada da vantagem indevida obtida, ainda que oriunda de agentes privados.
> §1º A celebração do acordo a que se refere o caput deste artigo dependerá, cumulativamente:
> I - da oitiva do ente federativo lesado, em momento anterior ou posterior à propositura da ação;
> II - de aprovação, no prazo de até 60 (sessenta) dias, pelo órgão do Ministério Público competente para apreciar as promoções de arquivamento de inquéritos civis, se anterior ao ajuizamento da ação;
> III - de homologação judicial, independentemente de o acordo ocorrer antes ou depois do ajuizamento da ação de improbidade administrativa
> §2º Em qualquer caso, a celebração do acordo a que se refere o caput deste artigo considerará a personalidade do agente, a natureza, as circunstâncias, a gravidade e a repercussão social do ato de improbidade, bem como as vantagens, para o interesse público, da rápida solução do caso.

A atividade sancionadora no âmbito ambiental, regida pela Lei das Infrações Ambientais (Lei nº 9605/98), passou por modificações introduzidas pela Medida Provisória nº 2.163-41, de 2001:

> Art. 79-A. Para o cumprimento do disposto nesta Lei, os órgãos ambientais integrantes do SISNAMA, responsáveis pela execução de programas e projetos e pelo controle e fiscalização dos estabelecimentos e das atividades suscetíveis de degradarem a qualidade ambiental, ficam autorizados a celebrar, com força de título executivo extrajudicial, termo de compromisso com pessoas físicas ou jurídicas responsáveis pela construção, instalação, ampliação e funcionamento de estabelecimentos e atividades utilizadores de recursos ambientais, considerados efetiva ou potencialmente poluidores.

Neste mesmo contexto que valoriza os acordos, a Lei de Defesa da Concorrência (Lei nº 12.529/2011):

> Art. 85. Nos procedimentos administrativos mencionados nos incisos I, II e III do art. 48 desta Lei, o CADE poderá tomar do representado compromisso de cessação da prática sob investigação ou dos seus efeitos lesivos, sempre que, em juízo de conveniência e oportunidade, devidamente fundamentado, entender que atende aos interesses protegidos por lei.

Outro aspecto a ser destacado é a recente busca de uma maior aproximação entre Administração Pública e sociedade civil. A título de ilustração, na nova Lei de Licitações e Contratos Administrativos (Lei nº 14.133/2021), podem ser citadas as figuras do diálogo competitivo, "modalidade de licitação para contratação de obras, serviços e compras em que a Administração Pública realiza diálogos com licitantes previamente selecionados" (art. 6º, XLII), e o procedimento aberto de manifestação de interesse, "a ser iniciado com a publicação de edital de chamamento público, a propositura e a realização de estudos, investigações, levantamentos e projetos de soluções inovadoras que contribuam com questões de relevância pública" (art. 81).

Se a consensualidade abre uma série de possibilidades para realização de acordos que venham a resolver impasses e conflitos, ela também proporciona a celebração de parcerias mais duradoras. Neste sentido, há uma inegável valorização dos ajustes administrativos, e estes podem ser:

a) entre distintos entes públicos (mediante convênios de cooperação e consórcios públicos),[209] especialmente apropriada para a prestação e gestão associada de serviços públicos comuns (cf. arts. 23 e 241 da Constituição Federal);

---

[209] Segundo a Lei nº 11.107/2005: "Art. 1º Esta Lei dispõe sobre normas gerais para a União, os Estados, o Distrito Federal e os Municípios contratarem consórcios públicos para a realização de objetivos de interesse comum e dá outras providências. §1º O consórcio público constituirá associação pública ou pessoa jurídica de direito privado. §2º A União somente participará de consórcios públicos em que também façam parte todos os Estados em cujos territórios estejam situados os Municípios consorciados. §3º Os consórcios públicos, na área de saúde, deverão obedecer aos princípios, diretrizes e normas que regulam o Sistema Único de Saúde – SUS. §4º Aplicam-se aos convênios de cooperação, no que couber, as disposições desta Lei relativas aos consórcios públicos".

b) entre entes públicos e o terceiro setor (contratos de gestão,[210] termos de parceria,[211] termos de cooperação, termos de fomento e acordos de cooperação),[212] preferencialmente para o desenvolvimento de atividades de interesse público e prestação de serviços públicos sociais; e

c) entre entes públicos e particulares com fins lucrativos (contratos,[213] inclusive concessões e permissões de serviços públicos[214] e parcerias público-privadas, nas modalidades concessão patrocinada e concessão administrativa),[215] mais adequados para atividades e serviços públicos econômicos.

---

[210] Nos termos da Lei nº 9.637/98: "Art. 5º Para os efeitos desta Lei, entende-se por contrato de gestão o instrumento firmado entre o Poder Público e a entidade qualificada como organização social, com vistas à formação de parceria entre as partes para fomento e execução de atividades relativas às áreas relacionadas no art. 1º".

[211] Segundo a Lei nº 9.790/99: "Art. 9º Fica instituído o Termo de Parceria, assim considerado o instrumento passível de ser firmado entre o Poder Público e as entidades qualificadas como Organizações da Sociedade Civil de Interesse Público destinado à formação de vínculo de cooperação entre as partes, para o fomento e a execução das atividades de interesse público previstas no art. 3º desta Lei".

[212] De acordo com a Lei nº 13.019/2014: "Art. 2º Para os fins desta Lei, considera-se: [...] VII - termo de colaboração: instrumento por meio do qual são formalizadas as parcerias estabelecidas pela administração pública com organizações da sociedade civil para a consecução de finalidades de interesse público e recíproco propostas pela administração pública que envolvam a transferência de recursos financeiros; VIII - termo de fomento: instrumento por meio do qual são formalizadas as parcerias estabelecidas pela administração pública com organizações da sociedade civil para a consecução de finalidades de interesse público e recíproco propostas pelas organizações da sociedade civil, que envolvam a transferência de recursos financeiros; VIII-A - acordo de cooperação: instrumento por meio do qual são formalizadas as parcerias estabelecidas pela administração pública com organizações da sociedade civil para a consecução de finalidades de interesse público e recíproco que não envolvam a transferência de recursos financeiros".

[213] Nos termos da Lei nº 14.133/2021: "Art. 89. Os contratos de que trata esta Lei regular-se-ão pelas suas cláusulas e pelos preceitos de direito público, e a eles serão aplicados, supletivamente, os princípios da teoria geral dos contratos e as disposições de direito privado".

[214] Segundo a Lei nº 8.987/95: "Art. 2º Para os fins do disposto nesta Lei, considera-se: [...] III - concessão de serviço público precedida da execução de obra pública: a construção, total ou parcial, conservação, reforma, ampliação ou melhoramento de quaisquer obras de interesse público, delegados pelo poder concedente, mediante licitação, na modalidade concorrência ou diálogo competitivo, a pessoa jurídica ou consórcio de empresas que demonstre capacidade para a sua realização, por sua conta e risco, de forma que o investimento da concessionária seja remunerado e amortizado mediante a exploração do serviço ou da obra por prazo determinado; IV - permissão de serviço público: a delegação, a título precário, mediante licitação, da prestação de serviços públicos, feita pelo poder concedente à pessoa física ou jurídica que demonstre capacidade para seu desempenho, por sua conta e risco".

[215] De acordo com a Lei nº 11.079/2004: "Art. 2º Parceria público-privada é o contrato administrativo de concessão, na modalidade patrocinada ou administrativa. §1º Concessão patrocinada é a concessão de serviços públicos ou de obras públicas de que trata a Lei nº 8.987, de 13 de fevereiro de 1995, quando envolver, adicionalmente à tarifa cobrada dos usuários contraprestação pecuniária do parceiro público ao parceiro privado. §2º Concessão administrativa é o contrato de prestação de serviços de que a Administração Pública seja a usuária direta ou indireta, ainda que envolva execução de obra ou fornecimento e instalação de bens".

Assim, seja a partir de parcerias entre as entidades públicas em decorrência do chamado federalismo de cooperação, seja mediante ajustes com a sociedade civil, a verdade é que a Administração Pública brasileira está cada vez mais atenta ao conselho de Raul Seixas de que "nunca se vence uma guerra lutando sozinho".

4.9 *Sapato 36* e *Mosca na sopa*: a democracia administrativa e o controle social na era do governo digital

Em 1977, quando gravou o disco *O dia em que a Terra parou*, Raul Seixas enfrentava dificuldades de diversas naturezas: seus problemas de saúde começam a se agravar, especialmente após ser diagnosticado com uma pancreatite aguda, ele muda de gravadora, sua parceria musical com Paulo Coelho chega ao fim, assim como seu casamento com Glória Vaquer, que resolveu voltar para os Estados Unidos para cuidar do tratamento da filha do casal (Scarlet Seixas), que tinha um caso grave de escoliose e teve que colocar uma haste de metal na coluna. Tudo isto sem falar na desconfiança que a crítica tinha na continuidade da carreira do polêmico artista devido a seus problemas com álcool e na vontade que Raul Seixas tinha de abandonar sua imagem mística, acentuada após sucessos como *Gita*, *Maluco beleza* e *Metamorfose ambulante*.

Para retratar esta nova fase na carreira, a capa do novo disco teria que ser emblemática, e foi. Nela, Raul Seixas é desenhado pelo artista plástico Roberto Magalhães vestido de terno e gravata, semienterrado nas areias do deserto. "Parece um recado: Raul pensava ali que sua antiga persona era alguma coisa a ser enterrada, esquecida [...] O desejo de emancipação pessoal permeia todo o LP",[216] destaca o biógrafo Jotabê Medeiros.

---

[216] MEDEIROS, Jotabê. *Raul Seixas*: não diga que a canção está perdida. São Paulo: Todavia, 2019. P. 232.

Neste contexto de emancipação, nenhuma música é tão representativa como *Sapato 36*, escrita em parceria com Cláudio Roberto. Nela, Raul Seixas canta a história de um filho, que, depois de ter sua vontade reprimida por tanto tempo, passa a exigir de seu pai um tratamento mais adequado, que leve em consideração sua autonomia:

> Eu calço é 37/meu pai me dá 36
> Dói, mas no dia seguinte/aperto meu pé outra vez
> Eu aperto meu pé outra vez
> Pai, eu já tô crescidinho/pague pra ver, que eu aposto
> Vou escolher meu sapato/e andar do jeito que eu gosto
> E andar do jeito que eu gosto
> Por que cargas d'águas você acha que tem o direito?/de afogar tudo aquilo que eu sinto em meu peito
> Você só vai ter o respeito que quer na realidade/no dia em que você souber respeitar a minha vontade
> Meu pai, meu pai
> Pai, já tô indo-me embora/quero partir sem brigar
> Pois eu já escolhi meu sapato/Que não vai mais me apertar
> Que não vai mais me apertar

Além de sua beleza artística, *Sapato 36* é uma das canções de Raul Seixas que mais interpretações gerou, embora, em geral, elas tenham captado o mesmo sentido: uma crítica ao autoritarismo. Neste sentido, há quem afirme de forma peremptória que se trata de "uma metáfora que critica o regime autoritário e antidemocrático que vigorava no Brasil naquela época". Na letra, a figura do "pai" pode ser interpretada como o governo brasileiro, enquanto o "sapato 36" seriam as leis impostas pelo regime militar.[217] Também neste sentido, há quem sustente que Raul, para evitar a censura, utiliza-se de analogia com a relação pai/filho para criticar o Estado autoritário:

> Quem é esse pai dito na música? Sabe quem é? O nosso país! Nosso querido Brasil. Enfim! Ele reclama do "Sapato 36" como forma de criticar o sistema trabalhista massacrante e cheio de imposições que nosso país sempre teve. Estamos mergulhados num capitalismo selvagem sem tamanho. O Raul não suportava regras, seguir padrões, ser igual a todo

---

[217] MAGALHÃES, Flávio. 5 músicas em que Raul Seixas criticou a Ditadura nas entrelinhas. *Memorial Raul Seixas*, 2019. Disponível em: https://memorialraulseixas.com/2019/03/27/5-musicas-em-que-raul-seixas-criticou-a-ditadura-nas-entrelinhas/. Acesso em: 9 jun. 2022.

mundo, e dizer que vai escolher o "Sapato 37" é uma forma de dizer: "Não vou me adequar a tudo! Não vou ser igual a todo mundo". A primeira estrofe fala sobre o CONFORMISMO. Ele fala sobre as pessoas que sentem os pés doerem, já cheios de calos, mas continuam apertando o pé com o "Sapato 36". Ou seja, as pessoas que NÃO OUSAM, que não saem da MEDIOCRIDADE. O Raul não! Ele diz já estar "crescidinho". Isso é para dizer que ele está fora desta triste curva da mediocridade, na qual, infelizmente, está presente a maioria esmagadora das pessoas. [...] Essa estrofe é bem interessante, porque ele está criticando a "Ditadura Militar".[218]

Embora também ressalte a opressão, Pedro Eloi enfatiza outros aspectos do autoritarismo, que se afastam da questão política:

A ideia do pai opressor é uma imagem recorrente e onipresente na cultura ocidental. Com culpa ou sem culpa, o autoritarismo se estende de geração a geração através da figura do Pai. E o ponto culminante desta herança está na imagem de um Deus Pai. Um Pai sempre severo, com o qual as imposições morais que limitam os desejos humanos ganharam formas bem delineadas. Questão de mandamentos, sempre vindos do alto. Também o pai autoritário em nossas famílias se contrapõe à imagem generosa da mãe. As diferentes concepções religiosas em muito contribuíram com a divisão social do trabalho, separando os seres humanos que pensam, daqueles que meramente executam. Os que pensam ditam as regras e os destinos. São eles que distribuem os sapatos 36 sem levar em conta que os nossos pés ou as nossas mentes já cresceram. E quanto mais crescemos, mais a dor da contenção e dos limites nos fazem sofrer, desde os tempos da saída da caverna para o confronto com a luz. Pensar que não incomoda não é pensar, já nos alertava Saramago. A dor é um sintoma. Sintomas são avisos para remover as causas da dor. Para eu descobrir que o sapato 36 não mais me serve e brigar por um 37 hoje, um 38 amanhã e um 39 depois de amanhã...[219]

Conforme se vê, em *Sapato 36*, Raul Seixas se insurge contra o sufocamento imposto a quem quer falar, manifestar sua vontade e se fazer ouvir, mas não consegue, pois há alguém, supostamente

---

[218] COSTA, Isaías. Uma interpretação da música "Sapato 36". *Universo de Raul Seixas*, 20 abr. 2015. Disponível em: https://universoderaulseixas.wordpress.com/2015/04/20/uma-interpretacao-da-musica-sapato-36/. Acesso em: 9 jun. 2022.
[219] ELOI, Pedro. Sapato 36. Raul Seixas. Quem seria o pai? *Blog do Pedro Eloi*, 7 jul. 2016. Disponível em: http://www.blogdopedroeloi.com.br/2016/07/sapato-36-raul-seixas-quem-seria-o-pai.html. Acesso em: 9 jun. 2022.

superior, que acha que tem o direito de afogar tudo aquilo que o outro, tido como inferior, sente no peito.

No âmbito do direito administrativo, somente nas últimas décadas tem havido um movimento crítico ao viés autoritário que tradicionalmente marcava a atuação da Administração Pública, que pouca (ou nenhuma) atenção dava à questão da legitimidade democrática. Convém destacar que, na democracia representativa, concluídas as eleições, os gestores públicos desprezavam a necessidade de garantir um maior diálogo com a sociedade civil, abrindo espaços de participação popular.

Em linhas gerais, existem dois modelos críticos e alternativos à democracia representativa: a democracia participativa e a deliberativa. Para os defensores da primeira, a democracia não pode ser entendida apenas como um conjunto de regras e procedimentos que visem legitimar a competição pelo poder, limitando a atividade política às eleições e pondo à margem do processo político a participação do cidadão comum. Por sua vez, para os que sustentam a necessidade de uma democracia deliberativa, deve ser conferida especial atenção ao debate público, que deve ser realizado em um ambiente marcado pelo engajamento coletivo que gere uma ampla discussão dos problemas sociais na esfera pública.

Acerca da democracia deliberativa, na sociedade contemporânea, lembra-nos Jürgen Habermas, a esfera pública é uma arena de mediação dos processos dialógicos comunicacionais de articulação de opiniões de uma sociedade cada vez mais múltipla e diversa. Nesta arena, devem ser partilhados argumentos, formulados consensos e construídos problemas e soluções comuns, de maneira que os membros do corpo social se sintam não apenas destinatários do direito, mas também seus autores.[220]

O filósofo americano Joshua Cohen vai além da teoria habermasiana: se para o alemão, deve haver a discussão dos problemas sociais na esfera pública, espaço mais próximo à sociedade civil que ao Estado, para Cohen, na democracia deliberativa, os

---

[220] Neste contexto, "do ponto de vista da teoria do direito, as ordens jurídicas modernas extraem sua legitimação da ideia de autodeterminação, pois as pessoas devem poder se entender a qualquer momento como autoras do direito, ao qual estão submetidas como destinatários" (HABERMAS, Jürgen. *Direito e democracia*: entre facticidade e validade. 2. ed. Rio de Janeiro: Tempo Brasileiro, 2003. v. II. p. 308).

membros da sociedade civil devem não apenas discutir, mas participar dos processos de tomada de decisões pelo Estado. Neste sentido, "a originalidade de Cohen está em nos mostrar como chegar e efetivar a deliberação que compreende discussão e participação nas tomadas de decisões da sociedade junto com o Estado".[221]

Destaca Cohen os três princípios da democracia deliberativa: princípio da inclusão deliberativa, em que todos devem ter direito de cidadania, podendo participar dos processos de deliberação pública; princípio do bem comum, que exige que o debate público seja realizado para discutir questões que visem promover o bem da coletividade; e princípio da participação, que atribui ao cidadão o direito de argumentação e de voto nos debates públicos.[222]

Por sua vez, o filósofo americano James Bohman acredita que uma concepção de democracia deliberativa só é possível se forem criados fóruns e reformas institucionais que permitam que os cidadãos deliberem junto com o Poder Público sobre as questões de interesse público. Neste sentido, afirma Bohman que o êxito de uma forma deliberativa de democracia depende da criação de condições sociais e de arranjos institucionais que propiciem o uso público da razão. "La deliberación es pública en la medida en que estos arreglos permitan el diálogo libre y abierto entre ciudadanos capaces de formular juicios informados y razonados en torno a las formad de resolver situaciones problemáticas".[223]

Convém registrar que a corrente deliberativa vai além da participativa, "defendendo a necessidade de implementação de processos de engajamento que possibilitem ampla participação, em igualdade de oportunidades, e ampla margem para argumentação e diálogo". Ademais:

> não se trata da mera disponibilização de instrumentos de participação direta na democracia. Exige-se um aprofundamento de processos e plataformas, capazes de permitir um intenso intercâmbio de

---

[221] AMORIM, Wellington Lima; SILVA, Lilian Lenite da. Sobre a democracia deliberativa: Joshua Cohen a Jürgen Habermas. *Revista Ítaca*, n. 26, 2014. p. 206.
[222] AMORIM, Wellington Lima; SILVA, Lilian Lenite da. Sobre a democracia deliberativa: Joshua Cohen a Jürgen Habermas. *Revista Ítaca*, n. 26, 2014. p. 208.
[223] BOHMAN, James. La democracia deliberativa y sus críticos. *Metapolítica*, v. 4, abr./jun. 2000. p. 49.

informações, impressões, experiências, argumentos e ideias entre políticos e cidadãos.[224]

Seja pela via participativa seja pela deliberativa, o que parece ser consenso entre os estudiosos é que a democracia tem que se reinventar a todo instante, para superar as constantes crises de legitimidade.

Por falar em legitimidade, autodeterminação e arranjos participativos na busca pela implementação de uma democracia deliberativa, traga-se à lembrança que no dia 11.9.2001, enquanto o mundo acompanhava atônito a queda das Torres do World Trade Center em Nova York, era aprovada em Lima (Peru) a Carta Democrática Interamericana.

Neste documento, reafirmou-se que "o caráter participativo da democracia em nossos países nos diferentes âmbitos da atividade pública contribui para a consolidação dos valores democráticos e para a liberdade e a solidariedade no Hemisfério".[225]

Produzida há mais de vinte anos, a Declaração Democrática Interamericana já reconhecia não apenas o direito à democracia, sua relação com o desenvolvimento social, político e econômico, mas também que a participação dos cidadãos nas decisões que dizem respeito à sociedade é uma condição necessária para o exercício pleno e efetivo da democracia e que "promover e fomentar diversas formas de participação fortalece a democracia".[226]

Neste contexto de fortalecimento democrático a partir da promoção e do fomento de diversas formas de participação, vale destacar a criação da Lei nº 12.965, de 23.4.2014, que instituiu o Marco Civil da Internet no Brasil. Neste diploma legal, restou previsto, em

---

[224] MAGRANI, Eduardo. *Democracia conectada*. A internet como ferramenta de engajamento político-democrático. Curitiba: FGV Direito Rio; Juruá, 2014. p. 43.

[225] Trecho retirado das considerações iniciais da Carta Democrática Interamericana (Disponível em: http://www.oas.org/OASpage/port/Documents/Democractic_Charter.htm. Acesso em: 6 jul. 2022).

[226] Neste contexto, prevê a citada Declaração: "Artigo 1. Os povos da América têm direito à democracia e seus governos têm a obrigação de promovê-la e defendê-la. A democracia é essencial para o desenvolvimento social, político e econômico dos povos das Américas. [...] Artigo 6. A participação dos cidadãos nas decisões relativas a seu próprio desenvolvimento é um direito e uma responsabilidade. É também uma condição necessária para o exercício pleno e efetivo da democracia. Promover e fomentar diversas formas de participação fortalece a democracia".

diversos dispositivos, que a internet deveria servir aos propósitos da democracia participativa.

Assim, prevê o art. 4º, II, que a disciplina do uso da internet no Brasil tem por objetivo a promoção do acesso à informação, ao conhecimento e à participação na vida cultural e na condução dos assuntos públicos. E o art. 24, I, estabelece como uma das diretrizes para a atuação dos entes públicos no desenvolvimento da internet o "estabelecimento de mecanismos de governança multiparticipativa, transparente, colaborativa e democrática, com a participação do governo, do setor empresarial, da sociedade civil e da comunidade acadêmica".[227]

Um mês após a edição do Marco Civil da Internet, em 23.5.2004, foi editado o Decreto Federal nº 8.243/2014, cujo objeto era instituir a Política Nacional de Participação Social – PNPS "com o objetivo de fortalecer e articular os mecanismos e as instâncias democráticas de diálogo e a atuação conjunta entre a administração pública federal e a sociedade civil". Neste contexto, no art. 6º, IX, o decreto já previa a criação de um "ambiente virtual de participação social". Também se estabeleceu, no art. 4º, VI, a necessidade de o Poder Público "incentivar o uso e o desenvolvimento de metodologias que incorporem múltiplas formas de expressão e linguagens de participação social, por meio da internet, com a adoção de tecnologias livres de comunicação e informação, especialmente, softwares e aplicações".

O citado decreto, que viria a ter seus efeitos sustados pelo Congresso ainda em 2014 e que posteriormente seria revogado pelo Governo Bolsonaro em 2019, previa ainda, em seu art. 18, que na criação de ambientes virtuais de participação social deveriam ser observadas algumas diretrizes, entre as quais destaco as mais relevantes: promoção da participação de forma direta da sociedade civil nos debates e decisões do governo; fornecimento às pessoas com deficiência de todas as informações destinadas ao público em geral em formatos acessíveis e tecnologias apropriadas aos diferentes tipos de deficiência; garantia da diversidade dos sujeitos participantes;

---

[227] Prevê ainda a Lei nº 12.965, de 23.4.2014, que: "Art. 25. As aplicações de internet de entes do poder público devem buscar: [...] V - fortalecimento da participação social nas políticas públicas".

disponibilização de subsídios para o diálogo; sistematização e publicidade das contribuições recebidas; e fomento à integração com instâncias e mecanismos presenciais, como transmissão de debates e oferta de oportunidade para participação remota.

Convém registrar que atualmente está sendo analisado no Congresso Nacional o Projeto de Lei nº 128/2019, que procura restabelecer, desta vez pela via legislativa, os avanços do citado decreto federal. Infelizmente, em uma época marcada pelo recrudescimento do autoritarismo, não parece haver ambiente político favorável ao avanço de medidas que valorizam e reforçam as instâncias democráticas de diálogo e a atuação conjunta entre sociedade civil e Estado.

Todavia, se lamentamos os retrocessos no campo democrático, é inegável reconhecer que, nos últimos tempos, foram editados diplomas normativos que incentivam o governo digital. Neste sentido, citemos os decretos federais nº 9.319, de 21.3.2018 (Governo Temer), que instituiu o Sistema Nacional para a Transformação Digital, e nº 10.332, de 28.4.2020 (Governo Bolsonaro), que apresentou objetivos a serem atingidos para a governança digital entre os anos de 2020 e 2022.

Oferecer serviços públicos digitais intuitivos, conceder acesso amplo à informação e aos dados abertos governamentais, e aprimorar a participação do cidadão na elaboração de políticas públicas seriam alguns desses objetivos.

Certamente, foi com a Lei nº 14.129, de 29.3.2021, que o maior passo foi dado no sentido de implantação do governo digital. A propósito, apesar de ter se autointitulado "lei do governo digital", a citada legislação possui um campo de incidência ainda mais amplo.

No caso, o art. 1º determina que a lei "dispõe sobre princípios, regras e instrumentos para o aumento da eficiência da administração pública" e tal objetivo seria perseguido "especialmente por meio da desburocratização, da inovação, da transformação digital e da participação do cidadão".

Ademais, entre os vinte e seis princípios do governo digital e da eficiência pública (art. 3º), registre-se a presença tanto da "desburocratização, a modernização, o fortalecimento e a simplificação da relação do poder público com a sociedade, mediante serviços digitais", como também do "incentivo à participação social no controle e na fiscalização da administração pública".

Conforme se vê, há na lei do governo digital, ou melhor, no direito digital, uma grande preocupação com a eficiência e a legitimidade, que o Professor Diogo de Figueiredo Moreira Neto, há algumas décadas, já alertava se tratar do novo binômio do direito administrativo.

A propósito, o consagrado professor fluminense ressaltava a relação entre participação social e eficiência e efetividade das políticas públicas. Neste contexto, "é possível desenvolver inúmeros tipos de participação de conteúdo que não apenas revelem ou ascendam as reinvindicações populares, como ainda concorram para dinamizar a própria democracia representativa no sentido de torná-la mais eficiente em termos de resultados".[228] Conforme destacado em outra oportunidade em artigo sobre a governança digital na Administração Pública:

> Diante de novas demandas sociais, novas formas de comunicação e do crescimento de um novo ambiente virtual, a administração pública vê-se compelida a se remodelar para dialogar com a sociedade. Formas tradicionais de relação entre Estado e população se revelam insuficientes para o atendimento aos anseios de administrados cada vez mais informados e atentos às revoluções tecnológicas.[229]

A abertura de novos espaços de participação social na atividade administrativa do Estado se trata de um importante passo para uma maior democratização da democracia, seja em relação ao aspecto quantitativo seja qualitativo, pois geralmente é a face da Administração Pública que apresenta o Estado ao cidadão.

Neste sentido, verifica-se que a democracia digital é bem-vinda, uma vez que proporciona o incremento da participação social a partir de quatro aspectos principais, conforme se verá a seguir.

No tocante ao incremento da participação social pelo acesso dos cidadãos à informação e ao conhecimento, destaque-se que, na "sociedade da informação", termo utilizado desde 1993 e que

---

[228] MOREIRA NETO, Diogo de Figueiredo. *Novas mutações juspolíticas*. Belo Horizonte: Fórum, 2016. p. 175.
[229] CARVALHO, Fábio Lins de Lessa; SOUZA FILHO, Gilvan Martins de. A governança digital na Administração Pública: considerações sobre a democracia participativa e desafios para a efetiva participação popular. *International Journal of Digital Law*, Belo Horizonte, ano 2, n. 2, p. 167-184, maio/ago. 2021.

traduz a nova estruturação das relações sociais comunicativas, desenvolvidas em rede, de modo mais complexo, plural, aberto e ágil, o Estado e a sociedade civil devem se aproximar cada vez mais: o primeiro, descendo de seu pedestal, a segunda, elevando-se ao *status* que sempre deveria ter vivenciado, o de protagonista.

Neste contexto, três décadas após o surgimento da sociedade da informação, as novas tecnologias e o direito digital assumem um papel fundamental, que é o de instrumentalizar a ciberdemocracia, proporcionando, diversificando e aperfeiçoando as possibilidades democráticas participativas.

Tudo isto somente é possível porque o cidadão contemporâneo está sujeito a uma explosão de informações, especialmente via internet. Possuidor de mais informações, inclusive sobre as questões de interesse público, o cidadão terá mais chances de participar.

Todavia, embora se trate de um primeiro passo, o acesso à informação deve ser seguido do acesso ao conhecimento. Este último é a aplicação útil de tais informações, sendo o resultado de aprendizados e experiências.

É inegável que a internet ajuda o cidadão a obter não apenas informações aleatórias, como também a capacitá-lo para a participação social, pois aquele poderá adquirir conhecimento, ao ter o acesso facilitado a produções culturais, estudos e pesquisas científicas. Na lei do governo digital, há esta preocupação no art. 17 ("O Poder Executivo federal poderá criar redes de conhecimento, com o objetivo de: I - gerar, compartilhar e disseminar conhecimento e experiências").

Assim, as tecnologias digitais podem ser utilizadas como valiosos agentes mediadores na produção e compartilhamento do conhecimento científico que podem ser bastantes úteis à participação social, pois qualificam o cidadão para o debate público. Sobre esta questão e acerca do movimento da ciência aberta:

> Na procura de realizar uma conexão entre os avanços científicos, tecnológicos e digitais na sociedade atual, nos últimos anos tem-se trabalhado fortemente no desenvolvimento de novos arranjos e iniciativas de aproximação da sociedade sobre os conceitos de ciência, tanto no pensamento sobre a forma como se cria, como no modo em que se desenvolve, criando possibilidade de ser mais participativo, inclusivo e aberta e tendo como apoio a apropriação

das tecnologias digitais e como elas podem apoiar essas novas formas de pensamento.[230]

Por sua vez, no tocante à participação social digital gerando maior engajamento e empoderamento, este é outro aspecto a ser destacado para comprovar como as novas tecnologias da informação e da comunicação contribuem com a participação social. Incentiva-se um verdadeiro ativismo social.

Registre-se, mais uma vez que, para Habermas, a democracia deliberativa se realiza a partir da esfera pública. Esta forma uma estrutura intermediária entre o sistema político e a esfera privada, conectando-os. Nesse sentido a ampliação da democracia ocorre com uma maior participação dos indivíduos em movimento sociais, associações, partidos políticos, sindicatos e outros grupos de pressão. Neste contexto, convém registrar:

> As plataformas digitais são usadas hoje pela sociedade, inclusive a brasileira, de forma geral para o compartilhamento de informações e para promoverem, especificamente, um maior grau de participação e engajamento em questões de interesse público. As tecnologias da maneira como estão sendo utilizadas têm transformado indivíduos em uma importante fonte de informação, engajamento sociopolítico e controle do poder público, permitindo um maior empoderamento dos cidadãos para desencadearem processos de transformação social e ao mesmo tempo uma maior legitimidade do poder político. Todos esses fatores são representativos da emergência de uma esfera pública conectada e com potencial democrático significativo ainda a ser explorado e mensurado. O uso de ferramentas criadas com a ajuda das tecnologias e tecnologias digitais relacionadas à internet colaborou na criação de ambientes inovadores de interação, participação e conectividade.[231]

Iniciativas de mobilização social como as realizadas pelos observatórios sociais e pela Transparência Brasil são otimizadas

---

[230] CORTINA, Joseph Jesus Florez. *Tecnologias digitais como agentes mediadores na produção e compartilhamento do conhecimento científico para a participação social.* Dissertação (Mestrado) – Programa de Pós-Graduação em Mídia e Tecnologia, Faculdade de Arquitetura, Artes e Comunicação – FAAC, Universidade Estadual Paulista Júlio de Mesquita Filho, Bauru, 2021. p. 19. Disponível em: https://repositorio.unesp.br/bitstream/handle/11449/202837/cortina_jjf_me_bauru.pdf?sequence=4&isAllowed=y. Acesso em: 25 out. 2021.

[231] MAGRANI, Eduardo. *Democracia conectada.* A internet como ferramenta de engajamento político-democrático. Curitiba: FGV Direito Rio; Juruá, 2014. p. 19.

pelas novas tecnologias digitais, pois permitem que pessoas geograficamente distantes possam se aproximar.

Um terceiro aspecto que precisa ser levado em consideração trata de uma outra forma de aproximação: a do Estado e da sociedade civil. Neste sentido, perceba-se que as novas tecnologias digitais não apenas permitem que a sociedade civil esteja informada, capacitada, engajada e empoderada; elas também asseguram que o Estado possa melhor detectar qual são as aspirações dos cidadãos.

Nesse momento de consolidação das redes sociais, vê-se a formação de uma opinião pública digital, que permite a qualquer cidadão expressar livremente suas opiniões e inclusive sugerir propostas de ação a serem adotadas pelo administrador público. O cidadão de hoje não pode apenas ser visto como um cliente da Administração Pública, mas sim um parceiro para a formulação e a execução de políticas estatais.

O Estado, na busca do aperfeiçoamento da prestação de seus serviços, deve fazer uso cada vez mais recorrente das tecnologias digitais como forma de incentivar a participação social no processo de tomada de decisões, tornando a Administração Pública mais eficaz.

Os institutos da consulta pública, da audiência pública e do orçamento participativo devem ser adaptados às plataformas digitais, de forma a ampliar os espaços de escuta da sociedade civil pelo Estado. Da mesma forma, devem ser realizados esforços para adoção de institutos que garantiriam uma maior participação social no processo de deliberação estatal, como plebiscitos e referendos administrativos, quase não utilizados no contexto brasileiro.

Registre-se que a Lei nº 9.709/98 prevê a realização dos referidos institutos de democracia participativa também para matérias de natureza administrativa:

> Art. 2º Plebiscito e referendo são consultas formuladas ao povo para que delibere sobre matéria de acentuada relevância, de natureza constitucional, legislativa ou administrativa.
> §1º O plebiscito é convocado com anterioridade a ato legislativo ou administrativo, cabendo ao povo, pelo voto, aprovar ou denegar o que lhe tenha sido submetido.
> §2º O referendo é convocado com posterioridade a ato legislativo ou administrativo, cumprindo ao povo a respectiva ratificação ou rejeição.

Com a expertise que o país possui com a realização de eleições por intermédio de urnas eletrônicas e com a ampliação da rede de cobertura da internet,[232] não se justifica que os plebiscitos e referendos sejam tratados apenas em aulas de direito constitucional como alternativas praticamente inéditas. Evidentemente, a legislação também deverá ser modificada, a fim de que possa haver uma facilitação na convocação de tais consultas populares.

O quarto e último aspecto a ser pontuado no tocante ao incremento da participação social provocado pelas novas tecnologias digitais diz respeito ao maior monitoramento que a sociedade civil pode realizar em relação às atividades administrativas.

Se o controle social já vinha ganhando corpo a partir da Constituição de 1988, com o desenvolvimento das novas tecnologias digitais ele evolui de forma espantosa, pois se permite que cada cidadão, de sua própria casa ou de qualquer lugar com sinal de internet, possa acompanhar e fiscalizar a realização das atividades estatais.

Neste contexto, a lei do governo digital determina em seu art. 20, I e II, que as plataformas de governo digital deverão ter ferramenta digital de solicitação de atendimento e de acompanhamento da entrega dos serviços públicos; e painel de monitoramento do desempenho dos serviços públicos.

Embora haja o reconhecimento quase unânime de que a democracia participativa vem se fortalecendo a partir das transformações advindas das tecnologias digitais, resta evidente que existem vários obstáculos a serem superados. Os principais deles dizem respeito à necessidade de se assegurar o exercício do direito de participação em condições de liberdade e de igualdade.

Neste panorama, de acordo com o Professor José Sérgio da Silva Cristóvam, "a democracia é o alimento espiritual para a alma política da comunidade, exigindo liberdade e igualdade, valores

---

[232] Em 2021, "o país saltou de 75% (no ano passado) e agora tem 77% de sua população com acesso à internet, número acima da média mundial que é de 60,9%. Levando em consideração os nossos 211 milhões de habitantes, de acordo com o Instituto Brasileiro de Geografia e Estatísticas (IBGE), a porcentagem indica que cerca de 162 milhões de brasileiros conseguem se conectar à rede. Por outro lado, a estatística indica que o país ainda tem cerca de 49 milhões de cidadãos sem acesso à internet" (DINAMARCA tem 99% da população com internet; Brasil é o 33º da lista. *Tecmundo*, 23 jul. 2021. Disponível em: https://www.tecmundo.com.br/internet/221594-dinamarca-tem-99-cobertura-internet-veja-paises-maior-cobertura.htm. Acesso em: 25 out. 2021).

que não podem ser atingidos sem educação e formação cidadã".[233] Em um contexto marcado pelo autoritarismo, em que as relações sociais ainda são profundamente hierarquizadas, como o caso do brasileiro, a sociedade civil ainda precisa avançar muito no tocante à sua emancipação, a fim de que os cidadãos possam participar de forma livre e autônoma na vida pública. Da mesma forma, garantir a participação social de contingentes de pessoas que vivem em condições de extrema pobreza e até mesmo de miséria é algo inconcebível.

Estes dois fatores (ausência de liberdade e de igualdade) conduzem a condicionamentos subjetivos, como o desinteresse, a desmotivação e o despreparo. Para Diogo Figueiredo Moreira Neto, há algumas posturas que prejudicam o exercício da cidadania: "se o homem não se interessa pela política (atitude apática), se não quer dela participar (atitude abúlica) ou se não se sente em condições de poder fazê-lo (atitude acrática), a democracia fica irremediavelmente sacrificada".[234] Também devem ser citados os condicionamentos objetivos, como a necessidade de institucionalização de formas de participação e a utilização efetiva dos instrumentos de participação.

Em relação a este último condicionamento, convém reiterar que muitos mecanismos de participação social ainda vêm sendo pouco utilizados. Para a professora Patrícia Baptista, após a Constituição de 1988, houve uma euforia relacionada à participação: acreditou-se que ela seria a panaceia dos problemas da Administração Pública brasileira. Depois deste período de grande entusiasmo, houve um período de crise da participação administrativa, especialmente diante do perigo do excesso de retórica. Para a professora da UERJ, na primeira edição de trabalho publicado em 2003:

> verifica-se que o tratamento jurídico dispensado à participação administrativa remanesce em um plano abstrato e quase exclusivamente teórico. São laureadas as suas vantagens, mas nem sempre há uma real

---

[233] SILVA, José Sérgio Cristóvam da. *Administração Pública democrática e supremacia do interesse público*. Novo regime jurídico-administrativo e seus princípios constitucionais estruturantes. Curitiba Juruá, 2015. p. 283.

[234] MOREIRA NETO, Diogo de Figueiredo. *Direito da participação política*: legislativa, administrativa, judicial (fundamentos e técnicas constitucionais da legitimidade). Rio de Janeiro: Renovar, 1992. p. 11.

preocupação com a exata delimitação jurídica do fenômeno, nem com a sua efetiva concretização.[235]

Outros dois riscos citados por Patrícia Baptista são a *overintrusion* e *underprotection*: no primeiro caso, determinado grupo de pressão atua de forma hegemônica, impondo seus interesses no debate público; no último, dá-se exatamente o contrário, quando grupos minoritários ficam invisíveis e desprotegidos.

Deve-se evitar que haja sequestro da Administração Pública por interesses setoriais detentores do capital privado, em detrimento das demais categorias existentes na sociedade, inclusive do próprio interesse público. Para afastar o risco da monopolização da vontade administrativa, faz-se necessário um papel atuante e interventor pela Administração. Mais do que a simples mediação de interesses contrapostos, cabe-lhe garantir e estimular a atuação dos interesses menos organizados, assim como realizar uma filtragem adequada de todas as manifestações colhidas no processo participativo.[236]

No contexto do governo digital, incorporadas às novas formas de sociabilidade humana, as novas tecnologias fazem parte agora de um "novo normal" do qual não é mais possível retroceder. Contudo, em um processo dialético contínuo, essa nova realidade deve ser submetida criticamente ao exame de como se comportar para superar os novos problemas que dela decorrem.

Um destes problemas é a exclusão digital, que ainda atinge grandes contingentes da população brasileira, que foi agravada durante a pandemia. Registre-se que em março de 2021, o Presidente Bolsonaro vetou o Projeto de Lei (PL) nº 3.477/2020, que obrigava o Governo Federal a garantir o acesso à internet, para fins educacionais, a alunos e professores das escolas públicas.

Outro problema que caracteriza os tempos atuais é a potencialização de nichos de polarização, extremismos e intolerância amplificados no ambiente virtual. Na sociedade do "todos contra

---

[235] BAPTISTA, Patrícia. *Transformações do direito administrativo*. Rio de Janeiro: Renovar, 2003. p. 138.
[236] CARVALHO, Fábio Lins de Lessa; SOUZA FILHO, Gilvan Martins de. A governança digital na Administração Pública: considerações sobre a democracia participativa e desafios para a efetiva participação popular. *International Journal of Digital Law*, Belo Horizonte, ano 2, n. 2, p. 167-184, maio/ago. 2021. p. 177.

todos", o filósofo Leandro Karnal nos fala da disseminação da cultura do ódio, que coloca as pessoas em situação de permanente antagonismo. No nosso narcisismo de cada dia, "o mundo deve concordar conosco. Quando não concorda, está errado. Somos catequistas porque somos infantis. A democracia é boa sempre que consagra meu candidato e minha visão de mundo. A democracia é ruim, deformada ou manipulada quando diz o contrário".[237]

Outro problema da *e*-democracia é o constante risco de um eventual uso indevido por parte de governos ou grupos econômicos detentores das empresas desenvolvedoras do universo de utilidades, aplicativos e ferramentas tecnológicas. Há formas de selecionar e filtrar as informações acessadas no mundo virtual, abrindo-se margem para manipulação comercial e política dos interesses dos usuários, causando interferências graves no debate ciberdemocrático.

Para conclusão destas reflexões, passaremos a destacar alguns exemplos de participação cidadã pelos meios digitais na Administração Pública brasileira. Primeiramente, é inegável que o número de acessos dos cidadãos às informações públicas aumentou significativamente com a internet. Desde a publicação da LAI (Lei nº 12.527/2011), os dados relativos à transparência ativa e passiva têm crescidos no país, embora existam situações distintas entre os entes federativos.

Ainda neste binômio informação e conhecimento, também se constata o crescimento no uso de meios virtuais para compartilhamento das pesquisas científicas, "mas ainda não parece ser suficiente para dizer que temos uma maior abertura e acessibilidade ao conhecimento científico".[238] Uma iniciativa positiva ocorreu durante a pandemia da Covid-19, quando se:

> [...] conseguiu introduzir o primeiro laboratório científico global aberto para gerar possíveis soluções para entender os efeitos do vírus, identificar

---

[237] KARNAL, Leandro. *Todos contra todos*: o ódio nosso de cada dia. Rio de Janeiro: Leya, 2017. p. 13.
[238] CORTINA, Joseph Jesus Florez. *Tecnologias digitais como agentes mediadores na produção e compartilhamento do conhecimento científico para a participação social*. Dissertação (Mestrado) – Programa de Pós-Graduação em Mídia e Tecnologia, Faculdade de Arquitetura, Artes e Comunicação – FAAC, Universidade Estadual Paulista Júlio de Mesquita Filho, Bauru, 2021. p. 32. Disponível em: https://repositorio.unesp.br/bitstream/handle/11449/202837/cortina_jjf_me_bauru.pdf?sequence=4&isAllowed=y. Acesso em: 25 out. 2021.

seus sintomas e o desenvolvimento de uma possível vacina. Esse laboratório não é uma entidade concentrada em algum lugar ou território, é a capacidade contínua de produção e compartilhamento de pesquisas científicas, dados, testes, etc. sobre o vírus e as formas de como parar seu espalhamento, o que cria o maior laboratório da história da humanidade. Nesse novo contexto, é possível afirmar o passo a um segundo plano da verdade absoluta e comprovada da ciência convencional para a resolução de problemas; porque o que interessa nesse novo modelo aberto são os erros encontrados, a informação atualizada em tempo real é importante e o apoio entre entidades públicas, privadas, entidades de fomento e sociedade para encontrar uma solução que não considera as implicações políticas ou territoriais termina-se considerando fundamental. O novo esquema, acelerou não só a importância de entender a ciência aberta, mas também suas vantagens dentro de um contexto de avanço compartilhado onde o ser humano será o maior beneficiado. O Instituto Brasileiro de Ciência e Tecnologia (IBICT) criou um diretório aberto chamado Ciência Aberta é Vida para reunir as fontes de informação científica em acesso aberto, nacional e internacional, que disponibiliza conteúdos sobre o Coronavírus e COVID-19.[239]

A participação cidadã pela consulta (*public hearings*), por intermédio dos meios digitais, vem acontecendo a partir de várias consultas públicas que estão disponíveis na internet, permitindo uma melhor formulação de políticas públicas. Exemplo disto se deu na criação do Marco Civil da Internet – Lei nº 12.965/2014 – que resultou de um processo democrático participativo, inclusive com a colheita de sugestões e propostas mediante consulta pública realizada pelo Ministério da Justiça.

Por falar em consulta pública, desde a Lei nº 13.848/2019, a edição de resoluções pelas agências reguladoras deve ser antecedida de prévia consulta à sociedade civil, exigindo a lei em comento que sejam publicados na internet o relatório de análise de impacto regulatório, os estudos, os dados e o material técnico usados como fundamento para as propostas submetidas à consulta pública.[240]

---

[239] CORTINA, Joseph Jesus Florez. *Tecnologias digitais como agentes mediadores na produção e compartilhamento do conhecimento científico para a participação social*. Dissertação (Mestrado) – Programa de Pós-Graduação em Mídia e Tecnologia, Faculdade de Arquitetura, Artes e Comunicação – FAAC, Universidade Estadual Paulista Júlio de Mesquita Filho, Bauru, 2021. p. 35. Disponível em: https://repositorio.unesp.br/bitstream/handle/11449/202837/cortina_jjf_me_bauru.pdf?sequence=4&isAllowed=y. Acesso em: 25 out. 2021.

[240] "Art. 9º Serão objeto de consulta pública, previamente à tomada de decisão pelo conselho diretor ou pela diretoria colegiada, as minutas e as propostas de alteração de atos normativos

Outras iniciativas de grande relevância para o futuro da Administração Pública brasileira ocorreram no ano de 2021, quando várias audiências públicas pelo país a fora foram realizadas para discutir a Reforma Administrativa. Tais audiências foram realizadas virtualmente, tendo em vista a pandemia.

O orçamento participativo digital em Belo Horizonte é uma iniciativa em que cidadãos da capital mineira elegem obras prioritárias. Já em sua primeira edição em 2006, foi premiado na França pelo Observatório Internacional da Democracia Participativa como "Boa Prática em Participação Cidadã".

No tocante à participação cidadã na tomada de decisão, centenas de conselhos continuaram suas atividades, mesmo no período de maior restrição diante da pandemia. As reuniões e votações ocorreram pela internet, tendo havido alguns ganhos neste período, como a evolução do uso de tais ferramentais digitais.

Por fim, a participação cidadã na fiscalização, monitoramento e avaliação de políticas públicas também vem se intensificando. Denúncias, impugnações, representações e reclamações vêm sendo apresentadas pelos meios digitais. Destaque deve ser dado às ouvidorias, que estão cada vez mais atuantes. Se é verdade que, com a pandemia, a articulação social diminuiu em certa medida, pois as pessoas não saíam de casa e não se encontravam, também é fato que houve um avanço no uso das tecnologias da internet para

---

de interesse geral dos agentes econômicos, consumidores ou usuários dos serviços prestados. §1º A consulta pública é o instrumento de apoio à tomada de decisão por meio do qual a sociedade é consultada previamente, por meio do envio de críticas, sugestões e contribuições por quaisquer interessados, sobre proposta de norma regulatória aplicável ao setor de atuação da agência reguladora. §2º Ressalvada a exigência de prazo diferente em legislação específica, acordo ou tratado internacional, o período de consulta pública terá início após a publicação do respectivo despacho ou aviso de abertura no Diário Oficial da União e no sítio da agência na internet, e terá duração mínima de 45 (quarenta e cinco) dias, ressalvado caso excepcional de urgência e relevância, devidamente motivado. §3º A agência reguladora deverá disponibilizar, na sede e no respectivo sítio na internet, quando do início da consulta pública, o relatório de AIR, os estudos, os dados e o material técnico usados como fundamento para as propostas submetidas a consulta pública, ressalvados aqueles de caráter sigiloso. §4º As críticas e as sugestões encaminhadas pelos interessados deverão ser disponibilizadas na sede da agência e no respectivo sítio na internet em até 10 (dez) dias úteis após o término do prazo da consulta pública. §5º O posicionamento da agência reguladora sobre as críticas ou as contribuições apresentadas no processo de consulta pública deverá ser disponibilizado na sede da agência e no respectivo sítio na internet em até 30 (trinta) dias úteis após a reunião do conselho diretor ou da diretoria colegiada para deliberação final sobre a matéria".

viabilizar o *home office*, a prestação *on-line* dos serviços públicos e, especialmente, a participação social na gestão pública.

Tudo isto vem permitindo uma maior efetividade ao controle social, preocupação que Raul Seixas já externava na música *Mosca na sopa*. Escrita em 1973, no período mais complicado da ditadura militar, esta canção reflete a extraordinária ousadia, coragem, deboche e lucidez do artista baiano:

> Eu sou a mosca que pousou em sua sopa/eu sou a mosca que pintou pra lhe abusar
> Eu sou a mosca que perturba o seu sono/eu sou a mosca no seu quarto a zumbizar [...]
> E não adianta vir me detetizar/pois nem o DDT pode assim me exterminar
> Porque você mata uma e vem outra em meu lugar [...]
> Atenção, eu sou a mosca/a grande mosca
> A mosca que perturba o seu sono
> Eu sou a mosca no seu quarto a zum-zum-zumbizar
> Observando e abusando/olha do outro lado agora
> Eu tô sempre junto de você
> Água mole em pedra dura/tanto bate até que fura
> Quem, quem é?/a mosca, meu irmão!

Mosca na sopa é uma ode ao direito de participação popular na atividade administrativa, ao Estado democrático de direito e à cidadania. Desde sua gravação, a música já procurava subverter à ordem vigente, "misturando ritmos afro-brasileiros com explosões de rock, capoeira e pontos dos terreiros de umbanda e candomblé com hard rock".[241] Se o zumbido inicial da música já causa incômodo ao ouvinte comum, imagine o quão irritante devia ser para as autoridades públicas que escutavam esta canção nos anos de chumbo. Todavia, a censura, apesar de não ter gostado de *Mosca na sopa*, não entendeu seu caráter subversivo:

> Mosca na sopa, composição de Raul gravada em Krig-há, por exemplo, não foi vetada, mas desagradou aos censores. O parecer, emitido em abril de 1973, avalia que canção não tem qualidade nem tema definido, fala tão somente de como as moscas são inconvenientes. O documento

---

[241] MEDEIROS, Jotabê. *Raul Seixas*: não diga que a canção está perdida. São Paulo: Todavia, 2019. p. 149.

encerra afirmando: "Em que pese a estupidez e o mau gosto, somos pela liberação, já que não atinamos a comprometimentos outros".[242]

De fato, "estupidez e mau gosto" são conceitos muito subjetivos. Mas fato é que a música exorta o exercício do controle social, ao destacar que, sem maiores cerimônias, a mosca (o cidadão) deve observar, pousar na sopa, pintar para abusar, perturbar o sono, ficar no quarto a zumbizar etc.

Ou seja, cidadão não é somente aquele que tem direito a ficar observando aquilo que acontece no âmbito estatal, mas também quem pode e deve interferir. Afinal, ele é o detentor do poder público. Evidentemente, o exercício da cidadania e o controle social exigem sacrifícios, e estes muitas vezes são pagos com a própria vida. Mas, como dizia Raul, "e não adianta vir me detetizar/pois nem o DDT pode assim me exterminar/porque você mata uma e vem outra em meu lugar".

Para a cidadania ser exercida com maior intensidade, além da coragem, vontade e preparo, exige-se o atendimento ao dever administrativo de transparência, o que se verá a seguir.

4.10 *Abre-te Sésamo*: a transparência além da retórica

O *Livro das mil e uma noites* reúne uma coleção de contos populares originários do Médio Oriente e do Sul da Ásia baseados no folclore indiano, persa e árabe. Nele, uma mulher chamada Sherazade consegue escapar da morte ao contar, durante todas as (mil e uma) noites, histórias extraordinárias ao Rei Xariar, sultão que mandava cortar as cabeças de suas noivas no dia seguinte ao casamento.

Embora as referidas histórias tenham sido compiladas em língua árabe a partir do século IX, o mundo moderno ocidental somente passou a conhecê-las a partir de uma tradução para o francês realizada pelo orientalista Antoine Galland em 1704, transformando-se num clássico da literatura mundial.[243]

---

[242] MINUANO, Carlos. *Raul*. Por trás das canções. Rio de Janeiro: Best Seller, 2019. p. 158.
[243] *Vide* AS mil e uma noites. *Wikipédia*. Disponível em: https://pt.wikipedia.org/wiki/As_Mil_e_Uma_Noites. Acesso em: 6 jul. 2022.

Entre as histórias narradas no *Livro das mil e uma noites*, destacam-se a história de Simbad, um marujo, e a história de Aladim e a lâmpada mágica, que já foram diversas vezes retratadas no cinema. Todavia, o conto mais conhecido associado ao *Livro das mil e uma noites* é o que narra as aventuras de Ali Babá e os quarenta ladrões, cujo enredo pode ser assim resumido:

> Em Ali Babá e os Quarenta Ladrões acompanhamos a história de Ali Babá, um pobre lenhador que precisa trabalhar muito debaixo de sol e chuva para sustentar a sua família. Certo dia, enquanto corta lenha, se aproximam vários homens, mas Ali Babá consegue se esconder a tempo, subindo em uma árvore, também para saber o que tantas pessoas queriam ali. Logo, percebe que são ladrões, então passa a ficar apreensivo. A sorte é que eles não percebem os três burrinhos parados ali perto. O que parece ser o chefe abre caminho por entre os homens, para em frente a um rochedo e grita: "Abre-te Sésamo!" Ao falar a tão conhecida frase - quem nunca a ouviu? - faz rolar uma grande pedra em uma passagem na montanha. Todos entram e passam um certo tempo lá. Depois que os quarenta ladrões se vão, é a vez de Ali Babá, que já sabe o segredo da porta secreta, entrar. Ele consegue e lá dentro descobre um tesouro imenso! Para não dar muito na vista de que esteve ali, pega somente moedas, assim também seriam mais fáceis de negociar sem chamar a atenção de ninguém. E que fosse uma soma que pudesse dividir com conhecidos. Pega seus três burrinhos carregados de lenha e vai para casa. Já em casa, mostra o tesouro à esposa, ela acredita que ele roubou alguém, mas depois tudo foi explicado e ficam bem. Então a mulher vai à casa de Cassin, seu cunhado, pedir um medidor grande à sua esposa. Cassin e a mulher ficam bastante intrigados com a situação, pelo tamanho do medidor, eles não teriam tantos produtos para colocar nele. Então acabam por descobrir que o medidor serve para colocar moedas e saber, por alto, quanto de dinheiro eles têm. Enquanto isso, os quarenta ladrões se dão conta de que falta ouro no esconderijo. A ganância sobe à cabeça dos cunhados e a partir daí todos passarão por desafios, princípios desviados e demonstrações de amizade.[244]

Inspirado no conto *Ali Babá e os quarenta ladrões*, Raul Seixas compôs, em parceria com Cláudio Roberto, a música *Abre-te Sésamo*, inserida no disco homônimo, de 1980. Trata-se de uma das músicas mais ricas do repertório do artista.

---

[244] Resenha BORGES, Heidi Gisele. Ali Babá e os Quarenta Ladrões. *Skoob*, 17 mar. 2021. Disponível em: https://www.skoob.com.br/livro/resenhas/11831/mais-gostaram. Acesso em: 6 jul. 2022.

De acordo com o biógrafo Carlos Minuano, Raul teve a inspiração para compor *Abre-te Sésamo* quando visitou Piritiba (a mesma da canção *Capim guiné*), na Bahia. "A ideia veio de um bairro da pequena cidade só com mansões de políticos locais, que até hoje se chama Ali Babá, e de um jornal que circulou na época com a seguinte manchete: 'Figueiredo é Ali Babá e os ministros os 40 ladrões'".[245]

Nesta canção, composta no início da década de 1980, Raul exige a volta à democracia. Neste sentido, "mais uma vez Raul pensando nos destinos do País com sua música. A ditadura lentamente se acabava, a abertura já vinha a galope, mas os políticos-militares mostravam que eram os mesmos. [...] Abre-te, Ditadura!".[246]

O próprio Raul Seixas, em entrevista ao jornal *Canja*, em outubro de 1980, ao ser indagado pelo repórter Ricardo Porto de Almeida sobre a anistia política brasileira concedida pelo governo militar em 1979, afirma: "Abre-te Sésamo mostra uma abertura mentirosa. E todo mundo continua indo ao banco, continua com perguntas intelectualóides, continua criando valores falsos, que não existem mais. [...] Pra desarmar a arapuca tem-se de entrar dentro dela, está me entendendo?".[247]

Na música, o eu-lírico é um cidadão que faz questão de registrar seu incômodo com a existência de um regime autoritário, onde os políticos, apesar da retórica marcada por um discurso patriota, são corruptos e não têm nenhum compromisso com o povo brasileiro:

> Lá vou eu de novo/um tanto assustado
> Com Ali-Baba/e os quarenta ladrões
> Já não querem nada/com a pátria amada
> E cada dia mais;/enchendo os meus botões...

Na sequência, denuncia a miséria (representada pela "desnutrição") que vinha assolando o povo brasileiro, e ressalta que, apesar de tudo, é um cidadão teimoso, guerreiro, disposto às últimas

---

[245] MINUANO, Carlos. *Raul*. Por trás das canções. Rio de Janeiro: Best Seller, 2019. p. 253.
[246] RAUL Seixas 12 – Abre-te Sésamo (1980). *Disco a disco. Discografias comentadas*, 17 abr. 2014. Disponível em: http://discoadisco.blogspot.com/2014/04/raul-seixas-12-abre-te-sesamo-1980.html. Acesso em: 7 jun. 2022.
[247] JORGE, Cibele Simões Kerr. As críticas sociais na obra de Raul Seixas. Parte 2) corpo e música na cidade. *Algazarra*, São Paulo, n. 4, p. 78-96, dez. 2016. p. 83.

consequências ("se eu não morro eu mato") e que se coloca como o primeiro da "procissão" pela reabertura democrática:

> Lá vou eu de novo/brasileiro, brasileiro nato
> Se eu não morro eu mato/essa desnutrição
> Minha teimosia/braba de guerreiro
> É que me faz o primeiro/Dessa procissão...

No refrão e na estrofe seguinte, critica a fragilidade do sistema político-democrático no Brasil, que, ao longo de sua história, intercala ("vamo na gangorra", "neste vai e vem") períodos raros de democracia com regimes autoritários ("Fecha a porta! Abre a porta!"). No fim, ele exige a abertura ("Eu disse: Abre-te Sésamo") e denuncia a farsa do regime militar ("é tudo mentira"):

> Fecha a porta! Abre a porta!
> Abre-te Sésamo
> Fecha a Porta! Abre a porta!
> Eu disse: Abre-te Sésamo...
> Isso aí!
> E vamos nós de novo
> Vamo na gangorra
> No meio da zorra desse
> Desse vai-e-vem
> É tudo mentira
> Quem vai nessa pira
> Atrás do tesouro
> De Ali-bem-bem...

Cinco anos após a gravação desta música, aconteceu a tão esperada abertura democrática, após duas décadas de ditadura militar (1964-1985). Todavia, atualmente, mesmo diante de uma Constituição que se baseia no Estado democrático de direito, os resquícios do autoritarismo na vida brasileira ainda estão muito presentes, de forma enraizada (o que se verá com maior ênfase no capítulo deste livro que analisa as músicas *Sociedade alternativa, Novo Aeon* e *Metrô Linha 743* e sua relação com a escalada e os riscos do autoritarismo). Conforme destaca Demian Guedes:

> O autoritarismo estatal contemporâneo, visível no Estado e no direito administrativo, não é algo que persista erraticamente, vagando no

presente como a herança acéfala de algo que já morreu. Não é este o caso. O que o apanhado histórico apresentado até aqui demonstra é "o autoritarismo como traço de união do passado e do presente, das presenças que sobrevivem às rupturas, que acompanham as mudanças". Seguimos autoritários por fatores anteriores a 1964 e posteriores a 1985. O problema é menos de legado e mais de tradição: o fim da ditadura militar não poderia representar a extinção de algo que ela não inaugurou.[248]

Como se vê, o autoritarismo também (e principalmente) é uma questão cultural no Brasil. Neste contexto, um aspecto que demonstra tal presença é a falta de transparência na Administração Pública neste país.

Curiosamente, desde a descoberta (ou achamento do Brasil), a tradição que prevalece é a do sigilo das coisas públicas. Neste contexto, a carta de Pero Vaz de Camões somente foi "descoberta" em 1773 por José de Seabra da Silva, guarda-mor do Arquivo Nacional da Torre do Tombo em Lisboa. E mais, demoraria ainda algumas décadas para ser publicada no Brasil pelo historiador Manuel Aires de Casal, na sua obra *Corografia Brasílica* (1817). Como se vê, o primeiro documento oficial brasileiro inauguraria a consolidada tradição de se manter o sigilo sobre o que é público (secretismo).[249]

Segundo Norberto Bobbio, a democracia é o governo do público em público. Destaca ainda o jurista italiano:

> o caráter público do poder entendido como não secreto, como aberto ao "público", permaneceu como um dos critérios fundamentais para distinguir o Estado constitucional do Estado absoluto e, assim, para assinalar o nascimento ou o renascimento do poder público em público[250]

Assim, enquanto no Estado democrático tudo deve ser transparente, no Estado totalitário, há uma inversão: é o Estado que devassa a intimidade dos "súditos", vigia, mas não é vigiado. Por esta razão, de tanto vivenciar regimes totalitários, criou-se no Brasil a cultura do sigilo, que é baseada em falsas premissas: o cidadão só

---

[248] GUEDES, Demian. *Autoritarismo e Estado no Brasil*. Tradição, transição e processo administrativo. Rio de Janeiro: FGV Direito Rio, 2016. p. 85.

[249] CARVALHO, Fábio Lins de Lessa. *Autoritarismo e patrimonialismo no Brasil*. 40 visões da literatura e da academia (1500-2021). Curitiba: Juruá, 2021. p. 19.

[250] BOBBIO, Norberto. *O futuro da democracia*. 13. ed. Tradução de Marco Aurélio Nogueira. São Paulo: Paz e Terra, 2015. p. 139.

pode solicitar informações que lhe digam respeito; os dados podem ser utilizados indevidamente por grupos de interesse; a demanda do cidadão é um problema, sobrecarrega os servidores e compromete outras atividades; cabe sempre à chefia decidir pela liberação ou não da informação e os cidadãos não estão preparados para exercer o direito de acesso à informação.

Por sua vez, na cultura da transparência ou do acesso à informação, as premissas passam a ser: a demanda do cidadão é vista como legítima; o cidadão pode solicitar a informação pública sem necessidade de justificativa; são criados canais eficientes de comunicação entre governo e sociedade; são estabelecidas regras claras e procedimentos para a gestão das informações e os servidores são permanentemente capacitados para atuar na implementação da política de acesso à informação.

Acerca do direito à informação, ele está previsto na Constituição Federal no art. 1º, *caput* (princípios republicano e democrático) e incs. I (soberania) e II (cidadania), assim como no art. 5º XXXIII, art. 37, *caput* (princípio da publicidade) e §3º, inc. II. Por sua vez, a informação pública se trata de bem público imaterial e que deve ser preservado, conforme art. 216, §2º (dever de preservação e de transparência das informações públicas) da Carta de 1988.

Na legislação infraconstitucional, o direito à informação está disciplinado em diversos diplomas legais: Lei de Arquivos Públicos (Lei nº 8.159, de 8.1.1991); Lei do Habeas Data (Lei nº 9.507, de 12.11.1997); Lei do Processo Administrativo (Lei nº 9784, de 29.1.1999); Lei de Responsabilidade Fiscal (Lei Complementar nº 101, de 4.5.2000); Portal da Transparência do Governo Federal de 2004; Lei de Acesso à Informação (Lei nº 12.527, de 18.11.2011); Lei Geral de Proteção de Dados –LGPD (Lei nº 13.709, de 14.8.2018); e Lei do Governo Digital (Lei nº 14.129, de 29.3.2021).

Para Celso Antônio Bandeira de Mello, há o "dever administrativo de manter plena transparência de seus comportamentos. Não pode haver um Estado Democrático de Direito, no qual o poder reside no povo (art. 1º, parágrafo único, da Constituição), ocultamento aos administrados dos assuntos que a todos interessam".[251]

---

[251] BANDEIRA DE MELLO, Celso Antônio. *Curso de direito administrativo*. 26. ed. São Paulo: Malheiros, 2008. p. 114.

Também deve ser registrada a íntima relação entre publicidade e transparência administrativa com a participação social, sendo aquelas garantidoras desta última. Neste contexto, foi registrado pela doutrina nacional:

> O princípio da publicidade obriga a Administração Pública a expor todo e qualquer comportamento que lhe diga respeito. É esse princípio que confere certeza às condutas estatais e segurança aos administrados. A publicidade resulta, no Estado contemporâneo, do princípio democrático segundo o qual sendo o poder do povo (art. 1º, parágrafo único, da CF!88) e, consequentemente, sendo o Estado o próprio povo reunido e constituído sob determinado modelo de Direito, para atingir seus objetivos definidos sistematicamente, tudo o que a pessoa estatal faça ou deixe de fazer, enfim, todos os seus comportamentos, deve ser do conhecimento público. Considerando-se que a democracia que se põe à prática contemporânea conta com a participação direta dos cidadãos, especialmente para efeito de fiscalização e controle da juridicidade e da moralidade administrativa, há que se concluir que o princípio da publicidade adquire, então, valor superior àquele antes constatado na história, pois não se pode cuidar de exercerem os direitos políticos sem o conhecimento do que se passa no Estado.[252]

Nesta mesma linha de pensamento, João Gaspar Rodrigues ressalta que a publicidade e o acesso à informação, a participação do cidadão nas deliberações públicas e o acesso à justiça constituem a base intangível do que se convencionou chamar de democracia participativa. "E por isso mesmo, entre o direito à informação e os direitos de participação democrática, estabelece-se uma verdadeira relação simbiótica. Apenas os cidadãos providos de informações podem participar de debates públicos e encaminhar suas próprias posições".[253]

Não obstante o amplo e indiscutível reconhecimento constitucional, legal e doutrinário, na realidade atual, a norma que consagra o dever de transparência da Administração Pública

---

[252] MORAIS, Marília Mendonça. O princípio da publicidade. *In*: FIGUEIREDO, Lucia Valle (Org.). *Princípios informadores do direito administrativo*. São Paulo: N&J, 2018. p. 253 *apud* REINALDO, Demócrito Ramos. *Revista do Tribunal Regional Federal 1ª Região*, v. 9, n. 4, out./ dez. 1997. p. 16.

[253] RODRIGUES, João Gaspar. Publicidade, transparência e abertura na Administração Pública. *Revista de Direito Administrativo – RDA*, Rio de Janeiro, v. 266, p. 89-123, maio/ago. 2014. p. 91.

está longe de ser cumprida na quantidade e intensidade que deveria ser.

De tantas violações à transparência administrativa, poder-se-ia indagar se sua previsão normativa no ordenamento jurídico-constitucional não teria um caráter predominantemente simbólico. De acordo com Marcelo Neves, a norma simbólica é criada "consensualmente pelas partes envolvidas, exatamente porque está presente a perspectiva da ineficácia da respectiva lei".[254]

A realidade é que, apesar do aumento gradativo dos pedidos de acesso à informação formulados com base na Lei nº 12.527/2011, isto não representa, necessariamente, um incremento da transparência administrativa.

Em primeiro lugar, porque a transparência ativa, que é aquela que a Administração Pública assegura a partir da divulgação espontânea de seus atos em *sites* e portais, ainda está longe de ser uma realidade digna de aplausos. Neste contexto, duas circunstâncias devem ser destacadas: a ausência do cumprimento da legislação que determina a divulgação de todas as informações públicas (exceto aquelas sigilosas) e a utilização de linguagem inapropriada para informar a sociedade.

Em relação à dificuldade de implementação da regra que determina a transparência ativa, tal realidade não atinge apenas as regiões mais pobres do país: no estado de São Paulo, em levantamento feito no ano de 2020, constatou-se que quatrocentos e quarenta e um municípios não cumpriam as regras da Lei de Acesso à Informação, o que ocorreria, segundo a pesquisa, especialmente pela ausência de punição aos gestores municipais.[255]

Por sua vez, quanto ao outro problema relacionado à transparência ativa, qual seja, a utilização de linguagem inadequada, Fabrício Motta destaca:

> As informações devem ser repassadas com clareza e objetividade para que se possa reforçar o controle e a participação democrática da

---

[254] NEVES, Marcelo. *Constitucionalização simbólica*. São Paulo: Acadêmica, 1994. p. 97.

[255] Reportagem FALTA de punição leva prefeitos a ignorarem Lei de Acesso à Informação, dizem especialistas. *O Estado de São Paulo*, 23 nov. 2020. Disponível em: https://politica.estadao.com.br/noticias/geral,falta-de-punicao-leva-prefeitos-a-ignorarem-lei-de-acesso-a-informacao-dizem-analistas,70003524434. Acesso em: 7 jul. 2022.

administração. [...]. Entende-se a publicidade como característica do que é público, conhecido, não mantido secreto. Transparência, ao seu turno, é atributo do que é transparente, límpido, cristalino, visível; é o que se deixa perpassar pela luz e ver nitidamente o que está por trás. A transparência exige não somente informação disponível, mas também informação compreensível.[256]

No tocante à transparência passiva, que é aquela impulsionada a partir de solicitações de cidadãos e outros interessados, também existem muitos problemas. Para ilustrar tal situação, registre-se que, em 2020, a Transparência Brasil apontou uma série de iniciativas do Governo Federal, entre ações e omissões, que vêm comprometendo a transparência: com o Decreto Federal nº 9.690/2019, o governo mudou as regras da regulamentação da Lei de Acesso à Informação, ampliando muito o número de pessoas que podem decidir sobre o sigilo de dados públicos; o Decreto Federal nº 9.759/2019 extinguiu colegiados federais (conselhos, comitês, grupos de trabalhos, entre outros), reduzindo a participação social – e, consequentemente, a transparência – no governo; a Medida Provisória nº 928/2020 suspendeu os prazos de atendimento a pedidos de informação determinados na Lei de Acesso a Informações, sem possibilidade de recurso contra tais negativas de atendimento a pedidos. Acrescente-se ainda:

> Além de decretos e medidas legais, o governo federal adotou discursos e práticas contrários à transparência pública.
> Janeiro-Fevereiro/2019 - Número de pedidos de informação ao governo federal negados sob o argumento de serem "expedição de pescaria" aumentou em 2019, conforme levantamento da Agência Pública. O argumento não existe na Lei de Acesso, portanto não poderia ser usado.
> Fevereiro/2019 - O ministério da Justiça negou um pedido por informações sobre eventual encontro do então ministro Sergio Moro com representantes de fabricante de armas e munições sob o argumento de "direito à privacidade".
> Abril/2019 - Em 10 de abril, o IBGE anunciou corte no orçamento para a realização do Censo 2020, o que geraria impacto sobre os dados produzidos pela pesquisa e a comparabilidade com os anos anteriores. O Ministério da Economia decretou sigilo sobre estudos e pareceres técnicos que embasaram a PEC da reforma da Previdência. Após

---

[256] MOTTA, Fabrício. Publicidade e transparência são conceitos complementares. *Conjur*, 1º fev. 2018. Disponível em: https://www.conjur.com.br/2018-fev-01/interesse-publico-publicidade-transparencia-sao-conceitos-complementares. Acesso em: 7 jul. 2022.

indicativo de derrubada do sigilo no Congresso, o governo abriu parte dos dados.

Maio/2019 - O governo federal censurou um estudo da Fiocruz sobre o uso de drogas no Brasil, pois o ministério da Cidadania discordava dos resultados da pesquisa. Após acordo entre AGU, Ministério da Justiça e Fiocruz, o levantamento foi divulgado em agosto.

Agosto/2019
Presidente da República e ministro do Meio Ambiente contestam e desqualificam dados públicos do INPE (Instituto Nacional de Pesquisas Espaciais) sobre desmatamento e queimadas no país. O então diretor do INPE Ricardo Galvão foi exonerado após defender as informações.

Fevereiro/2020 - A CGU impediu a divulgação de relatórios de monitoramento de redes sociais encomendados pela Secretaria Especial de Comunicação Social da Presidência da República (Secom). A questão chegou à CGU após a Secom negar ao jornal "O Estado de S.Paulo", por três vezes, o acesso a todos os relatórios produzidos entre 1º de janeiro a 23 de novembro de 2019. O Ouvidor-Geral da União adjunto, Fabio do Valle Valgas da Silva contrariou parecer técnico que recomendava a divulgação das informações e negou acesso aos dados.

Março/2020 - Em 30 de março, o governo federal suspendeu temporariamente a divulgação dos dados de emprego no país, sob a justificativa de atraso na coleta e consolidação dos dados. No início de maio, os dados ainda não estavam disponíveis. Foram divulgados apenas no final de maio. Mas há relatos de problemas nos microdados.

Março-Abril/2020 - Órgãos federais negaram atendimento a pelo menos 24 pedidos de informação no intervalo de 1 mês, mesmo após a suspensão da MP 928

A Presidência da República se recusa a divulgar exames segundo os quais o presidente Bolsonaro teria testado negativo para o novo Coronavírus. Os exames só foram divulgados após batalha judicial com o jornal O Estado de S.Paulo.

Maio-Junho/2020 - A Casa Civil da Presidência da República se negou a fornecer estudos e relatórios sobre hidroxicloroquina e cloroquina produzidos pelo CCOP (Centro de Coordenação das Operações do Comitê de Crise da Covid-19). O argumento é de que se tratam de documentos preparatórios e que, portanto, só poderiam ser divulgados após a tomada de decisão.

Junho/2020 - O Ministério da Saúde tira do ar o portal com dados oficiais de casos de Covid-19 no país, sob a justificativa de alteração de metodologia de divulgação. O novo portal colocado no lugar não continha o número acumulado de casos e mortes e deixou de divulgar as taxas de contaminação e óbitos por 100 mil habitantes e de letalidade. Não era mais possível, além disso, fazer o download da base de dados. Bases de dados com o histórico da Covid-19 e de Síndrome Respiratória Aguda Grave (SRAG) no Brasil desapareceram do repositório do SUS (Sistema Único de Saúde).

Após pressão da sociedade civil e decisão do STF, algumas informações voltaram ao ar.

Junho/2020 - Há mais de oito meses, o Ministério do Meio Ambiente e o Ibama (Instituto Brasileiro do Meio Ambiente) omitem dados de áreas embargadas por crime ambiental.

O Ibama também deixou de fornecer informações sobre autuações, multas e apreensões feitas contra desmatadores na região amazônica, sob a justificativa de que a competência de divulgação de dados da Amazônia Legal é da vice-presidência da República.

2019-2020 - Adotando um procedimento não previsto na LAI e contrariando a si própria, a CGU adotou o entendimento de que pareceres jurídicos usados para embasar a sanção e vetos presidenciais a projetos de lei aprovados no Congresso são sigilosos. Segundo a CGU, aplica-se o sigilo entre cliente e advogado em relação à Advocacia-Geral da União e às assessorias jurídicas dos órgãos federais.[257]

Tudo isto sem falar nas constantes decisões administrativas que determinaram a imposição de sigilo, como se vê na matéria divulgada na imprensa que relata que "o governo federal mantém cerca de 98% dos gastos com cartão corporativo em sigilo, amparado, segundo a presidência da República, pela Lei de Acesso à Informação",[258] ou na reportagem que noticia que o Ministério da Saúde colocou em sigilo as negociações a respeito da compra da vacina Covaxin.[259]

Certamente, o que mais chama atenção a respeito desta questão é a grande quantidade de casos em que o Governo Federal definiu o sigilo de cem anos, a respeito de informações de interesse da sociedade, como nos seguintes casos: processo administrativo contra o Ex-Ministro Eduardo Pazuello (Saúde) para investigar sua participação em um ato com o Presidente Jair Bolsonaro no Rio de Janeiro – o que é vedado para militares que não foram para a reserva; o cartão de vacinação do Presidente Bolsonaro; dados dos crachás de acesso de Carlos Bolsonaro

---

[257] RETROCESSOS na transparência pública federal no governo Bolsonaro. *Transparência*, 22 jun. 2020. Disponível em: https://blog.transparencia.org.br/retrocessos-na-transparencia-publica-federal-no-governo-bolsonaro/. Acesso em: 7 jul. 2022.

[258] Reportagem PLANALTO mantém 98% dos gastos com cartão corporativo em sigilo. *IG Economia*, 30 out. 2021. Disponível em: https://economia.ig.com.br/2021-10-30/gastos-cartao-corporativo-sigilo-presidencia.html. Acesso em: 7 jul. 2022.

[259] Reportagem CPI ganha na Justiça e derruba sigilo sobre a Covaxin determinado pelo governo. *CNN Brasil*, 26 ago. 2021. Disponível em: https://www.cnnbrasil.com.br/politica/cpi-ganha-na-justica-e-derruba-sigilo-sobre-a-covaxin-determinado-pelo-governo/. Acesso em: 7 jul. 2022.

e Eduardo Bolsonaro ao Palácio do Planalto; a matrícula de Laura Bolsonaro, filha mais nova do presidente, no Colégio Militar de Brasília; as reuniões entre o Presidente Jair Bolsonaro (PL) e pastores que teriam supostamente negociado recursos do Ministério da Educação com prefeitos,[260] entre outros.

Após este último caso, o PSB ingressou com ação perante o Supremo Tribunal Federal (STF), questionando o sigilo de cem anos. Em resposta, por intermédio da Advocacia-Geral da União, o Governo Federal declarou que

> observando-se a Nota de Esclarecimento emitida pelo GSI em 13/04/2022, em anexo, percebe-se, de pronto, que não houve qualquer "decretação", mas sim uma medida corriqueira, usual, baseada na interpretação do GSI acerca dos dispositivos da Lei 13.709/2018 (Lei Geral da Proteção de Dados Pessoais – LGPD) e da Lei nº 12.527/2011.

Nas redes sociais, um homem perguntou: "Presidente, o senhor pode me responder porque todos os assuntos espinhosos/polêmicos do seu mandato, você põe sigilo de 100 anos? Existe algo para esconder?" Sem a menor cerimônia ou constrangimento, o Presidente Bolsonaro respondeu: "em 100 anos saberá".

Nestas horas, vale a lembrança da música de Raul Seixas: "Abre a porta", "Fecha porta", "E vamos nós de novo/Vamo na gangorra/No meio da zorra desse/Desse vai-e-vem/É tudo mentira/Quem vai nessa pira". "Abre-te Sésamo!".

4.11 *Sociedade alternativa*, *Novo Aeon* e *Metrô Linha 743*: a escalada e os riscos do autoritarismo

Fruto da parceria musical de Paulo Coelho e Raul Seixas, *Sociedade alternativa*, presente no álbum *Gita* (1974), foi inspirada

---

[260] Em relação a tais visitas e desdobramentos, que levaram à queda do Ministro da Educação Milton Ribeiro, "segundo o GSI, o pastor Arilton Moura esteve 35 vezes no Palácio do Planalto entre 2019 e fevereiro deste ano. Na maior parte das vezes, Arilton foi sozinho, mas em dez visitas, o pastor Gilmar Santos entrou no Palácio com ele" (reportagem GOVERNO diz ao STF que sigilo de 100 anos sobre visita de pastores ao Planalto é 'medida corriqueira'. *Globo.com*, 16 jun. 2022. Disponível em: https://g1.globo.com/politica/noticia/2022/06/16/governo-diz-ao-stf-que-sigilo-de-100-anos-sobre-visita-de-pastores-ao-planalto-e-medida-corriqueira.ghtml. Acesso em: 7 jul. 2022).

em *O livro da lei*,[261] do mago inglês Alestair Crowley, que tem seu nome citado na música.

Mais do que uma canção, a *Sociedade alternativa* representava uma filosofia de vida baseada na liberdade individual. Todavia, como foi confundida pelas autoridades com um movimento de caráter político, e ela "irritava cada vez mais o regime militar", tanto que a polícia mandou recolher os gibis-manifestos distribuídos por Paulo Coelho durante os *shows* de Raul, pois pensava que se tratava de material subversivo. "O conceito da Sociedade alternativa espalhava um pensamento antiditadura, mas por um viés diferente. Era contestador de maneira irreverente, tirando sarro de tudo e dando de ombros para a política",[262] destaca o biógrafo Carlos Minuano.

Apesar de Raul e Paulo terem sido até mesmo presos por conta das suspeitas das autoridades, o artista baiano se divertiu bastante com as conjecturas criadas em torno da misteriosa *Sociedade alternativa*, seu manifesto utópico:

> Eu tenho recebido cartas que nem consigo responder. Gente que pergunta quando deve pagar para fazer parte da Sociedade alternativa. É o maior barato! Cartas de sociólogos, convites para palestras. Uma vez fui contratado por uma universidade pensando que ia fazer um show. Cheguei lá, era uma palestra sobre sociologia para quinhentos estudantes. O tema era Sociedade alternativa. Adorei![263]

Na letra da música, exalta-se a liberdade individual: "Viva! Viva! Viva a sociedade alternativa!":

> Se eu quero e você quer/tomar banho de chapéu
> Ou esperar Papai Noel/ou discutir Carlos Gardel
> Então vá
> Faça o que tu queres pois é tudo da lei/da lei

---

[261] Registre-se que "o Livro da Lei, de onde se extraiu o famoso mote da música 'Sociedade alternativa', de Raul, 'faz o que tu queres pois é tudo da lei', é um texto cheio de bizarrices, as mais chocantes os rituais que incluem imolações. 'Sacrificai gado, pequeno e grande; depois uma criança', diz um trecho" (MEDEIROS, Jotabê. *Raul Seixas*: não diga que a canção está perdida. São Paulo: Todavia, 2019. p. 193).

[262] MINUANO, Carlos. *Raul*. Por trás das canções. Rio de Janeiro: Best Seller, 2019. p. 180.

[263] MEDEIROS, Jotabê. *Raul Seixas*: não diga que a canção está perdida. São Paulo: Todavia, 2019. p. 141.

Na última frase da música, surge a frase: "Viva o Novo Aeon". Em 1975, Raul Seixas grava o disco e a música *Novo Aeon*, que retoma as ideias de Crowley. "Novo Aeon é uma outra denominação para Era de Aquário (idade cósmica definida pela astronomia), período que, se supõe, traz uma nova etapa de desenvolvimento da humanidade",[264] explica Jotabê Medeiros. Na letra da canção, este novo tempo é destacado:

> O sol da noite agora está nascendo/alguma coisa está acontecendo
> Não dá no rádio e nem está/nas bancas de jornais
> Em cada dia ou qualquer lugar/um larga a fábrica e o outro sai do lar
> E até as mulheres, ditas escravas/já não querem servir mais
> Ao som da flauta da mãe serpente/no para-inferno de Adão na gente
> Dança o bebê/uma dança bem diferente
> O vento voa e varre as velhas ruas/capim silvestre racha as pedras nuas
> Encobre asfaltos que guardavam/histórias terríveis

Paulo Coelho explica que, na canção *Novo Aeon*, o artista Raul Seixas, por meio de palavras simples, tenta descrever "como um homem se permite ser livre, aceitando e assimilando tudo aquilo que está em sua volta e procurando estar constantemente aberto para os novos tipos de valores que eventualmente venham a surgir".[265] Um trecho da música revela esta tolerância quanto à diversidade de pensamento: "Já não há mais culpado, nem inocente/cada pessoa ou coisa é diferente/já que assim, baseado em que/você pune quem não é você?". E mais: "Querer o meu não é roubar o seu/pois o que eu quero é só função de eu". E conclui:

> Sociedade alternativa, sociedade novo aeon
> É um sapato em cada pé/é direito de ser ateu ou de ter fé
> Ter prato entupido de comida que você mais gosta
> Ser carregado, ou carregar gente nas costas
> Direito de ter riso e de prazer/e até direito de deixar Jesus sofrer

A preocupação com a liberdade e a denúncia do autoritarismo vigente estão presentes em outra música de Raul Seixas. Em Metrô

---

[264] MEDEIROS, Jotabê. *Raul Seixas*: não diga que a canção está perdida. São Paulo: Todavia, 2019. p. 194.
[265] MEDEIROS, Jotabê. *Raul Seixas*: não diga que a canção está perdida. São Paulo: Todavia, 2019. p. 195.

Linha 743, de 1984, o artista narra a história de alguém que vive "vigiado" pelas ruas:

> Ele ia andando pela rua meio apressado/ele sabia que tava sendo vigiado
> Cheguei para ele e disse: Ei amigo, você pode me ceder um cigarro?
> Ele disse: Eu dou, mas vá fumar lá do outro lado/dois homens fumando juntos pode ser muito arriscado!

Em um trecho da música, critica as autoridades públicas que usam do expediente da repressão à liberdade de pensamento:

> Disse: O prato mais caro do melhor banquete é/o que se come cabeça de gente que pensa
> E os canibais de cabeça descobrem aqueles que pensam/porque quem pensa, pensa melhor parado

Além da repressão ao livre pensar, a música também denuncia a repressão estatal, nos tempos da ditadura militar, que fazia uso da violência física:

> O homem apressado me deixou e saiu voando/aí eu me encostei num poste e fiquei fumando
> Três outros chegaram com pistolas na mão/um gritou: mão na cabeça malandro, se não quiser levar chumbo quente nos córneos
> Eu disse: claro, pois não, mas o que é que eu fiz?/se é documento eu tenho aqui
> Outro disse: não interessa, pouco importa, fique aí/eu quero é saber o que você estava pensando
> Eu avalio o preço me baseando no nível mental/que você anda por aí usando
> E aí eu lhe digo o preço que sua cabeça agora está custando/minha cabeça caída, solta no chão
> Eu vi meu corpo sem ela pela primeira e última vez/metrô linha 743
> Jogaram minha cabeça oca no lixo da cozinha/e eu era agora um cérebro, um cérebro vivo à vinagrete
> Meu cérebro logo pensou: que seja, mas nunca fui tiete/fui posto à mesa com mais dois
> E eram três pratos raros, e foi o maitre que pôs/senti horror ao ser comido com desejo por um senhor alinhado
> Meu último pedaço, antes de ser engolido ainda pensou grilado/quem será este desgraçado dono desta zorra toda?
> Já tá tudo armado, o jogo dos caçadores canibais/mas o negócio aqui tá muito bandeira

> Dá bandeira demais meu Deus/cuidado brother, cuidado sábio senhor É um conselho sério pra vocês/uu morri e nem sei mesmo qual foi aquele mês
> Ah! Metrô linha 743

Em outra oportunidade, destaquei que ainda é bastante comum o pensamento que associa o autoritarismo a determinadas épocas da história do Brasil. No caso, ele é imediatamente apontado com uma característica de períodos de predomínio de governos centralizadores e arbitrários, que se afastam da democracia, como é o caso da República da Espada (1889-1894), do Estado Novo (1937-1945) ou da ditadura militar (1964-1985). Todavia, a realidade é que, embora tal comportamento seja mais identificado com os referidos momentos históricos, não se pode negar o fato de que, no Brasil, ainda nos períodos de maior abertura democrática e reconhecimento da cidadania (como na atualidade), o autoritarismo sempre esteve na ordem do dia, influenciando de forma marcante o modo de ser do Brasil e dos brasileiros,[266] assim como de suas instituições, como a Administração Pública e o direito administrativo.

No tocante à onipresença do autoritarismo em terras brasileiras, o legado de um passado dominado por mais de três séculos de escravismo não pode ser ignorado. O diplomata e escritor Joaquim Nabuco já alertava, anos antes da libertação dos escravos, que mesmo:

> depois que os últimos escravos houverem sido arrancados ao poder sinistro que representa para a raça negra a maldição da cor, será ainda preciso desbastar, por meio de uma educação viril e séria, a lenta estratificação de trezentos anos de cativeiro, isto é, de despotismo, superstição e ignorância.[267]

Por sua vez, o polêmico e talentoso escritor Lima Barreto criou no início do século XX um país fictício que chamou de Bruzundanga (ou seja, o Brasil), onde registra a presença do militarismo, do golpismo e do bacharelismo na vida política brasileira, sufocando

---

[266] CARVALHO, Fábio Lins de Lessa. *Autoritarismo e patrimonialismo no Brasil*. 40 visões da literatura e da academia (1500-2021). Curitiba: Juruá, 2021. p. 543.
[267] NABUCO, Joaquim. *O abolicionismo*. Petrópolis: Vozes de Bolso, 2012. Edição digital. Disponível em: file:///D:/Downloads/O%20Abolicionismo%20-%20Joaquim%20Nabuco%20(2)%20(1).pdf. Capítulo "Que é o abolicionismo? A obra do presente e a do futuro".

nossa débil democracia: "a não ser que suba ao poder, por uma revolta mais ou menos disfarçada, um General mais ou menos decorativo, o Mandachuva é sempre escolhido entre os membros da nobreza doutoral; e, dentre os doutores, a escolha recai sobre um advogado".[268]

É tão marcante a presença do autoritarismo no Brasil que Ariano Suassuna, em sua peça teatral *Auto da compadecida*, narra a passagem em que Chicó e João Grilo reclamam do padre porque este não queria benzer um cachorro, mas prontamente cedeu à pressão do Major Antônio Morais, o coronel local, para benzer seu novo motor (coronelismo, caciquismo, mandonismo, autoritarismo):

> CHICÓ
> Mas padre, não vejo nada de mal em se benzer o bicho.
> JOÃO GRILO
> No dia em que chegou o motor novo do major Antônio Morais o senhor não o benzeu?
> PADRE
> Motor é diferente, é uma coisa que todo mundo benze. Cachorro é que eu nunca ouvi falar.
> CHICÓ
> Eu acho cachorro uma coisa muito melhor do que motor.
> PADRE
> É, mas quem vai ficar engraçado sou eu, benzendo o cachorro. Benzer motor é fácil, todo mundo faz isso, mas benzer cachorro?[269]

Outro gênio da literatura, Guimarães Rosa, no conto *A hora e vez de Augusto Matraga*, narra a história do protagonista que é descrito como um homem que:

> mantém a aparência de valentão, de dono do lugarejo, onde se destaca sua "homência". É um ser que obedece apenas a seus instintos internos e não compartilha conexões com o mundo a sua volta, o que faz com que aja com violência, estando, assim, enquadrado em uma linha dura.

Sobre Augusto Matraga, também já se destacou que "movido pelo desejo de briga e pelas regras do sertão, ele não reflete antes de

---

[268] BARRETO, Lima. *Os Bruzundangas*. Porto Alegre: L&PM Pocket, 1998. p. 28.
[269] SUASSUNA, Ariano. *Auto da compadecida*. 35. ed. Rio de Janeiro: Agir, 2005. p. 33.

fazer o mal".²⁷⁰ Vê-se, assim, um homem movido pelo autoritarismo, pelo voluntarismo, pelo arbitrarismo, pelo machismo e pelo vilanismo.

Todavia, o autoritarismo não se percebe tão somente em comportamentos individuais. Neste sentido, sempre deve ser lembrada a análise feita pelo antropólogo Roberto DaMatta, que aponta várias manifestações típicas de uma sociedade autoritária: "temos no Brasil carnavais e hierarquias, igualdades e aristocracias, com a cordialidade do encontro cheio de sorrisos cedendo lugar, no momento seguinte, à terrível violência dos antipáticos 'sabe com quem está falando?'".²⁷¹ Acrescenta DaMatta com muita precisão:

> sempre me impressionou a conjunção de um povo tão achatado junto a um sistema de relações pessoais tão preocupado com personalidades e sentimentos; uma multidão tão sem rosto e sem voz, junto a uma elite tão rouca de gritar por suas prerrogativas e direitos; uma intelectualidade tão preocupado com o coração do Brasil e, no entanto, tão voltada para o último livro francês; uma criadagem que passa tão despercebida e patrões tão egocêntricos; uma sociedade, enfim, tão rica em leis e decretos, mas que espera pelo seu D. Sebastião.²⁷²

Incidente em Antares, romance escrito pelo gaúcho Erico Verissimo, é mais um exemplo de engajamento da literatura nacional para denunciar as práticas autoritárias no Brasil. No prefácio do livro, a Professora Maria da Glória Bordini ressalta que "em Antares, há uma ascensão contínua de autoritarismo, que vai desde o caudilhismo sem dó nem piedade até a sustentação de um regime discricionário pela via da opressão e da tortura".²⁷³

A extensa obra é dividida em duas partes, havendo, na primeira, em cerca de duzentas páginas, uma impressionante profusão de relatos de acontecimentos protagonizados pelos Vacariano e pelos Campolargo, as famílias tradicionais da aristocracia rural do Rio

---

²⁷⁰ LOPES, Bianca Meira. De jagunço a matraga. *Cadernos do IL*, Porto Alegre, n. 57, nov. 2018. p. 92.
²⁷¹ DAMATTA, Roberto. *Carnavais, malandros e heróis*. Para uma sociologia do dilema brasileiro. 6. ed. Rio de Janeiro: Rocco, 1997. p. 16.
²⁷² DAMATTA, Roberto. *Carnavais, malandros e heróis*. Para uma sociologia do dilema brasileiro. 6. ed. Rio de Janeiro: Rocco, 1997. p. 16.
²⁷³ BORDINI, Maria da Glória. Prefácio de Incidente em Antares, Companhia das Letras, 18ª reimpressão, 2006, São Paulo, p. 12.

Grande do Sul criadas por Verissimo para denunciar o ignorantismo e negacionismo, banditismo, paternalismo, maquiavelismo, rivalismo e rancorismo, neutralismo seletivo, privatismo, escravismo, estrelismo e marketismo, hereditarismo e filhotismo, tortura, violência e perversidade, mandonismo, fisiologismo, reacionarismo, revanchismo, homofobismo, patriarcalismo e matriarcalismo, clientelismo, favoritismo e caciquismo. Em uma das passagens do livro, há um interessante relato sobre a ida do Coronel Tibério Vacariano ao Rio de Janeiro, então capital do país, a fim de compreender melhor os bastidores do poder:

> Passou um mês na capital federal, conheceu-lhe a vida noturna, fez relações, insinuou-se nos bastidores da política e ficou estonteado quando teve uma visão do mundo dos negócios e especialmente do submundo das negociatas. Guardou a impressão de que o Rio era como uma daquelas localidades do Far West americano – que ele conhecia das fitas de cinema – nos tempos da corrida do ouro. Na capital do Brasil havia ouro à flor do solo. Os primeiros faiscadores – vindos de todos os quadrantes do país – mexiam no cascalho das repartições públicas e principalmente no dos ministérios. Alguns haviam já encontrado veios riquíssimos. Era uma luta de apetites, choques de interesses, um torneio de prestígios, um jogo de "pistolões". Muitos dos capitães e soldados da revolução que levara Vargas ao poder cobravam agora o seu soldo de guerra. Um amigo de Tibério, um gauchão cínico, que ganhara um lucrativo cartório, lhe disse um dia, comentando aquele "garimpo" alucinado: "Para conseguir o que quer, Tibé, essa gente é capaz de tudo, até de usar meios decentes e legais".[274]

O escrito Lêdo Ivo retrata o autoritarismo em seu romance *Ninho de cobras*, em que expõe os conchavos e a violência da sociedade alagoana. Todavia, conforme ressalta Ivo, "seu verdadeiro cenário seria o Brasil autoritário e arbitrário de épocas mais recentes". No polêmico livro que rendeu a Ivo a incompreensão de muitos de seus conterrâneos, destaques para a banalização da violência organizada (banditismo):

> À boca miúda, apontavam-no como um dos chefes do Sindicato da Morte – e a versão de que ele era um dos juízes daquele tribunal secreto

---

[274] VERISSIMO, Erico. *Incidente em antares*. 18. reimpr. São Paulo: Companhia das Letras, 2006. p. 57.

e sinistro que não conhecia as fronteiras entre a culpa e a inocência, a defesa e a vindita, não deixava de envaidecê-lo, como se o colocasse no mesmo e austero nível dos magistrados. Mesmo porque os demais integrantes daquela corte que decretava mortes – umas em emboscadas de beira de estrada ou na calada da noite, outras ostensivas e ruidosas, dentro dos bares ou lojas ou nas ruas centrais da cidade, como se nesses sacrifícios houvesse alguma intenção exemplar – eram ou deveriam ser pessoas respeitáveis como ele.[275]

O esvaziamento do Estado democrático de direito (autoritarismo) favorece as práticas não republicanas, pois fragiliza o exercício da cidadania e o controle social. Neste contexto, o historiador e cientista político mineiro José Murilo de Carvalho destacou que, "historicamente, nossa República nunca foi republicana nem democrática". O autor registra ainda que "nunca tivemos valores republicanos arraigados", e que na ausência de república, as instituições representativas, executivas e mesmo judiciárias são desmoralizadas. Ele conclui que para o "êxito da própria democracia, é necessário que ela seja republicana, assim como a república não se sustentou, nem se sustentará, sem democracia",[276] e esta depende de uma boa dose de cidadania.

Assim, quanto menos espaço para o autoritarismo haja, e quanto mais se empreenda uma luta contra o autoritarismo, mais forte a sociedade civil, a imprensa e as instituições públicas serão para proteger o coletivo. Em tudo isto, a participação ativa da sociedade é determinante, seja para combater ao patrimonialismo no Estado (patrimonialismo estamental, enfatizado por Raymundo Faoro),[277] seja para fulminar o patrimonialismo na sociedade (patrimonialismo societário, destacado por Jessé Souza).[278]

Ademais, vale lembrar as palavras de Vítor Nunes Leal, que ressaltava que "a rarefação do poder público em nosso país contribui muito para preservar a ascendência dos 'coronéis', já que, por esse motivo, estão em condições de exercer, extraoficialmente, grande

---

[275] IVO, Lêdo. *Ninho de cobras*. Maceió: Imprensa Oficial Graciliano Ramos, 2015. p. 117.

[276] CARVALHO, José Murilo de. *Cidadania no Brasil*. O longo caminho. 19. ed. Rio de Janeiro: Civilização Brasileira, 2015. p. 245.

[277] FAORO, Raymundo. *Os donos do poder*. Formação do patronato político brasileiro. 3. ed. Rio de Janeiro: Globo, 2001.

[278] SOUZA, Jessé. *A elite do atraso*: da escravidão à Lava Jato. Rio de Janeiro: Leya, 2017.

número de funções do Estado em relação aos seus dependentes".[279] Ou seja, quando não há um Estado (Administração Pública) presente e que cumpre eficazmente suas funções, e quando a sociedade civil se omite, facilita-se a vida daqueles que procuram satisfazer seus interesses pessoais, sejam econômicos (patrimonialismo), sejam políticos (autoritarismo), no espaço público.

A filósofa Marilena Chauí destaca como a sociedade brasileira ainda é marcada pelo autoritarismo, que gera relações sociais hierarquizadas, "conservando as marcas da sociedade colonial escravista, ou aquilo que alguns estudiosos designam como "cultura senhorial", prevalecendo a "indistinção entre o público e o privado" e que:

> As relações entre os que se julgam iguais são de "parentesco", isto é, de cumplicidade ou de compadrio; e entre os que são vistos como desiguais o relacionamento assume a forma do favor, da clientela, da tutela ou do cooptação. Enfim, quando a desigualdade é muita marcada, a relação social assume a forma nua da opressão física e/ou psíquica. A divisão social das classes é naturalizada por um conjunto de práticas que ocultam a determinação histórica ou material da exploração, da discriminação e da dominação, e que, imaginariamente, estruturam a sociedade sob o signo da nação una e indivisa, sobreposta como um manto protetor que recobre as divisões reais que a constituem. Porque temos o hábito de supor que o autoritarismo é um fenômeno político que, periodicamente, afeta o Estado, tendemos a não perceber que é a sociedade brasileira que é autoritária e que dela provêm as diversas manifestações do autoritarismo político.[280]

A historiadora Lilia Schwartz tem demonstrado como o autoritarismo está se reinventando nos últimos tempos. Neste sentido, a professora paulista destaca que "a persistência dos mandonismos locais acaba por produzir outra espécie de patrimonialismo, quando interesses regionais passam a afetar diretamente a lógica pública". Ela acrescenta: "não que o Estado deva ser imune às demandas setorializadas; o problema se apresenta

---

[279] LEAL, Vitor Nunes. *Coronelismo, enxada e voto*. O município e o regime representativo no Brasil. 7. ed. São Paulo: Companhia das Letras, 2012. p. 62.
[280] CHAUÍ, Marilena. *Brasil*: mito fundador e sociedade autoritária. São Paulo: Editora Fundação Perseu Abramo, 2000. p. 93.

quando um certo tipo de corporativismo político favorece alguns cidadãos, em detrimento de muitos".[281]

Apesar de tudo o que foi exposto, muitos ainda poderão indagar se, no Brasil do século XXI (onde a sociedade civil e a Administração Pública se encontrariam protegidas por instituições públicas que se consolidaram a partir da Constituição de 1988 – Poder Judiciário, Ministério Público, Tribunais de Contas etc. –, onde a imprensa é livre, onde há eleições abertas e um corpo de leis avançado, onde o número de pessoas analfabetas foi drasticamente reduzido, sem falar de outras inegáveis conquistas e avanços sociais, institucionais e culturais, inclusive do próprio direito administrativo), permanecem os comportamentos autoritários narrados por literatos e estudados por acadêmicos. Infelizmente, a resposta é sim.

Na verdade, o retrocesso democrático, com a ascensão de comportamentos autoritários, é uma tendência identificada em diversas partes do planeta. De acordo com Steven Levitskt e Daniel Ziblatt, há diversos indicadores de comportamento autoritário que podem ser encontrados em diversos países, como a rejeição das regras democráticas do jogo (ou compromisso débil com elas), a negação da legitimidade dos oponentes políticos, a tolerância ou encorajamento à violência e a propensão a restringir liberdades civis, de oponentes, inclusive a mídia.[282]

Ainda segundo os citados autores, com o crescimento do autoritarismo, candidatos rejeitam a Constituição ou expressam disposição de violá-la, sugerem a necessidade de medidas antidemocráticas, como cancelar eleições, violar ou suspender a Constituição, proibir certas organizações ou restringir direitos civis ou políticos básicos, buscam lançar mão (ou endossar o uso) de meios extraconstitucionais para mudar o governo, como golpes militares, insurreições violentas ou protestos de massa destinados a forçar mudanças no governo e tentam minar a legitimidade das eleições, recusando-se, por exemplo, a aceitar resultados eleitorais dignos de crédito. Ademais, descrevem seus rivais como subversivos ou

---

[281] SCHWARCZ, Lilia. *Sobre o autoritarismo brasileiro*. São Paulo: Companhia das Letras, 2017. p. 67.
[282] LEVITSKY, Steven; ZIBLATT, Daniel. *Como as democracias morrem*. Tradução Renato Aguiar. Rio de Janeiro: Zahar, 2018. p. 33.

opostos à ordem constitucional existente, afirmam que seus rivais constituem uma ameaça, seja à segurança nacional ou ao modo de vida predominante, sem fundamentação, descrevem seus rivais partidários como criminosos cuja suposta violação da lei (ou potencial de fazê-lo) desqualificaria sua participação plena na arena política. Muitas autoridades públicas têm laços com gangues armadas, forças paramilitares, milícias, guerrilhas ou outras organizações envolvidas com violência ilícita, patrocinam ou estimulam eles próprios ou seus partidários ataques de multidões contra oponentes, endossam tacitamente a violência de seus apoiadores, recusando-se a condená-los e puni-los de maneira categórica, elogiam (ou se recusam a condenar) outros atos significativos de violência política no passado ou em outros lugares do mundo, apoiam leis ou políticas que restringem liberdades civis, como expansões de leis de calúnia ou difamação ou leis que restrinjam protestos e críticas ao governo ou certas organizações cívicas ou políticas, ameaçam tomar medidas legais ou outras ações punitivas contra seus críticos em partidos rivais, na sociedade civil ou na mídia, elogiam medidas repressivas tomadas por outros governos, tanto no passado como em outros lugares do mundo.[283]

Sobre a reinvenção do autoritarismo, o filósofo Leandro Karnal aponta que, na contemporaneidade, esse também é uma marca da sociedade civil, e não apenas das instituições estatais. Para o autor gaúcho, a disseminação da cultura do ódio coloca as pessoas em situação de permanente antagonismo. "O mundo deve concordar conosco. Quando não concorda, está errado. Somos catequistas porque somos infantis. A democracia é boa sempre que consagra meu candidato e minha visão do mundo. A democracia é ruim, deformada ou manipulada quando diz o contrário".[284] Na verdade, para Karnal, embora haja atualmente uma grande polarização e enfurecimento da sociedade, o ódio sempre existiu em terras brasileiras:

> Esse ódio ainda perdura. Mas sempre esteve lá. Ódio, intolerância e preconceitos de toda espécie. De um ambulante morto a pancadas

---

[283] LEVITSKY, Steven; ZIBLATT, Daniel. *Como as democracias morrem*. Tradução Renato Aguiar. Rio de Janeiro: Zahar, 2018. p. 33.
[284] KARNAL, Leandro. *Todos contra todos*: o ódio nosso de cada dia. Rio de Janeiro: Leya, 2017. p. 13.

após defender um transexual a uma chacina na qual o autor deixou uma carta criticando o feminismo. Não é fácil o cotidiano de mulheres, homossexuais, bissexuais, transexuais, nordestinos, pobres, negros, judeus – parece hoje difícil separar o que é o politicamente incorreto ou simplesmente gesto preconceituoso da sociedade. O ódio sempre existiu e flui por todos os lados.[285]

Neste contexto, apesar de a Constituição consagrar o Estado democrático de direito, de as instituições públicas estarem atuando dentro da normalidade, de a imprensa ter liberdade, de a Administração Pública contar com espaços de participação social, de a sociedade civil poder exercer o controle social, de o direito administrativo ter avançado em diversas áreas, é inegável que existem iniciativas de diversas ordens que procuram minar as conquistas democráticas.

Neste contexto, no cenário brasileiro atual, alguns exemplos podem ser apresentados. Primeiramente, como tratado no capítulo sobre transparência administrativa, a cultura do sigilo volta a ganhar força.

Da mesma forma, é muito preocupante o movimento coordenado para diminuir a participação social, especialmente a partir da atuação de órgãos colegiados. Neste sentido, com a publicação do Decreto Federal nº 9.759/2019, "poderão deixar de existir conselhos, comitês, comissões e fóruns – espaços legítimos de participação popular e gestão democrática, conquistados a partir de lutas contínuas da sociedade civil organizada ao longo de décadas".[286]

Também devem aqui ser destacadas as diversas denúncias de repressão a servidores públicos, inclusive professores universitários, e a cidadãos que se manifestam de forma crítica aos governos.[287]

---

[285] KARNAL, Leandro. *Todos contra todos*: o ódio nosso de cada dia. Rio de Janeiro: Leya, 2017. p. 11.
[286] Matéria DECRETO de Bolsonaro afronta participação popular e limita a democracia. *Plataforma pela Reforma do Sistema Político*, 12 abr. 2019. Disponível em: https://reformapolitica.org.br/2019/04/12/decreto-de-bolsonaro-afronta-participacao-popular-e-limita-a-democracia/. Acesso em: 8 jul. 2022.
[287] Neste contexto, "o Ministério da Justiça colocou em prática em junho uma ação sigilosa sobre um grupo de 579 servidores federais e estaduais de segurança identificados como integrantes do 'movimento antifascismo' e três professores universitários, um dos quais ex-secretário nacional de direitos humanos e atual relator da ONU sobre direitos humanos

Por fim, causam grande perplexidade as diversas tentativas de interferência ou asfixia, praticada por governos, que atingem órgãos de controle da Administração Pública. Neste sentido, a própria Transparência Internacional vem apontando para retrocessos na luta anticorrupção no Brasil dos últimos anos.[288]

Conforme se vê, o direito administrativo deverá não apenas garantir o avanço da democracia no âmbito da Administração Pública, como também evitar que retrocessos aconteçam, já que as conquistas democráticas estão sendo sempre ameaçadas, por grandes ou imperceptíveis gestos.

Neste contexto, em *Metrô Linha 743*, ao denunciar os terrores do autoritarismo, Raul Seixas já alertava: "Cuidado brother, cuidado sábio senhor/é um conselho sério pra vocês/eu morri e nem sei mesmo qual foi aquele mês". Assim, vê-se que o autoritarismo vai matando, muitas vezes de forma discreta, a democracia. Em *Novo Aeon*, Raul anunciava que quando "o vento voa e varre as velhas ruas/capim silvestre racha as pedras nuas/encobre asfaltos que guardavam/histórias terríveis". Mas, em *Sociedade alternativa*, Raul nos enche de esperança, quando anuncia que tudo é possível, "se eu quero/e você quer". Que os ventos democráticos soprem com mais força e constância em terras brasileiras.

4.12 *Ouro de tolo*: o risco de retrocesso de políticas públicas e das conquistas do direito administrativo

Existem diversas listas que apontam quais são as melhores músicas de Raul Seixas. Em todas elas, todavia, deve estar presente *Ouro de tolo*. Inserida no álbum *Krig-ha, Bandolo!*, esta composição do artista baiano foi a música mais tocada nas rádios brasileira

---

na Síria, todos críticos do governo de Jair Bolsonaro" (AÇÃO sigilosa do governo mira professores e policiais antifascistas. *UOL*, 24 jul. 2020. Disponível em: https://noticias.uol.com.br/colunas/rubens-valente/2020/07/24/ministerio-justica-governo-bolsonaro-antifascistas.htm. Acesso em: 8 jul. 2022).

[288] Matéria TRANSPARÊNCIA Internacional denuncia retrocessos no combate à corrupção no Brasil para a OCDE. *Transparência Internacional Brasil*, 14 de outubro de 2020. Disponível em: https://transparenciainternacional.org.br/retrocessos/. Acesso em: 8 jul. 2022.

em 1973. Seu lançamento ocorreu com uma grande estratégia de *marketing*, que envolveu até mesmo a divulgação, no *Jornal Nacional*, de cenas de Raul a cantando ao violão em plena Avenida Rio Branco.

Alguns anos antes, antes de alcançar o sucesso, de fato, Raul teria enfrentado grandes dificuldades financeiras no Rio de Janeiro, o que o levou a afirmar na música que teria passado "fome por dois anos aqui na Cidade Maravilhosa".

É importante destacar que o título *Ouro de tolo* foi inspirado nos alquimistas ou mesmo nos garimpeiros, que prometiam transformar materiais menos nobres em ouro. No caso, o ouro falso de hoje em dia seria representado por algumas conquistas do brasileiro de classe média, como a ascensão social ("depois de ter passado fome por dois anos aqui na Cidade Maravilhosa"), um bom emprego, a admiração pelos demais ("sou o dito cidadão respeitável"), um bom salário ("quatro mil cruzeiros por mês"), bens materiais (como um "Corcel 73" ou um apartamento em "Ipanema") e lazer ("ir com a família no Jardim Zoológico dar pipoca aos macacos", "praia, carro, jornal, tobogã").

A princípio, após alcançar todas estas conquistas ("tudo o que eu quis"), o cidadão deveria "estar contente", "agradecer ao Senhor", "estar feliz", "estar alegre e satisfeito", "estar sorrindo e orgulhoso". Todavia, ao contrário, ele se dá conta de que não passa de "um grandessíssimo idiota", que sabe "que é humano, ridículo, limitado, que só usa 10% de sua cabeça animal". Ademais, acha "tudo isso um saco".

O eu-lírico da canção confessa "abestalhado", que está "decepcionado", já que foi "tão fácil conseguir" e ele tem "uma porção de coisas grandes pra conquistar". Por isto, não pode ficar "parado". Ele ainda alfineta quem "acredita que é um doutor, padre ou policial que está contribuindo com sua parte para o nosso belo quadro social", e que se senta "no trono de um apartamento, com a boca escancarada, cheia de dentes, esperando a morte chegar".

E o que achou a censura desta profunda crítica social? "Ao tirar sarro de uma ilusória possibilidade de ascensão social [...], não estaria Raul Seixas debochando também do grande slogan do marketing do regime militar, o 'milagre econômico'?", indaga Jotabê Medeiros sobre a dúvida que *Ouro de tolo* despertou nos censores. "Raul destilava sarcasmo contra as ambições burguesas, a busca incessante de segurança e do conforto social",[289] e isto era considerado subversivo. Ainda assim, por alguma razão, a música não foi censurada. Por sorte, *Ouro de tolo* foi gravada e passou a ser considerada um hino contra a acomodação por várias gerações de brasileiros:

> no dia 07 de junho de 1973, Raul caminhou pelas ruas do centro do Rio de Janeiro com seu violão, cantando Ouro de tolo, reunindo muitos transeuntes naquela estranha passeata. Tal como a Mosca da canção, "zumbizava", provocando, com os versos que afirmavam "Eu devia estar sorrindo e orgulhoso/Por ter finalmente vencido na vida/Mas eu acho isso uma grande piada/E um tanto quanto perigosa". Denominada por alguns de "hino", e de "canção-lamento" por outros, a despeito da letra quilométrica, alcançou rapidamente as paradas de sucesso e vendeu cerca de 60 mil cópias em poucos dias. Questionando a apatia, o conformismo e o consumo desenfreado da classe média brasileira, Ouro de tolo é definida como "estranha canção que critica o abestalhamento de uma sociedade preocupada apenas com apartamentos, carros, dinheiro, emprego e sucesso.[290]

Mas, afinal de contas, o que *Ouro de tolo* tem a ver com a Administração Pública? E qual seria a relação entre a tendência à acomodação escancarada por Raul Seixas e o direito administrativo?

Conforme analisado, na música em comento, Raul Seixas elenca diversas conquistas que um cidadão alcançou. Todas elas garantiram certa prosperidade econômica, mas não foram suficientes para deixá-lo contente, orgulhoso e satisfeito.

É inegável que a Administração Pública brasileira também tem avançado. Ao longo deste livro, isto foi destacado: reformas administrativas vêm sendo realizadas, o tamanho do Estado vem sendo redefinido, as disfunções da burocracia, o direito administrativo do medo e o direito administrativo de espetáculo já vêm sendo diagnosticados e combatidos, já há uma maior preocupação com a inovação, com a cultura do planejamento e da

---

[289] MEDEIROS, Jotabê. *Raul Seixas*: não diga que a canção está perdida. São Paulo: Todavia, 2019. p. 153.

[290] TEIXEIRA, Rosana da Câmara. *Raul Seixas* – Os 40 anos de Ouro de tolo. 7 jun. 2013. Disponível em: https://raulsseixas.wordpress.com/2013/06/19/raul-seixas-os-40-anos-de-ouro-detolo-porrosana-da-camara-teixeira/. Acesso em: 8 jul. 2022.

prevenção, novos paradigmas para as decisões administrativas (e para o controle destas) estão sendo, pouco a pouco, incorporados, como o circunstancialismo e o contextualismo, há um movimento, desencadeado pela pandemia da Covid-19, de revalorização do poder de polícia e dos serviços públicos, há um notório fortalecimento das parcerias e da consensualidade, a democracia administrativa e o controle social chegaram à era do governo digital, ainda que de forma lenta e desigual entre os entes federativos, e a cultura da transparência está procurando se instalar.

Todavia, conforme analisado nos últimos dois capítulos, os principais avanços da Administração Pública brasileira ainda não estão consolidados, ou, pior que isso, em alguns casos, eles estão sendo colocados em risco ou mesmo perdidos (como é o caso da participação social via órgãos colegiados, da transparência administrativa e da autonomia dos órgãos de controle).

Vale lembrar que, diante do clima de esperança criado após a tardia constitucionalização do direito administrativo no país, houve administrativista que chegou a acreditar "que é um doutor [...] que está contribuindo com sua parte para o nosso belo quadro social", esquecendo-se que tem "uma porção de coisas grandes pra conquistar e não pode ficar aí parado". Ao que parece, entre estas conquistas, um dos destaques deve ser a consolidação daquilo que a sociedade já evoluiu.

A tradição democrática no Brasil ainda é muito recente e frágil, e isto se agrava diante da escalada do autoritarismo, que, inegavelmente, reinventou-se nestas terras há alguns anos, e vem desconstruindo, sem a menor cerimônia, avanços sociais, econômicos, culturais, civilizatórios e jurídicos que levaram anos para ser conquistados.

Ademais, muitas das questões abordadas neste livro apontam para um maior consenso (com divergências, como é natural) na doutrina administrativista acerca de determinadas mudanças de paradigmas. Da mesma forma, já se constata uma melhoria na dogmática jurídica, que conta com normas mais modernas e adequadas aos novos tempos (como no caso da lei do governo digital). Isto, todavia, não significa que tais teorias e normas já estejam incorporadas ao dia a dia das administrações públicas que, em muitos casos, ainda têm uma cabeça do século passado.

Afinal, conforme destaca Demian Guedes com precisão, "nem o Direito Administrativo, nem o Estado brasileiro, foram criados ou moldados para a democracia".[291]

Outra situação que causa muita preocupação é a estagnação, ameaça ou mesmo retrocesso iniciados nos últimos anos, no tocante à efetivação de direitos fundamentais, que é a causa primeira que justifica a existência da Administração Pública. Políticas públicas em diversas áreas, como saúde, educação, cultura, ciência, tecnologia e inovação, assistência social, segurança alimentar, distribuição de renda, proteção ao meio ambiente, proteção e promoção de direitos das mulheres, de idosos, de crianças e adolescentes, das pessoas LGBTQIAPN+, de negros, entre outras. Acerca desta constatação:

> No momento em que toda a comunidade internacional está reunida no Fórum Político de Alto Nível das Nações Unidas (HLPF 2021), entre os dias 6 e 15 de julho, para acompanhar e revisar os avanços no cumprimento dos 17 Objetivos de Desenvolvimento Sustentável (ODS), um estudo realizado por organizações não governamentais, entidades e fóruns da sociedade civil brasileira aponta que o País vem regredindo nas mais diversas áreas como pobreza, segurança alimentar, saúde, educação, gênero, economia e meio ambiente. [...] foram analisadas todas as 169 metas definidas na Agenda 2030. Dessas, 92 (ou 54,4%) estão em retrocesso; 27 (16%) estagnadas; 21 (12,4%) ameaçadas; 13 (7,7%) têm progresso insuficiente; e 1 (0,6%) não se aplica à realidade brasileira. Há, ainda, 15 metas (8,9%) que não foram rankeadas por falta de dados. Além da análise das metas, o relatório traz 127 recomendações para que o Brasil avance no cumprimento do que foi pactuado em 2015 na ONU. "São dados oficiais estarrecedores e que mostram um Brasil cada vez mais distante do desenvolvimento sustentável, violando princípios constitucionais, violando direitos e desconstruindo políticas fundamentais para superação das desigualdades que marcam o país, hoje mais agravadas pelas crises de governança e pela pandemia. A fotografia é trágica e as consequências do que está acontecendo deverão ser sentidas por muito tempo", diz Alessandra Nilo, coordenadora geral da ONG Gestos – Soropositividade, Comunicação e Gênero, e cofacilitadora do GT Agenda 2030.[292]

---

[291] GUEDES, Demian. *Autoritarismo e Estado no Brasil*. Tradição, transição e processo administrativo. Rio de Janeiro: FGV Direito Rio, 2016. p. 159.

[292] Reportagem RELATÓRIO aponta retrocessos em políticas públicas do Brasil. *Artigo 19*, 12 jul. 2021. Disponível em: https://artigo19.org/2021/07/12/relatorio-aponta-retrocessos-em-politicas-publicas-do-brasil/. Acesso em: 9 jul. 2022.

Se com a escalada do autoritarismo, há constantes ameaças à liberdade, com a estagnação e retrocesso das políticas públicas, são impostos sérios riscos à igualdade. Neste sentido, José Afonso da Silva ressalta que os direitos sociais consistem em:

> prestações positivas proporcionadas pelo Estado direta ou indiretamente, enunciadas em normas constitucionais, que possibilitam melhores condições de vida aos mais fracos, direitos que tendem a realizar a igualização de situações sociais desiguais. São, portanto, direitos que se ligam ao direito de igualdade.[293]

A análise da realidade de cada uma das áreas sociais mencionadas, que são atendidas por políticas públicas, revela situações dramáticas que atingem milhões de pessoas no Brasil e que têm em comum a desestruturação da Administração Pública: são universidades públicas sufocadas pela falta de recursos financeiros; órgãos ambientais e agências reguladoras que sofrem um processo de esvaziamento, com a não realização de concursos públicos; órgãos técnicos conduzidos por amadores; e até mesmo ministérios e secretarias atuando de forma oposta aos seus objetivos institucionais.

Neste último contexto, constata-se que o Governo Federal vem implantando "uma metódica política de enfraquecer a estrutura institucional no âmbito da cultura, do meio ambiente e da proteção dos povos indígenas", como é o caso da Fundação Palmares, cuja missão é justamente promover e preservar a contribuição cultural, histórica, social e econômica dos cidadãos negros para a sociedade brasileira, mas que teve um presidente que se tornou conhecido "por seus ataques frontais aos defensores dos direitos dos negros".[294]

Outro exemplo que aponta o desmonte promovido na atuação da Administração Pública é a área ambiental. Durante a gestão de um ministro do meio ambiente, ele era considerado "uma ameaça global", pois ao invés de zelar pelo meio ambiente, "defende a exploração 'capitalista' da Amazônia, a regularização de áreas

---

[293] SILVA, José Afonso da. *Curso de direito constitucional positivo*. 20. ed. São Paulo: Malheiros, 2001. p. 285.

[294] Reportagem COMO Bolsonaro dinamita as instituições: o caso da Fundação Palmares. *El País*, 18 set. 2021. Disponível em https://brasil.elpais.com/cultura/2021-09-18/como-bolsonaro-dinamita-as-instituicoes-o-caso-da-fundacao-palmares.html. Acesso em: 8 jul. 2022.

griladas, inclusive na Amazônia, em benefício do agronegócio, da mineração e garimpo ilegal e invasão de terras indígenas". Ademais, "no âmbito interno, o ex-ministro a serviço da devastação ambiental é acusado de dificultar investigações de uma operação da Polícia Federal na Amazônia envolvendo extração recorde de madeira ilegal; o objetivo seria para proteger os criminosos ambientais e fiscais". Em resumo, tais ideias "se tornaram ações concretas de desmonte do Estado e dos órgãos de defesa dos biomas nacionais".[295]

Conforme se vê, têm ocorrido diversas violações ao princípio da vedação ao retrocesso dos direitos fundamentais no Brasil dos últimos anos. Algumas destas situações foram levadas ao Poder Judiciário. Neste sentido, o Supremo Tribunal Federal (STF) suspendeu trecho de um decreto do Presidente Jair Bolsonaro que havia eliminado a participação da sociedade civil do conselho deliberativo do Fundo Nacional do Meio Ambiente (FNMA). Em seu voto, a relatora Ministra Cármen Lúcia entendeu "que as normas questionadas representam uma ofensa ao princípio da vedação do retrocesso, pois diminui o nível de proteção suficiente ao meio ambiente".[296]

É importante que o administrativista perceba que, para que suas reflexões sejam mais lúcidas, tão ou mais relevante que conhecer o ordenamento jurídico-administrativo é se inteirar sobre a realidade da Administração Pública, com todas as suas complexidades e influências sofridas.

Neste contexto, urge aproximar o direito administrativo da análise das políticas públicas, discussão que normalmente ocorre no âmbito do direito constitucional. Com esta mirada mais ampla, "o Direito Administrativo teria seu âmbito de ação redefinido, no espaço que medeia as proposições legais e a execução das políticas".[297]

---

[295] Reportagem POR QUE o ex-ministro Ricardo Salles era considerado ameaça mundial ao meio ambiente. *Brasil de Fato*, 23 jun. 2021. Disponível em: https://www.brasildefato.com.br/2021/06/23/por-que-o-ex-ministro-ricardo-salles-era-considerado-ameaca-mundial-ao-meio-ambiente. Acesso em: 8 jul. 2022.

[296] Matéria STF suspende decreto de Bolsonaro que eliminou participação da sociedade em conselho ambiental. *Folha de Pernambuco*, 28 abr. 2022. Disponível em: https://www.folhape.com.br/politica/stf-suspende-decreto-de-bolsonaro-que-eliminou-participacao-da/225013/. Acesso em: 9 jul. 2022.

[297] BUCCI, Maria Paula Dallari. *Direito administrativo e políticas públicas*. São Paulo: Saraiva, 2002. p. 40.

Quem sabe, assim, o direito administrativo continuará não só avançando, mas também estancando as sangrias e curando as feridas causadas pelos retrocessos. Não reconhecer a presença destes últimos é "uma grande piada e um tanto quanto perigosa", como advertia Raul Seixas.

Por fim, deve a sociedade civil, inclusive por intermédio de uma Administração Pública forte, direcionar suas ações e esforços a "uma porção de coisas grandes pra conquistar". E, cada cidadão, ao invés de se sentar "no trono de um apartamento, com a boca escancarada, cheia de dentes, esperando a morte chegar", deve arregaçar as mangas e contribuir "com sua parte para o nosso quadro social", que ainda não é belo, mas poderá melhorar sempre mais.

CAPÍTULO 5

BÔNUS: *NO FUNDO DO QUINTAL DA ESCOLA* E *SÉCULO XXI*: UM BREVE RESUMO DO DIREITO ADMINISTRATIVO BRASILEIRO

Após análise de dezoito canções de Raul Seixas e das inspirações por elas geradas para debate acerca dos principais desafios do direito administrativo no Brasil, finalmente, chegamos ao final deste livro, uma tentativa de mesclar música e direito que esperamos que tenha gerado resultados positivos.

Evidentemente, muitos leitores podem ainda não estar convencidos quanto à utilidade do empreendimento realizado nesta obra. Ou, ao contrário, alguns poucos podem estar ainda querendo ter contato com novas comparações baseadas nesta dupla "Raul Seixas & Administração Pública".

Especialmente para os dois citados grupos de leitores, oferecemos, a título de bônus, um breve resumo do direito administrativo brasileiro na atualidade a partir de duas outras músicas do *maluco beleza*: *No fundo do quintal da escola* (1977), composição de Raul Seixas e Cláudio Roberto que foi inserida no álbum *O dia em que a Terra parou*; e *Século XXI* (1989), escrita por Raul Seixas e Marcelo Nova, e que está no álbum *A panela do diabo*.

Em *No fundo do quintal da escola*, qualquer semelhança dos versos da canção com o atual estágio do direito administrativo brasileiro, ainda em um processo de transição entre uma fase marcada por um viés mais autoritário e a democracia, é mera coincidência (mas que chama muito a atenção):

> Não sei onde eu tô indo/mas sei que tô no meu caminho
> Enquanto você me critica/Eu tô no meu caminho
> Eu sou o que sou porque eu vivo/da minha maneira
> Só sei que eu sinto que foi sempre assim/Minha vida inteira... (eu sei)

Repare-se, no verso da música em questão, que o direito administrativo, apesar de sofrer momentos de confusão mental, que o deixa um tanto quanto perdido, ele nunca deixa de caminhar. Aliás, esta é sua característica principal: a vocação pragmática, para o movimento, para o impulso da ação administrativa. Afinal, "foi sempre assim" sua "vida inteira".

E para aqueles teóricos que, perdidos em suas reflexões muitas vezes inférteis, deixam de ficar atentos à realidade (leia-se, ao que acontece com a Administração Pública), a música dá novas lições valiosas:

> Você esperando respostas/olhando pro espaço
> E eu tão ocupado vivendo/Eu não me pergunto
> Eu faço!

Século XXI, "lançada uma semana antes sua morte, feita em parceria com Marcelo Nova, é um retrato da sociedade brasileira prestes a adentrar a década de 1990. Fala da pressa empreendida na realização de algo significativo na vida, que, ironicamente, faz perder de vista os desejos que a motivaram".[298] Nesta música, a doutrina do direito administrativo volta a receber ensinamentos de grande relevância:

> Há muitos anos você anda em círculos/já não lembra de onde foi que partiu
> Tantos desejos soprados pelo vento/se espatifaram quando o vento sumiu

Baseado no binômio liberdade/autoridade, este ramo do direito público tem se alternado entre períodos de maior prevalência do Estado (prestigiando-se a autoridade), ou de proteção ao cidadão

---

[298] JORGE, Cibele Simões Kerr. As críticas sociais na obra de Raul Seixas. Parte 2) corpo e música na cidade. *Algazarra*, São Paulo, n. 4, p. 78-96, dez. 2016. p. 94.

(quando o foco é a liberdade).²⁹⁹ Como se vê, o direito administrativo, desde seu surgimento, "anda em círculos".

Por falar em surgimento, as recentes discussões doutrinárias sobre as origens (democráticas ou autoritárias) do direito administrativo³⁰⁰ têm feito com que a doutrina administrativista não se lembre "de onde foi que partiu".

De toda forma, com a Constituição de 1988, ventos democráticos arejaram o Administração Pública brasileira, cujas conquistas e avanços, em alguma medida, "se espatifaram quando o vento sumiu".

Como ainda não estava consolidada uma Administração Pública democrática, ela "vendeu sua alma ao acaso", representado pelas ameaças de um governo autoritário "que por descaso tava ali de bobeira".

Assim, tem-se a impressão de que o direito administrativo, que "correu, correu, correu tanto", "não chegou a lugar nenhum", e que o citado ramo do direito, que "cruzou todas as fronteiras", "não sabe mais de que lado ficou", "e ainda tenta e ainda procura por um tempo que faz tempo passou".

Com relação à Administração Pública brasileira, é triste constatar que, em diversas áreas de sua atuação, "agora é noite na sua existência, cuja essência perdeu o lugar, talvez esteja aí pelos cantos, mas está escuro pra poder encontrar". "Bem-vinda ao Século XXI".

Por fim, permitam-me "lhes dizer aquilo tudo que eu lhe disse antes": não quero ser "o primeiro dessa procissão", mas sei que "no dia em que todas as pessoas do planeta inteiro" se derem conta do poder que possuem, e de que "nunca se vence uma guerra lutando sozinho", "com toda essa força contida e que vive guardada", exerceremos o "direito de ter riso e de prazer". "Coragem, coragem, que eu sei que você pode mais".

---

[299] *Vide* DI PIETRO, Maria Sylvia Zanella. Existe um novo direito administrativo. *In*: DI PIETRO, Maria Sylvia Zanella; RIBEIRO, Carlos Vinicius Alves (Coord.). *Supremacia do interesse público e outros temas relevantes do direito administrativo*. São Paulo: Atlas, 2010. p. 1-9.

[300] *Vide* GABARDO, Emerson; HACHEM, Daniel Wunder. O suposto caráter autoritário da supremacia do interesse público e das origens do direito administrativo: uma crítica da crítica. *In*: DI PIETRO, Maria Sylvia Zanella; RIBEIRO, Carlos Vinicius Alves (Coord.). *Supremacia do interesse público e outros temas relevantes do direito administrativo*. São Paulo: Atlas, 2010. p. 13-66; e BINENBOJM, Gustavo. *Uma teoria do direito administrativo*: direitos fundamentais, democracia e constitucionalização. Rio de Janeiro: Renovar, 2006.

CAPÍTULO 6

LETRAS DAS MÚSICAS ANALISADAS

Aluga-se
Compositores: Claudio Roberto/Raul Seixas
Álbum: Abre-te Sésamo
Ano: 1980
Letra:

A solução pro nosso povo eu vou dá
Negócio bom assim ninguém nunca viu
'Tá tudo pronto aqui é só vim pegar
A solução é alugar o Brasil
Nós não vamo paga nada
Nós não vamo paga nada
É tudo free
Tá na hora agora é free
Vamo embora
Dá lugar pros gringo entrar
Esse imóvel tá pra alugar ah ah ah ah
Os estrangeiros eu sei que eles vão gostar
Tem o Atlântico tem vista pro mar
A Amazônia é o jardim do quintal
E o dólar dele paga o nosso mingau
Nós não vamo paga nada
Nós não vamo paga nada
É tudo free
'Tá na hora agora é free
Vamo embora
Dá lugar pros gringo entrar
Pois esse imóvel está pra alugar, alugar ei
Grande soluça, uh ei
Nós não vamo paga nada
Nós não vamo paga nada

Agora é free
'Tá na hora é tudo free
Vamo embora
Dá lugar pros outro entrar
Pois esse imóvel tá pra alugar ah ah ah ah
Nós não vamo paga nada
Nós não vamo paga nada
Agora é free
'Tá na hora é tudo free
Vamo embora
Dá lugar pros gringos entrar
Pois esse imóvel
Está pra alugar
Está pra alugar meu Deus
Nós não vamo paga nada
Nós não vamo paga nada
É absulamente free, tá na hora
É tudo free, vamo embora

Carimbador maluco
Compositor: Raul Seixas
Álbum: Raul Seixas
Ano: 1983
Letra:

5... 4... 3... 2
Parem! Esperem aí
Onde é que vocês pensam que vão?
Ãn-ãn
Plunct Plact Zum
Não vai a lugar nenhum!
Plunct Plact Zum
Não vai a lugar nenhum!
Tem que ser selado, registrado, carimbado
Avaliado, rotulado se quiser voar!
(Se quiser voar)
Pra Lua: A taxa é alta
Pro Sol: Identidade
Mas já pro seu foguete viajar pelo universo
É preciso meu carimbo dando o sim
Sim, sim, sim
Plunct Plact Zum
Não vai a lugar nenhum!

Plunct Plact Zum
Não vai a lugar nenhum!
Tem que ser selado, registrado, carimbado
Avaliado, rotulado se quiser voar!
(Se quiser voar)
Pra Lua: A taxa é alta
Pro Sol: Identidade
Mas já pro seu foguete viajar pelo universo
É preciso meu carimbo dando o sim
Sim, sim, sim
Plunct Plact Zum
Não vai a lugar nenhum!
Plunct Plact Zum
Não vai a lugar nenhum!
Mas ora, vejam só, já estou gostando de vocês
Aventura como essa eu nunca experimentei!
O que eu queria mesmo era ir com vocês
Mas já que eu não posso
Boa viagem, até outra vez
Agora o
Plunct Plact Zum
Pode partir sem problema algum
Plunct Plact Zum
Pode partir sem problema algum
Boa viagem

Cowboy fora da lei
Compositores: Cláudio Roberto/Raul Seixas
Álbum: Uah-Bap-Lu-Bap-Lah-Béin-Bum!
Ano: 1987
Letra:

Mamãe, não quero ser prefeito
Pode ser que eu seja eleito
E alguém pode querer me assassinar
Eu não preciso ler jornais
Mentir sozinho eu sou capaz
Não quero ir de encontro ao azar
Papai não quero provar nada
Eu já servi à Pátria amada
E todo mundo cobra minha luz
Oh, coitado, foi tão cedo
Deus me livre, eu tenho medo

Morrer dependurado numa cruz
Eu não sou besta pra tirar onda de herói
Sou vacinado, eu sou cowboy
Cowboy fora da lei
Durango Kid só existe no gibi
E quem quiser que fique aqui
E entrar pra história é com vocês
Mamãe, não quero ser prefeito
Pode ser que eu seja eleito
E alguém pode querer me assassinar
Eu não preciso ler jornais
Mentir sozinho eu sou capaz
Não quero ir de encontro ao azar
Papai não quero provar nada
Eu já servi à Pátria amada
E todo mundo cobra minha luz, minha luz
Oh, coitado, foi tão cedo
Deus me livre, eu tenho medo
Morrer dependurado numa cruz
Eu não sou besta pra tirar onda de herói
Sou vacinado, eu sou cowboy
Cowboy fora da lei
Durango Kid só existe no gibi
E quem quiser que fique aqui
E entrar pra história é com vocês
Eu não sou besta pra tirar onda de herói
Sou vacinado, eu sou cowboy
Cowboy fora da lei
Durango Kid só existe no gibi
E quem quiser que fique aqui
E entrar pra história é com vocês

Conserve seu medo
Compositores: Raul Seixas/Paulo Coelho
Álbum: Mata virgem
Ano: 1978
Letra:

Conserve seu medo
Mantenha ele aceso
Se você não teme
Se você não ama
Vai acabar cedo

Esteja atento
Ao rumo da História
Mantenha em segredo
Mas mantenha viva
Sua paranóia
Conserve seu medo
Mas sempre ficando
Sem medo de nada
Porque dessa vida
De qualquer maneira
Não se leva nada
E ande pra frente
Olhando pro lado
Se entregue a quem ama
Na rua ou na cama
Mas tenha cuidado
Conserve seu medo
Mas sempre ficando
Sem medo de nada
Porque dessa vida
De qualquer maneira
Não se leva nada
E ande pra frente
Olhando pro lado
Se entregue a quem ama
Na rua ou na cama
Mas tenha cuidado
Cuidado! Ah! Ah!
Muito!

Metamorfose ambulante
Compositor: Raul Seixas
Álbum: Krig-ha, Bandolo!
Ano: 1973
Letra:

Ah ah ah ah
Ah ah ah ah
Ah ah ah ah
Prefiro ser essa metamorfose ambulante
Eu prefiro ser essa metamorfose ambulante
Do que ter aquela velha opinião formada sobre tudo
Do que ter aquela velha opinião formada sobre tudo

Eu quero dizer agora o oposto do que eu disse antes
Eu prefiro ser essa metamorfose ambulante
Do que ter aquela velha opinião formada sobre tudo
Do que ter aquela velha opinião formada sobre tudo
Sobre o que é o amor
Sobre que eu nem sei quem sou
Se hoje eu sou estrela amanhã já se apagou
Se hoje eu te odeio amanhã lhe tenho amor
Lhe tenho amor
Lhe tenho horror
Lhe faço amor
Eu sou um ator
É chato chegar a um objetivo num instante
Eu quero viver nessa metamorfose ambulante
Do que ter aquela velha opinião formada sobre tudo
Do que ter aquela velha opinião formada sobre tudo
Sobre o que é o amor
Sobre o que eu nem sei quem sou
Se hoje eu sou estrela amanhã já se apagou
Se hoje eu te odeio amanhã lhe tenho amor
Lhe tenho amor
Lhe tenho horror
Lhe faço amor
Eu sou um ator
Eu vou lhes dizer aquilo tudo que eu lhe disse antes
Eu prefiro ser essa metamorfose ambulante
Do que ter aquela velha opinião formada sobre tudo
Do que ter aquela velha opinião formada sobre tudo
Do que ter aquela velha opinião formada sobre tudo
Do que ter aquela velha, velha, velha, velha opinião formada sobre tudo
Do que ter aquela velha, velha opinião formada sobre tudo
Do que ter aquela velha opinião formada sobre tudo
Do que ter aquela velha, velha, velha opinião formada sobre tudo
Do que ter aquela velha opinião formada sobre tudo

Maluco beleza
Compositores: Raul Seixas/Cláudio Roberto
Álbum: O dia em que a Terra parou
Ano: 1977
Letra:

Enquanto você se esforça pra ser
Um sujeito normal e fazer tudo igual

Eu do meu lado aprendendo a ser louco
Um maluco total, na loucura real
Controlando a minha maluquez
Misturada com minha lucidez
Vou ficar
Ficar com certeza
Maluco beleza
Eu vou ficar
Ficar com certeza
Maluco beleza
Esse caminho que eu mesmo escolhi
É tão fácil seguir, por não ter onde ir
Controlando a minha maluquez
Misturada com minha lucidez, eu
Controlando a minha maluquez
Misturada com minha lucidez
Vou ficar
Ficar com certeza
Maluco beleza
Eu vou ficar
Ficar com certeza
Maluco beleza
Eu vou ficar
Ficar com certeza
Maluco beleza, beleza
Eu vou ficar
Vou ficar com toda certeza
Maluco, maluco beleza, beleza

Aquela coisa
Compositores: Raul Seixas/Cláudio Roberto/Kika Seixas
Álbum: Raul Seixas
Ano: 1983
Letra:

Meu sofrimento é fruto do que me ensinaram a ser
Sendo obrigado a fazer tudo mesmo sem querer
Sim...
Quando o passado morreu e você não enterrou
O sofrimento do vazio e da dor
Ficam ciúmes, preconceitos de amor
E então, e então
É preciso você tentar

Mas é preciso você tentar
Talvez alguma coisa muito nova
Possa lhe acontecer
Talvez alguma coisa muito nova
Possa lhe acontecer
Minha cabeça só pensa aquilo que ela aprendeu
Por isso mesmo, eu não confio nela eu sou mais eu
Sim...
Pra ser feliz é olhar as coisas como elas são
Sem permitir da gente uma falsa conclusão
Seguir somente a voz do seu coração
E então, e então
É preciso você tentar
Mas é preciso você tentar
Talvez alguma coisa muito nova
Possa lhe acontecer
Talvez alguma coisa muito nova
Possa lhe acontecer
E aquela coisa que eu sempre tanto procurei
É o verdadeiro sentido da vida
Abandonar o que aprendi parar de sofrer
Viver é ser feliz e nada mais
Mas é preciso você tentar
Mas é preciso você tentar
Talvez alguma coisa muito nova
Possa lhe acontecer
Talvez alguma coisa muito nova
Possa lhe acontecer
Mas é preciso você tentar
Mas é preciso você tentar
Talvez alguma coisa muito nova
Possa lhe acontecer
Talvez alguma coisa muito nova
Possa lhe acontecer

Como vovó já dizia **(Óculos escuros)**
Compositores: Raul Seixas/Paulo Coelho
Álbum: O Rebu
Ano: 1973
Letra (versão final):

Como vovó já dizia
Quem não tem colírio usa óculos escuros
Mas não é bem verdade

Quem não tem colírio usa óculos escuros
Quem não tem colírio usa óculos escuros
Minha vó já me dizia pra eu sair sem me molhar
Quem não tem colírio usa óculos escuros
Mas a chuva minha amiga e eu não vou me resfriar
Quem não tem colírio usa óculos escuros
A serpente está na terra e o programa está no ar
Quem não tem colírio usa óculos escuros
A formiga só trabalha porque não sabe cantar
Quem não tem colírio usa óculos escuros
Quem não tem filé come pão e osso duro
Quem não tem visão bate a cara contra o muro
Quem não tem colírio usa óculos escuros
É tanta coisa no menu que eu nem sei o que comer
Quem não tem colírio usa óculos escuros
José Newton já dizia se subiu tem que descer
Quem não tem colírio usa óculos escuros
Só com a praia bem deserta é que o sol pode nascer
Quem não tem colírio usa óculos escuros
A banana é vitamina que engorda e faz crescer
Quem não tem colírio usa óculos escuros
Quem não tem filé come pão e osso duro
Quem não tem visão bate a cara contra o muro (Oxente)
Quem não tem colírio usa óculos escuros
Solta a serpente
Hare Krishna, Hare Krishna
Quem não tem colírio usa óculos escuros
Quem não tem filé come pão e osso duro
Quem não tem visão bate a cara contra o muro
Quem não tem colírio usa óculos escuros
É tanta coisa no menu que eu não sei o que comer
Quem não tem colírio usa óculos escuros
Só com a praia bem deserta é que o sol pode nascer
Quem não tem colírio usa óculos escuros
José Newton já dizia se subiu tem que descer
Quem não tem colírio usa óculos escuros
A banana é vitamina que engorda e faz crescer
Quem não tem colírio usa óculos escuros
Minha vó já me dizia pra eu sair sem me molhar
Quem não tem colírio usa óculos escuros
Mas a chuva é minha amiga e eu não vou me resfriar
Quem não tem colírio usa óculos escuros
A serpente tá na terra e o programa está no ar
Quem não tem colírio usa óculos escuros
A formiga só trabalha porque não sabe cantar
Quem não tem colírio usa óculos escuros

Letra (versão original e censurada):

(Quem não tem colírio, usa óculos escuros
Quem não tem colírio, usa óculos escuros)
(Quem não tem colírio, usa óculos escuros)
Essa luz tá muito forte tenho medo de cegar
(Quem não tem colírio, usa óculos escuros)
Os meus olhos tão manchados com teus raios de luar
(Quem não tem colírio, usa óculos escuros)
Eu deixei a vela acesa para a bruxa não voltar
(Quem não tem colírio, usa óculos escuros)
Acendi a luz do dia para a noite não chiar
Quem não tem colírio, usa óculos escuros
Quem não tem papel dá o recado pelo muro
Quem não tem presente se conforma com o futuro
(Quem não tem colírio, usa óculos escuros)
Já bebi daquela água quero agora vomitar
(Quem não tem colírio, usa óculos escuros)
Uma vez a gente aceita, duas tem que reclamar
(Quem não tem colírio, usa óculos escuros)
A serpente está na terra o programa está no ar
(Quem não tem colírio, usa óculos escuros)
Vim de longe de outra terra pra morder teu calcanhar
Quem não tem colírio, usa óculos escuros
Quem não tem papel dá o recado pelo muro
Quem não tem presente se conforma com o futuro
(Quem não tem colírio, usa óculos escuros)
Essa noite eu tive um sonho, eu queria me matar
(Quem não tem colírio, usa óculos escuros)
Tudo tá na mesma coisa, cada coisa em seu lugar
(Quem não tem colírio, usa óculos escuros)
Com dois galos a galinha não tem tempo de chocar
(Quem não tem colírio, usa óculos escuros)
Tanto pé na nossa frente que não sabe como andar
Quem não tem colírio, usa óculos escuros
Quem não tem papel dá o recado pelo muro
Quem não tem presente se conforma com o futuro

Capim guiné
Compositores: Raul Seixas/Wilson Aragão
Álbum: Raul Seixas
Ano: 1983
Letra (versão final):

Plantei um sítio no sertão de Piritiba
Dois de pés de guataíba, cajú, manga e cajá
Peguei na enxada como pega um catingueiro
Fiz aceiro botei fogo, vá ver como é que tá
Tem abacate, genipapo, bananeira
Milho verde, macaxeira, como diz no Ceará
Cebola, coentro, andú, feijão de corda
Vinte porco na engorda, inté gado no currá
Com muita raça fiz tudo aqui sozinho
Nem um pé de passarinho veio a terra semeá
Agora veja, cumpadi a safadeza
Começou a marvadeza, todo bicho vem prá cá
Num planto capim-guiné
Prá boi abaná rabo
Eu tô virado no Diabo, eu tô retado cum você
Tá vendo tudo e fica aí parado
Com cara de veado que viu caxinguelê
Sussuarana só fez perversidade
Pardal foi prá cidade
Piruá minha saqué, qué, qué
Dona raposa só vive na mardade
Me faça a caridade, se vire dê no pé
Sagui trepado no pé da goiabeira
Sariguê na macacheira, tem inté tamanduá
Minhas galinha já não ficam mais paradas
E o galo de madrugada tem medo de cantar
Num planto capim-guiné
Pra boi abaná rabo
Eu tô virado no Diabo, eu tô retado cum você
Tá vendo tudo e fica aí parado
Com cara de veado que viu caxinguelê
Num planto capim-guiné
Pra boi abaná rabo
Eu tô virado no Diabo
Eu tô é, eu tô é retado cum você (Hum acuma?)
Tá vendo tudo e fica aí parado

Com cara de viado homi, que viu caxinguelê
Acumá? Acuma é?
Don d'hoje ele chega meu nego
Oxenti
A piritiba, uma saudade arretada

O dia em que a Terra parou
Compositores: Raul Seixas/Cláudio Roberto
Álbum: O dia em que a Terra parou
Ano: 1977
Letra:

Essa noite
Eu tive um sonho de sonhador
Maluco que sou, eu sonhei
Com o dia em que a Terra parou
Com o dia em que a Terra parou
Foi assim
No dia em que todas as pessoas do planeta inteiro
Resolveram que ninguém ia sair de casa
Como que se fosse combinado, em todo o planeta
Naquele dia ninguém saiu saiu de casa
Ninguém
O empregado não saiu pro seu trabalho
Pois sabia que o patrão também não tava lá
Dona de casa não saiu pra comprar pão
Pois sabia que o padeiro também não tava lá
E o guarda não saiu para prender
Pois sabia que o ladrão também não tava lá
E o ladrão não saiu para roubar
Pois sabia que não ia ter onde gastar
No dia em que a Terra parou (É!)
No dia em que a Terra parou (Ô!)
No dia em que a Terra parou (Ô!)
No dia em que a Terra parou
E nas Igrejas nem um sino a badalar
Pois sabiam que os fiéis também não tavam lá
E os fiéis não saíram pra rezar
Pois sabiam que o padre também não tava lá
E o aluno não saiu para estudar
Pois sabia, o professor também não tava lá
E o professor não saiu pra lecionar
Pois sabia que não tinha mais nada pra ensinar

No dia em que a Terra parou (Ê!)
No dia em que a Terra parou (Ô!)
No dia em que a Terra parou (Ô!)
No dia em que a Terra parou
O comandante não saiu para o quartel
Pois sabia que o soldado também não tava lá
E o soldado não saiu pra ir pra guerra
Pois sabia que o inimigo também não tava lá
E o paciente não saiu pra se tratar
Pois sabia que o doutor também não tava lá
E o doutor não saiu pra medicar
Pois sabia que não tinha mais doença pra curar
No dia em que a Terra parou (Ô, yeah!)
No dia em que a Terra parou (Foi tu)
No dia em que a Terra parou (Ô-ô!)
No dia em que a Terra parou
Essa noite
Eu tive um sonho de sonhador
Maluco que sou, acordei
No dia em que a Terra parou (Oh yeah!)
No dia em que a Terra parou (Ô!)
No dia em que a Terra parou (Eu acordei)
No dia em que a Terra parou (Acordei)
No dia em que a Terra parou (Justamente)
No dia em que a Terra parou (Eu não sonhei acordado)
No dia em que a Terra parou (Êêê!)
No dia em que a Terra parou
No dia em que a Terra parou (Oh yeah!)

Carpinteiro do universo
Compositores: Raul Seixas/Marcelo Nova
Álbum: A panela do diabo
Ano: 1989
Letra:

Carpinteiro do universo inteiro eu sou
Carpinteiro do universo inteiro eu sou
Não sei por que nasci
Pra querer ajudar a querer consertar
O que não pode ser
Não sei pois nasci para isso, e aquilo
E o inguiço de tanto querer
Carpinteiro do universo inteiro eu sou

Carpinteiro do universo inteiro eu sou
Estou sempre
Pensando em aparar o cabelo de alguém
E sempre tentando mudar a direção do trem
À noite a luz do meu quarto eu não quero apagar
Pra que você não tropece na escada, quando chegar
Carpinteiro do universo inteiro eu sou
Carpinteiro do universo inteiro eu sou
Carpinteiro do universo inteiro eu sou
Carpinteiro do universo inteiro eu sou
O meu egoísmo, é tão egoísta
Que o auge do meu egoísmo é querer ajudar
Mas Não sei por que nasci
Pra querer ajudar a querer consertar
O que não pode ser
Não sei pois nasci para isso, e aquilo
E o inguiço de tanto querer
Carpinteiro do universo inteiro eu sou
Carpinteiro do universo inteiro eu sou
Carpinteiro do universo inteiro eu sou (Ah eu sou assim!)
No final,
Carpinteiro de mim!

Por quem os sinos dobram
Compositor: Raul Seixas
Álbum: Por quem os sinos dobram
Ano: 1979
Letra:

Nunca se vence uma guerra lutando sozinho
Cê sabe que a gente precisa entrar em contato
Com toda essa força contida e que vive guardada
O eco de suas palavras não repercutem em nada
É sempre mais fácil achar que a culpa é do outro
Evita o aperto de mão de um possível aliado, é
Convence as paredes do quarto, e dorme tranquilo
Sabendo no fundo do peito que não era nada daquilo
Coragem, coragem, se o que você quer é aquilo que pensa e faz
Coragem, coragem, eu sei que você pode mais
É sempre mais fácil achar que a culpa é do outro
Evita o aperto de mão de um possível aliado
Convence as paredes do quarto, e dorme tranquilo

Sabendo no fundo do peito que não era nada daquilo
Coragem, coragem, se o que você quer é aquilo que pensa e faz
Coragem, coragem, que eu sei que você pode mais

Sapato 36
Compositor: Raul Seixas/Cláudio Roberto
Álbum: O dia em que a Terra parou
Ano: 1977
Letra:

Eu calço é 37
Meu pai me dá 36
Dói, mas no dia seguinte
Aperto meu pé outra vez
Eu aperto meu pé outra vez
Pai, eu já tô crescidinho
Pague pra ver, que eu aposto
Vou escolher meu sapato
E andar do jeito que eu gosto
E andar do jeito que eu gosto
Por que cargas d'águas você acha que tem o direito?
De afogar tudo aquilo que eu sinto em meu peito
Você só vai ter o respeito que quer na realidade
No dia em que você souber respeitar a minha vontade
Meu pai, meu pai
Pai, já tô indo-me embora
Quero partir sem brigar
Pois eu já escolhi meu sapato
Que não vai mais me apertar
Que não vai mais me apertar
Por que cargas d'águas você acha que tem o direito?
De afogar tudo aquilo que eu sinto em meu peito
Você só vai ter o respeito que quer na realidade
No dia em que você souber respeitar a minha vontade
Meu pai, meu pai
Pai, já tô indo-me embora
Eu quero partir sem brigar
Já escolhi meu sapato
Que não vai mais me apertar
Que não vai mais me apertar
Que não vai mais me apertar

Mosca na sopa
Compositor: Raul Seixas
Álbum: Krig-ha, Bandolo!
Ano: 1973
Letra:

Eu sou a mosca que pousou em sua sopa
Eu sou a mosca que pintou pra lhe abusar
Eu sou a mosca que pousou em sua sopa
Eu sou a mosca que pintou pra lhe abusar
Eu sou a mosca que pousou em sua sopa
Eu sou a mosca que pintou pra lhe abusar
Eu sou a mosca que perturba o seu sono
Eu sou a mosca no seu quarto a zumbizar
Eu sou a mosca que perturba o seu sono
Eu sou a mosca no seu quarto a zumbizar
E não adianta vir me detetizar
Pois nem o DDT pode assim me exterminar
Porque você mata uma e vem outra em meu lugar
Eu sou a mosca que pousou em sua sopa
Eu sou a mosca que pintou pra lhe abusar
Eu sou a mosca que pousou em sua sopa
Eu sou a mosca que pintou pra lhe abusar
Atenção, eu sou a mosca, a grande mosca
A mosca que perturba o seu sono
Eu sou a mosca no seu quarto a zum-zum-zumbizar
Observando e abusando
Olha do outro lado agora, eu tô sempre junto de você
Água mole em pedra dura, tanto bate até que fura
Quem, quem é
A mosca, meu irmão
Eu sou a mosca que posou em sua sopa
Eu sou a mosca que pintou pra lhe abusar
Eu sou a mosca que pousou em sua sopa
Eu sou a mosca que pintou pra lhe abusar
E não adianta vir me detetizar
Pois nem o DDT pode assim me exterminar
Porque você mata uma e vem outra em meu lugar
Eu sou a mosca que pousou em sua sopa
Eu sou a mosca que pintou pra lhe abusar
Eu sou a mosca que pousou em sua sopa
Eu sou a mosca que pintou pra lhe abusar
Eu sou a mosca que perturba o seu sono
Eu sou a mosca no seu quarto a zumbizar
Eu sou a mosca que perturba o seu sono

Eu sou a mosca no seu quarto a zumbizar
Mas eu sou a mosca que pousou em sua sopa
Eu sou a mosca que pintou pra lhe abusar

Abre-te Sésamo
Compositor: Cláudio Roberto/Raul Seixas
Álbum: Abre-te Sésamo
Ano: 1980
Letra:

Lá vou eu de novo
Um tanto assustado
Com Ali-Baba
E os quarenta ladrões
Já não querem nada
Com a pátria amada
E cada dia mais
Enchendo os meus botões...
Lá vou eu de novo
Brasileiro, brasileiro nato
Se eu não morro eu mato
Essa desnutrição
Minha teimosia
Braba de guerreiro
É que me faz o primeiro
Dessa procissão...
Fecha a porta! Abre a porta!
Abre-te Sésamo
Fecha a Porta! Abre a porta!
Eu disse:
Abre-te Sésamo...
Isso aí!
E vamos nós de novo
Vamo na gangorra
No meio da zorra desse
Desse vai-e-vem
É tudo mentira
Quem vai nessa pira
Atrás do tesouro
De Ali-bem-bem...
É que lá vou eu de novo
Brasileiro nato
Se eu não morro eu mato

Essa desnutrição
A minha teimosia
Braba de guerreiro
É que me faz o primeiro
Dessa procissão...
Fecha a Porta! Abre a porta!
Abre-te Sésamo
Fecha a Porta! Abre a porta!
Abre-te Sésamo
Fecha a Porta! Abre a porta!
Eu disse:
Abre-te Sésamo!

Sociedade alternativa
Compositores: Paulo Coelho/Raul Seixas
Álbum: Gita
Ano: 1974
Letra:

Viva! Viva!
Viva a sociedade alternativa! (Viva! Viva!)
Viva! Viva!
Viva a sociedade alternativa! (Viva o novo Aeon)
Viva! Viva!
Viva a sociedade alternativa! (Viva! Viva! Viva!)
Viva! Viva!
Viva a sociedade alternativa!
Se eu quero e você quer
Tomar banho de chapéu
Ou esperar Papai Noel
Ou discutir Carlos Gardel
Então vá
Faça o que tu queres pois é tudo da lei
Da lei
Viva! Viva!
Viva a sociedade alternativa! (Faz o que tu queres, ha de ser tudo da lei)
Viva! Viva!
Viva a sociedade alternativa! (Todo homem, toda mulher, é uma estrela)
Viva! Viva!
Viva a sociedade alternativa! (Viva! Viva!)
Viva! Viva!
Viva a sociedade alternativa! Ham
Mais se eu quero e você quer

Tomar banho de chapéu
Ou discutir Carlos Cardel
Ou esperar Papai Noel
Então vá
Faça o que tu queres pois é tudo da lei
Da lei
Viva! Viva!
Viva a sociedade alternativa! (Numero 666 chama se, Alestair Crowley)
Viva! Viva!
Viva a sociedade alternativa! (Faz o que tu queres, há de ser tudo da lei)
Viva! Viva!
Viva a sociedade alternativa!
Viva! Viva!
Viva a sociedade alternativa! (A lei do forte, essa é a nossa lei, e a alegria do mundo)
Viva! Viva!
Viva a sociedade alternativa! (Viva! Viva! Viva!)
Viva! Viva! (Viva o novo Aeon)

Novo Aeon
Compositor: Raul Seixas
Álbum: Novo Aeon
Ano: 1975
Letra:

O sol da noite agora está nascendo
Alguma coisa está acontecendo
Não dá no rádio e nem está
Nas bancas de jornais
Em cada dia ou qualquer lugar
Um larga a fábrica e o outro sai do lar
E até as mulheres, ditas escravas
Já não querem servir mais
Ao som da flauta da mãe serpente
No para-inferno de Adão na gente
Dança o bebê
Uma dança bem diferente
O vento voa e varre as velhas ruas
Capim silvestre racha as pedras nuas
Encobre asfaltos que guardavam
Histórias terríveis
Já não há mais culpado, nem inocente
Cada pessoa ou coisa é diferente

Já que assim, baseado em que
Você pune quem não é você?
Ao som da flauta da mãe serpente
No para-inferno de Adão na gente
Dança o bebê
Uma dança bem diferente
Querer o meu não é roubar o seu
Pois o que eu quero é só função de eu
Sociedade alternativa, sociedade novo aeon
É um sapato em cada pé
É direito de ser ateu ou de ter fé
Ter prato entupido de comida que você mais gosta
Ser carregado, ou carregar gente nas costas
Direito de ter riso e de prazer
E até direito de deixar Jesus sofrer
Querer o meu não é roubar o seu
Pois o que eu quero é só função de eu
Sociedade alternativa, sociedade novo aeon
É um sapato em cada pé
É direito de ser ateu ou de ter fé
Ter prato entupido de comida
Que você mais gosta
É ser carregado, ou carregar
Gente nas costas
Direito de ter riso e de prazer
E até direito de deixar
Jesus Sofrer

Metrô Linha 743
Compositor: Raul Seixas
Álbum: Metrô Linha 743
Ano: 1984
Letra:

Ele ia andando pela rua meio apressado
Ele sabia que tava sendo vigiado
Cheguei para ele e disse: Ei amigo, você pode me ceder um cigarro?
Ele disse: Eu dou, mas vá fumar lá do outro lado
Dois homens fumando juntos pode ser muito arriscado!
Disse: O prato mais caro do melhor banquete é
O que se come cabeça de gente que pensa
E os canibais de cabeça descobrem aqueles que pensam
Porque quem pensa, pensa melhor parado

Desculpe minha pressa, fingindo atrasado
Trabalho em cartório mas sou escritor
Perdi minha pena nem sei qual foi o mês
Metrô linha 743
O homem apressado me deixou e saiu voando
Aí eu me encostei num poste e fiquei fumando
Três outros chegaram com pistolas na mão
Um gritou: Mão na cabeça malandro, se não quiser levar chumbo quente nos córneos
Eu disse: Claro, pois não, mas o que é que eu fiz?
Se é documento eu tenho aqui
Outro disse: Não interessa, pouco importa, fique aí
Eu quero é saber o que você estava pensando
Eu avalio o preço me baseando no nível mental
Que você anda por aí usando
E aí eu lhe digo o preço que sua cabeça agora está custando
Minha cabeça caída, solta no chão
Eu vi meu corpo sem ela pela primeira e última vez
Metrô linha 743
Jogaram minha cabeça oca no lixo da cozinha
E eu era agora um cérebro, um cérebro vivo à vinagrete
Meu cérebro logo pensou: que seja, mas nunca fui tiete
Fui posto à mesa com mais dois
E eram três pratos raros, e foi o maitre que pôs
Senti horror ao ser comido com desejo por um senhor alinhado
Meu último pedaço, antes de ser engolido ainda pensou grilado
Quem será este desgraçado dono desta zorra toda?
Já tá tudo armado, o jogo dos caçadores canibais
Mas o negócio aqui tá muito bandeira
Dá bandeira demais meu Deus
Cuidado brother, cuidado sábio senhor
É um conselho sério pra vocês
Eu morri e nem sei mesmo qual foi aquele mês
Ah! Metrô linha 743

Ouro de tolo
Compositor: Raul Seixas
Álbum: Krig-ha, Bandolo!
Ano: 1973
Letra:

Eu devia estar contente
Porque eu tenho um emprego

Sou o dito cidadão respeitável
E ganho quatro mil cruzeiros por mês
Eu devia agradecer ao Senhor
Por ter tido sucesso na vida como artista
Eu devia estar feliz
Porque consegui comprar um Corcel 73
Eu devia estar alegre e satisfeito
Por morar em Ipanema
Depois de ter passado fome por dois anos
Aqui na Cidade Maravilhosa
Ah! Eu devia estar sorrindo e orgulhoso
Por ter finalmente vencido na vida
Mas eu acho isso uma grande piada
E um tanto quanto perigosa
Eu devia estar contente
Por ter conseguido tudo o que eu quis
Mas confesso, abestalhado
Que eu estou decepcionado
Porque foi tão fácil conseguir
E agora eu me pergunto: E daí?
Eu tenho uma porção
De coisas grandes pra conquistar
E eu não posso ficar aí parado
Eu devia estar feliz pelo Senhor
Ter me concedido o domingo
Pra ir com a família no Jardim Zoológico
Dar pipoca aos macacos
Ah! Mas que sujeito chato sou eu
Que não acha nada engraçado
Macaco, praia, carro, jornal, tobogã
Eu acho tudo isso um saco
É você olhar no espelho
Se sentir um grandessíssimo idiota
Saber que é humano, ridículo, limitado
Que só usa 10% de sua cabeça animal
E você ainda acredita
Que é um doutor, padre ou policial
Que está contribuindo com sua parte
Para o nosso belo quadro social
Eu é que não me sento
No trono de um apartamento
Com a boca escancarada, cheia de dentes
Esperando a morte chegar
Porque longe das cercas embandeiradas
Que separam quintais
No cume calmo do meu olho que vê

Assenta a sombra sonora dum disco voador
Ah! Eu é que não me sento
No trono de um apartamento
Com a boca escancarada, cheia de dentes
Esperando a morte chegar
Porque longe das cercas embandeiradas
Que separam quintais
No cume calmo do meu olho que vê
Assenta a sombra sonora dum disco voador

No fundo do quintal da escola
Compositor: Raul Seixas/Cláudio Roberto
Álbum: O dia em que a Terra parou
Ano: 1977
Letra:

Não sei onde eu tô indo mas sei
Que tô no meu caminho
Enquanto você me critica
Eu tô no meu caminho
Eu sou o que sou porque eu vivo
Da minha maneira
Só sei que eu sinto que foi sempre assim
Minha vida inteira...(eu sei)
Não sei onde eu tô indo mas sei
Que tô no meu caminho
Enquanto você me critica
Eu tô no meu caminho
Desde aquele tempo enquanto
O resto da turma se juntava
Prá, bater uma bola
Eu pulava o muro com Zezinho
No fundo do quintal da escola
Não sei onde eu tô indo mas sei
Que tô no meu caminho
Enquanto você me critica
Eu tô no meu caminho
Você esperando respostas
Olhando por espaço
E eu tão ocupado vivendo
Eu não me pergunto. Eu faço!
Não sei onde eu tô indo mas sei
Que tô no meu caminho

Enquanto você me critica
Eu tô no meu caminho
E se você quiser contar comigo é melhor
Não me chamar
Prá jogar bola
Tô pulando o muro com Zezinho
No fundo do quintal da escola (eu to)
Eu tô pulando o muro com Zezinho
No fundo do quintal da escola (eu to)
Eu tô pulando o muro com Zezinho
No fundo do quintal da escola (eu sempre estive lá)
Eu tô pulando o muro com Zezinho
No fundo do quintal da escola

Século XXI
Compositor: Raul Seixas/Marcelo Nova
Álbum: A panela do diabo
Ano: 1989
Letra:

Há muitos anos você anda em círculos
Já não lembra de onde foi que partiu
Tantos desejos soprados pelo vento
Se espatifaram quando o vento sumiu
Você vendeu sua alma ao acaso
Que por descaso tava ali de bobeira
E em troca recebeu os pedaços
Cacos de vida de uma vida inteira
Se você correu, correu, correu tanto
E não chegou a lugar nenhum
Baby oh Baby bem vinda ao Século XXI
Você cruzou todas as fronteiras
Não sabe mais de que lado ficou
E ainda tenta e ainda procura
Por um tempo que faz tempo passou
Agora é noite na sua existência
Cuja essência perdeu o lugar
Talvez esteja aí pelos cantos
Mas está escuro pra poder encontrar
Se você correu, correu, correu tanto
E não chegou a lugar nenhum
Baby oh Baby bem vinda ao Século XXI

CAPÍTULO 7

CRONOLOGIA DE RAUL SEIXAS E DO DIREITO ADMINISTRATIVO

1799 – é instituído o Conselho de Estado na França, com funções consultivas e jurisdicionais em matéria administrativa.
1800 – editada a lei de 28 do pluviose do ano VIII que deu feição jurídica à Administração Pública francesa.
1814 – publicada a obra *Instituzioni do Diritto Amministrativo* do italino Romagnosi.
1815 – ofertada a disciplina Direito Administrativo nas faculdades da França.
1819 – instituída, na Universidade de Paris, a primeira cátedra de direito público e administrativo.
1854 – instituição das primeiras cadeiras de Direito Administrativo nas Faculdades de Direito de São Paulo e de Recife.
1929 – O prefeito de Palmeira dos Índios (AL), Graciliano Ramos, elabora o Relatório de Gestão ao Governador do Estado, texto que expõe as dificuldades da Administração Pública em um pequeno município brasileiro.
1937 – lançado o primeiro número da *Revista do Serviço Público*.
1938 – criação do Departamento Administrativo do Serviço Público – DASP, pelo Decreto-Lei nº 579, de 30.7.1938.
28.6.1945 – nasce Raul Seixas, em Salvador/BA.
1959 – junto com o amigo Waldir Serrão, Raul Seixas funda o fã clube "Elvis Rock Club", em Salvador/BA.
1962 – Raul Seixas ingressa na da banda "Os Panteras".
1964 – publicada a primeira edição de *Direito administrativo brasileiro*, de Hely Lopes Meirelles.

1964 – surgimento do Instituto de Pesquisa Econômica Aplicada – Ipea.
1967 – publicado o Decreto Lei 200.
1968 – é gravado o disco *Raulzito e Os Panteras*.
1968-1972 – Raul Seixas trabalha como produtor musical no Rio de Janeiro.
1972 – com o Festival Internacional da Canção, Raul Seixas inscreve duas músicas, *Let Me Sing, Let Me Sing* e *Eu Sou Eu e Nicuri é o Diabo*. Ambas chegam à final, obtendo sucesso de crítica e de público.
1973 – inicia-se a carreira solo de Raul Seixas e são gravadas as músicas *Ouro de tolo, Metamorfose ambulante, Mosca na sopa* e *Como vovó já dizia (Óculos escuros)*.
1974 – a música *Sociedade alternativa* é gravada. Composta por Raul Seixas e Paulo Coelho, a *Sociedade alternativa* é um conceito de sociedade livre inspirada no ocultista Aleister Crowley. Neste mesmo ano, Raul e Paulo são presos pelo Departamento de Ordem Política e Social (DOPS) e exilados nos Estados Unidos.
1975 – a música *Novo Aeon é gravada*.
1975 – é criado o Instituto Brasileiro de Direito Administrativo (IBDA) e realizada a primeira edição do Congresso Brasileiro de Direito Administrativo. Compunham a primeira Diretoria do IBDA Manoel de Oliveira Franco Sobrinho (Presidente), Caio Tácito (1º Vice-Presidente), Celso Antônio Bandeira de Mello (2º Vice-Presidente), Sergio de Andréa Ferreira (Diretor executivo) e Sérgio Ferraz (Diretor secretário).
1977 – são gravadas as músicas *Maluco beleza, O dia em que a Terra parou, Sapato 36* e *No fundo do quintal da escola*.
1978 – a música *Conserve seu medo* é gravada.
1979 – gravada a música *Por quem os sinos dobram*.
1980 – publicada a primeira edição de *Elementos de direito administrativo* (que posteriormente teria como título *Curso de direito administrativo*), de Celso Antônio Bandeira de Mello.
1980 – gravadas as músicas *Aluga-se* e *Abre-te Sésamo*.
1983 – as músicas *Carimbador maluco, Capim guiné* e *Aquela coisa* são gravadas.
1984 – gravada a música *Metrô Linha 743*.
1986 – criação da Escola Nacional de Administração Pública – ENAP.
1987 – gravada a música *Cowboy fora da lei*.

5.8.1988 – promulgada a Constituição Federal.
1989 – gravadas as músicas *Carpinteiro do universo* e *Século XXI*.
21.8.1989 – morre Raul Seixas, em São Paulo/SP.
1990 – publicada a primeira edição de *Direito administrativo*, de Maria Sylvia Zanella Di Pietro.
1995 – surgimento do Ministério da Administração Federal e Reforma do Estado – Mare.
5.6.1998 – promulgada a Emenda Constitucional nº 19/98, que institui a Reforma Administrativa que introduz o modelo gerencial.
1999 – publicada a Lei nº 9.784, que trata das normas gerais do processo administrativo federal.
2004 – o canal de televisão a cabo Multishow promove um *show* especial de tributo a Raul, intitulado *O baú do Raul: uma homenagem a Raul Seixas*.
2012 – é lançado o filme documentário *Raul – O início, o fim e o meio*.
2015 – a gravadora Som Livre lançou o DVD e em formato CD de *O Baú do Raul – 25 anos sem Raul Seixas*, gravado em agosto de 2014 na Fundição Progresso no mês em que se completaram exatos 25 anos da morte do cantor.
2018 – publicada a Lei nº 13.655, que altera a Lei de Introdução às Normas do Direito Brasileiro (LINDB) no tocante à aplicação das normas de direito público.
2020 – encaminhada ao Congresso Nacional a PEC nº 32/2020, que trata de uma nova Reforma Administrativa.
2021 – publicadas a Lei nº 14.121, que trata do Governo Digital, e nº 14.133, que institui a Nova Lei de Licitações e Contratos Administrativos.
21.8.2021 – ocorre em São Paulo a 32ª Passeata em homenagem a Raul Seixas.
2022 – ocorre o XXXVI Congresso Brasileiro de Direito Administrativo em São Paulo.

REFERÊNCIAS

ABONIZIO, Juliana; TEIXEIRA, Rosana da Câmara (Org.). *Raul Seixas*: estudos interdisciplinares. Cuiabá: Carlini & Caniato Editorial, 2015.

AMORIM, Wellington Lima; SILVA, Lilian Lenite da. Sobre a democracia deliberativa: Joshua Cohen a Jürgen Habermas. *Revista Ítaca*, n. 26, 2014.

ANDRADE, Mário de. *Macunaíma, o herói sem nenhum caráter*. São Paulo: [s.n.], 1928.

APARICIO CHOFRÉ, Lucía. La música como herramienta de aprendizaje. El proyecto Human Rights song. *Revista Docencia y Derecho*, p. 148-161. Disponível em: https://orcid.org/0000-0002-0273-2171.

ARAÚJO, Diego. Resenha: "A Metamorfose" de Franz Kafka. *Ficções Humanas*, 4 jun. 2019. Disponível em: https://www.ficcoeshumanas.com.br/post/resenha-a-metamorfose-de-franz-kafka. Acesso em: 30 jun. 2022.

BANDEIRA DE MELLO, Celso Antônio. *Curso de direito administrativo*. 26. ed. São Paulo: Malheiros, 2008.

BAPTISTA, Patrícia. *Transformações do direito administrativo*. Rio de Janeiro: Renovar, 2003.

BARRETO, Lima. *Os Bruzundangas*. Porto Alegre: L&PM Pocket, 1998.

BATISTA JÚNIOR, Onofre Alves; CAMPOS, Sarah. A Administração Pública consensual na modernidade líquida. *Fórum Administrativo – FA*, Belo Horizonte, ano 14, n. 155, p. 31-43, jan. 2014. Disponível em: https://www.editoraforum.com.br/wp-content/uploads/2014/09/Administracao-Publica-consensual-na-modernidade-liquida-Editora-Forum.pdf. Acesso em: 29 jun. 2022.

BERCOVICI, Gilberto. A administração pública dos cupons. *Conjur*, 6 set. 2020. Disponível em: https://www.conjur.com.br/2020-set-06/estado-economia-administracao-publica-cupons. Acesso em: 1º jul. 2022.

BINENBOJM, Gustavo. *Uma teoria do direito administrativo*: direitos fundamentais, democracia e constitucionalização. Rio de Janeiro: Renovar, 2006.

BOBBIO, Norberto. *O futuro da democracia*. 13. ed. Tradução de Marco Aurélio Nogueira. São Paulo: Paz e Terra, 2015.

BOHMAN, James. La democracia deliberativa y sus críticos. *Metapolítica*, v. 4, abr./jun. 2000.

BORDINI, Maria da Glória. Prefácio. *In*: VERISSIMO, Erico. *Incidente em Antares*. 18. reimpr. São Paulo: Companhia das Letras, 2006.

BOSCATO, Luiz Alberto de Lima. *Vivendo a sociedade alternativa*: Raul Seixas no panorama da Contracultura Jovem. Orientador: Marcos Antônio da Silva. Tese (Doutorado em História Social) – FFLCH/USP, São Paulo, 2006.

BUCCI, Maria Paula Dallari. *Direito administrativo e políticas públicas*. São Paulo: Saraiva, 2002.

CANDIDO, Antonio. Prefácio de 1967. In: HOLANDA, Sérgio Buarque de. *Raízes do Brasil*. 26. ed. São Paulo: Companhia das Letras, 1995.

CARDOSO JR., José Celso; NOGUEIRA, Roberto Passos. Introdução. In: CARDOSO JR., José Celso (Org.). *Burocracia e ocupação no setor público brasileiro*. Rio de Janeiro: Ipea, 2011. v. 5.

CARDOSO JR., José Celso; NOZAKI, William. Outra reforma administrativa é necessária: bases para uma refundação democrática do Estado no Brasil. In: FRENTE PARLAMENTAR MISTA DO SERVIÇO PÚBLICO. *Mitos liberais acerca do Estado brasileiro e bases para um serviço público de qualidade*. Brasília: ANFIPEA, 2019.

CARVALHO, Fábio Lins de Lessa. *Autoritarismo e patrimonialismo no Brasil*. 40 visões da literatura e da academia (1500-2021). Curitiba: Juruá, 2021.

CARVALHO, Fábio Lins de Lessa. Concurso público e contratação temporária em tempos de pandemia da Covid-19. In: CARVALHO, Fábio Lins de Lessa; RODRIGUES, Ricardo Schneider (Coord.). *Covid-19 e direito administrativo*. Impactos da pandemia na Administração Pública. Curitiba: Juruá, 2020.

CARVALHO, Fábio Lins de Lessa. *Graciliano Ramos e a Administração Pública*. Comentários aos seus relatórios de gestão à luz do direito administrativo moderno. Belo Horizonte: Fórum, 2017.

CARVALHO, Fábio Lins de Lessa; SOUZA FILHO, Gilvan Martins de. A governança digital na Administração Pública: considerações sobre a democracia participativa e desafios para a efetiva participação popular. *International Journal of Digital Law*, Belo Horizonte, ano 2, n. 2, p. 167-184, maio/ago. 2021.

CARVALHO, José Murilo de. *Cidadania no Brasil*. O longo caminho. 19. ed. Rio de Janeiro: Civilização Brasileira, 2015.

CARVALHO, Raquel Melo Urbano de. Direito sancionador: a não previsão do consenso na legislação. Como fazer? *Raquel Carvalho – Direito Administrativo*, 9 mar. 2021. Disponível em: http://raquelcarvalho.com.br/2021/03/09/direito-sancionador-a-nao-previsao-do-consenso-na-legislacao-como-fazer/. Acesso em: 7 jun. 2022.

CHAUI, Marilena. *Brasil*: mito fundador e sociedade autoritária. São Paulo: Editora Fundação Perseu Abramo, 2000.

CHRISTOPOULOS, Basile Georges. Argumento consequencialista no direito. *Revista Eletrônica do Mestrado em Direito da UFAL*, Maceió, v. 6, n. 3, p. 4-27, 2015.

CORTINA, Joseph Jesus Florez. *Tecnologias digitais como agentes mediadores na produção e compartilhamento do conhecimento científico para a participação social*. Dissertação (Mestrado) – Programa de Pós-Graduação em Mídia e Tecnologia, Faculdade de Arquitetura, Artes e Comunicação – FAAC, Universidade Estadual Paulista Júlio de Mesquita Filho, Bauru, 2021. Disponível em: https://repositorio.unesp.br/bitstream/handle/11449/202837/cortina_jjf_me_bauru.pdf?sequence=4&isAllowed=y. Acesso em: 25 out. 2021.

COSTA, Isaías. Uma interpretação da música "Sapato 36". *Universo de Raul Seixas*, 20 abr. 2015. Disponível em: https://universoderaulseixas.wordpress.com/2015/04/20/uma-interpretacao-da-musica-sapato-36/. Acesso em: 9 jun. 2022.

DAMATTA, Roberto. *Carnavais, malandros e heróis*. Para uma sociologia do dilema brasileiro. 6. ed. Rio de Janeiro: Rocco, 1997.

DEBORD, Guy. *La société du spetacle*. 3. ed. Paris: Gallimard, 1992.

DEVIDES, Dílson César. *Raul Seixas e o Brasil pós-64*: cultura, repressão, censura. Disponível em: file:///C:/Users/Fabio/Downloads/2233-6979-2-PB.pdf. Acesso em: 9 jun. 2022.

DEVIDES, Dílson César. Raul Seixas: um livre-pensador. *In*: ABONIZIO, Juliana; TEIXEIRA, Rosana da Câmara (Org.). *Raul Seixas*: estudos interdisciplinares. Cuiabá: Carlini & Caniato Editorial, 2015.

DEVISATE, Rogério. Raul Seixas cantava "Aluga-se" e vaticinava o presente. *Direito Agrário*, 6 jan. 2021. Disponível em: https://direitoagrario.com/raul-seixas-cantava-aluga-se-e-vaticinava-o-presente/. Acesso em: 26 abr. 2022.

DI PIETRO, Maria Sylvia Zanella. *Direito administrativo*. 33. ed. São Paulo: Forense, 2020.

DI PIETRO, Maria Sylvia Zanella. Existe um novo direito administrativo. *In*: DI PIETRO, Maria Sylvia Zanella; RIBEIRO, Carlos Vinicius Alves (Coord.). *Supremacia do interesse público e outros temas relevantes do direito administrativo*. São Paulo: Atlas, 2010.

DI SALVO, Sílvia H. Johonsom. Reforma administrativa: o potencial da inovação tecnológica. *Conjur*, 12 set. 2021. Disponível em: https://www.conjur.com.br/2021-set-12/publico-pragmatico-reforma-administrativa-potencial-inovacao-tecnologica. Acesso em: 1º jul. 2022.

DIAS, Elder. Os sinos que unem John Donne, Hemingway e Raul Seixas. *Revista Bula*, 28 jun. 2020. Disponível em: https://www.revistabula.com/1553-os-sinos-que-unem-john-donne-hemingway-e-raul-seixas/. Acesso em: 31 maio 2022.

DONNE, Jonh. *In*: VIZIOLI, Paulo (Intr., sel., trad. e notas). *Jonh Donne*. O poeta do amor e da morte. Ed. bilíngue. São Paulo: J. C. Ismael, 1985.

ELOI, Pedro. Sapato 36. Raul Seixas. Quem seria o pai? *Blog do Pedro Eloi*, 7 jul. 2016. Disponível em: http://www.blogdopedroeloi.com.br/2016/07/sapato-36-raul-seixas-quem-seria-o-pai.html. Acesso em: 9 jun. 2022.

FAORO, Raymundo. *Os donos do poder*. Formação do patronato político brasileiro. 3. ed. Rio de Janeiro: Globo, 2001.

FERRAZ, Luciano. Termos de ajustamento de gestão (TAG): do sonho à realidade. *Rere – Revista Eletrônica sobre a Reforma do Estado*, v. 27, p. 81-92, 2011. Disponível em: http://www.direitodoestado.com.br/artigo/luciano-ferraz/termos-de-ajustamento-de-gestao-tag-do-sonho-a-realidade. Acesso em: 7 jun. 2022.

FIGUEIREDO, Rubens. O carimbador maluco. *Espaço Democrático*, 19 fev. 2015. Disponível em: https://espacodemocratico.org.br/artigos/rubens-figueiredo-o-carimbador-maluco/. Acesso em: 27 abr. 2022.

FREIRE, Erika. Conheça o significado da música Cowboy Fora da Lei, de Raul Seixas, *Letras.mus*, 6 fev. 2020. Disponível em: https://www.letras.mus.br/blog/significado-cowboy-fora-da-lei/. Acesso em: 17 maio 2022.

FREIRE, Érika. Conheça o significado de Maluco Beleza, sucesso de Raul Seixas. *Analisando Letras*, 21 jan. 2021. Disponível em: https://www.letras.mus.br/blog/maluco-beleza-significado/. Acesso em: 30 jun. 2022.

FREITAS, Juarez. Direito administrativo não adversarial: a prioritária solução consensual de conflitos. *RDA – Revista de Direito Administrativo*, Rio de Janeiro, v. 276, p. 25-46, 2017.

FREITAS, Juarez. *Sustentabilidade*. Direito ao futuro. 4. ed. Belo Horizonte: Fórum, 2019.

FREITAS, Vladimir Passos de. Direito e música é tema rico e pouco explorado. *Conjur*, 2 jan. 2011. Disponível em: https://www.conjur.com.br/2011-jan-02/segunda-leituradireito-musica-tema-rico-explorado. Acesso em: 21 abr. 2022.

GABARDO, Emerson; HACHEM, Daniel Wunder. O suposto caráter autoritário da supremacia do interesse público e das origens do direito administrativo: uma crítica da crítica. *In*: DI PIETRO, Maria Sylvia Zanella; RIBEIRO, Carlos Vinicius Alves (Coord.). *Supremacia do interesse público e outros temas relevantes do direito administrativo*. São Paulo: Atlas, 2010.

GABARDO, Emerson; SOUZA, Pablo Ademir de. O consequencialismo e a LINDB: a cientificidade das previsões quanto às consequências práticas das decisões. *Revista de Direito Administrativo & Constitucional*, Belo Horizonte, 2020.

GARCIA, Flávio Amaral. *Licitações e contratos administrativos*: casos e polêmicas. 4. São Paulo: Malheiros, 2016.

GODOI, Marcela Gonçalves. Do caráter pragmatista das disposições da Nova Lei de Introdução às Normas do Direito Brasileiro – LINDB e o impacto na gestão pública e na atuação dos órgãos de controle. *Âmbito Jurídico*, 25 nov. 2019. Disponível em: https://ambitojuridico.com.br/cadernos/direito-administrativo/do-carater-pragmatista-das-disposicoes-da-nova-lei-de-introducao-as-normas-do-direito-brasileiro-lindb-e-o-impacto-na-gestao-publica-e-na-atuacao-dos-orgaos-de-controle/. Acesso em: 4 jul. 2022.

GOMES, Filipe Lôbo. A aplicação do LINDB a partir da pandemia. *In*: CARVALHO, Fábio Lins de Lessa; RODRIGUES, Ricardo Schneider (Coord.). *Covid-19 e direito administrativo*. Impactos da pandemia na Administração Pública. Curitiba: Juruá, 2020.

GONÇALVES, João de Sene. *Sexo, drogas e rock'n roll*: "Raulseixismo" o estilo próprio de crítica à ditadura militar. Monografia (Conclusão de curso de Graduação em História) – Universidade Federal de Uberlândia, 2008. Disponível em: https://repositorio.ufu.br/bitstream/123456789/19080/1/SexoDrogasRaulseixismo.pdf. Acesso em: 1º maio 2022.

GOUVÊA, Gilda Portugal. *Burocracia e elites burocráticas no Brasil*. São Paulo: Paulicéia, 1994.

GROSSFELD, Bernhard; HILLER, Jack A. Music and law. *The International Lawyer*, v. 42, n. 3.

GUEDES, Demian. *Autoritarismo e Estado no Brasil*. Tradição, transição e processo administrativo. Rio de Janeiro: FGV Direito Rio, 2016.

GUERRERO, Omar. *El funcionario, el diplomático y el juez*. Las experiencias en la formación profesional del servicio público en el mundo. México: Instituto Nacional de Administración Pública, 1998.

GUIMARÃES, Cátia. A importância de um sistema de saúde público e universal no enfrentamento à epidemia. *EPSJV/Fiocruz*, 25 mar. 2020. Disponível em: http://www.epsjv.fiocruz.br/noticias/reportagem/a-importancia-de-um-sistema-de-saude-publico-e-universal-no-enfrentamento-a. Acesso em: 5 jul. 2022.

GUIMARÃES, Cátia. O papel da atenção primária à saúde no controle da epidemia. *EPSJV/Fiocruz*, 15 abr. 2020. Disponível em: http://www.epsjv.fiocruz.br/noticias/reportagem/o-papel-da-atencao-primaria-a-saude-no-controle-da-epidemia. Acesso em: 5 jul. 2022.

GUIMARÃES, Fernando Vernalha. O direito administrativo do medo: a crise da ineficiência pelo controle. *Direito do Estado*, 31 jan. 2016. Disponível em: http://www.direitodoestado.com.br/colunistas/fernando-vernalha-guimaraes/o-direito-administrativo-do-medo-a-crise-da-ineficiencia-pelo-controle. Acesso em: 10 jul. 2022.

HABERMAS, Jürgen. *Direito e democracia*: entre facticidade e validade. 2. ed. Rio de Janeiro: Tempo Brasileiro, 2003. v. II.

HOLANDA, Sérgio Buarque. *Raízes do Brasil*. 26. ed. São Paulo: Companhia das Letras, 1995.

HUXLEY, Katy; ANDREWS, Rhys; HAMMERSCHMID, Gerhard; VAN DE WALLE, Steven. Public Administration reforms and outcomes across countries and policy areas. *In*: HAMMERSCHMID, Gerhard; VAN DE WALLE, Steven; ANDREWS, Rhys; BEZES, Philippe (Ed.). *Public Administration Reforms in Europe*. The view from the top. Cheltenham: [s.n.], 2016.

IPEA – INSTITUTO DE PESQUISA ECONÔMICA APLICADA. *Distribuição de remuneração nos níveis federativos*. Disponível em: https://www.ipea.gov.br/atlasestado/consulta/119. Acesso em: 21 maio 2022.

IPEA – INSTITUTO DE PESQUISA ECONÔMICA APLICADA. *Total de vínculos por nível de escolaridade, Poder e nível federativo*. Disponível em: https://www.ipea.gov.br/atlasestado/consulta/93. Acesso em: 21 maio 2022.

IVO, Lêdo. *Ninho de cobras*. Maceió: Imprensa Oficial Graciliano Ramos, 2015.

JORGE, Cibele Simões Kerr. As críticas sociais na obra de Raul Seixas. Parte 2) corpo e música na cidade. *Algazarra*, São Paulo, n. 4, p. 78-96, dez. 2016.

JUSTEN FILHO, Marçal. Art. 20 da LINDB. Dever de transparência, concretude e proporcionalidade nas decisões públicas. *Revista de Direito Administrativo*, Rio de Janeiro, p. 13-41, nov. 2018. Edição Especial: Direito Público na Lei de Introdução às Normas de Direito Brasileiro – LINDB (Lei nº 13.655/2018).

JUSTEN FILHO, Marçal. O direito administrativo de espetáculo. *Fórum Administrativo – FA*, Belo Horizonte, ano 9, n. 100, jun. 2009.

KAMIR, Orit. Por que 'direito e cinema' e o que isso realmente significa? Uma perspectiva. *Revista Direito e Praxis*, Rio de Janeiro, v. 12, n. 4, p. 2997-3030, 2021.

KARNAL, Leandro. *Todos contra todos*: o ódio nosso de cada dia. Rio de Janeiro: Leya, 2017.

LEAL, Vitor Nunes. *Coronelismo, enxada e voto*. O município e o regime representativo no Brasil. 7. ed. São Paulo: Companhia das Letras, 2012.

LEVITSKY, Steven; ZIBLATT, Daniel. *Como as democracias morrem*. Tradução Renato Aguiar. Rio de Janeiro: Zahar, 2018.

LIMA, Edilberto Carlos Pontes. A pandemia e o papel do Estado. *Instituto Rui Barbosa*, 18 set. 2021. Disponível em: https://irbcontas.org.br/artigo/a-pandemia-e-o-papel-do-estado/. Acesso em: 5 jul. 2022.

LIMA, Luiz. Ouro de tolo. Raul Seixas escrachou os valores da ditadura. *Revista de História*, 9 jun. 2008. Disponível em: http://www.revistadehistoria.com.br/secao/retrato/ouro-de-tolo. Acesso em: 30 abr. 2022.

LOPES, Bianca Meira. De jagunço a matraga. *Cadernos do IL*, Porto Alegre, n. 57, nov. 2018.

LUSTOSA, Bruno. Raul Seixas era de esquerda? De direita? Comunista? *R10*, 28 abr. 2020. Disponível em: https://www.portalr10.com.br/noticia/48168/raul-seixas-era-de-esquerda-de-direita-comunista-#:~:text=Influenciado%20pela%20filosofia%20de%20Aleister,%2C%20acima%20de%20tudo%2C%20raulseixista. Acesso em: 24 abr. 2022.

MACHADO JÚNIOR, Agapito. *Concursos públicos*. São Paulo: Atlas, 2008.

MAGALHÃES, Flávio. 5 músicas em que Raul Seixas criticou a Ditadura nas entrelinhas. *Memorial Raul Seixas*, 2019. Disponível em: https://memorialraulseixas.com/2019/03/27/5-musicas-em-que-raul-seixas-criticou-a-ditadura-nas-entrelinhas/. Acesso em: 9 jun. 2022.

MAGRANI, Eduardo. *Democracia conectada*. A internet como ferramenta de engajamento político-democrático. Curitiba: FGV Direito Rio; Juruá, 2014.

MARQUES NETO, Floriano de Azevedo. A superação do ato administrativo autista. *In*: MEDAUAR, Odete; SCHIRATO, Vitor Rhein (Coord.). *Os caminhos do ato administrativo*. São Paulo: Revista dos Tribunais, 2012.

MARROQUIM, Fábio Máximo de Carvalho. Apresentação. *In*: CARVALHO, Fábio Lins de Lessa; RODRIGUES, Ricardo Schneider (Coord.). *Covid-19 e direito administrativo*. Impactos da pandemia na Administração Pública. Curitiba: Juruá, 2020.

MARTINS JUNIOR, Wallace Paiva. Princípios jurídicos de direito administrativo, ambiental e urbanístico e o princípio de precaução. *Interesses Difusos e Coletivos/Difuse and Collective Interests, Justitia*, São Paulo, 70-71-72 (204/205/206), jan./dez. 2013-2014-2015.

MATEUS, Bruno. Biografia mergulha na obra e na personalidade fascinante de Raul Seixas. *O Tempo*, 26 out. 2019. Disponível em: https://www.otempo.com.br/diversao/biografia-mergulha-na-obra-e-na-personalidade-fascinante-de-raul-seixas-1.2254142. Acesso em: 22 abr. 2022.

MATOS, Gabriel Visoto de. A inovação como princípio da Administração Pública na reforma administrativa. *Jota*, 13 out. 2020. Disponível em: https://www.jota.info/coberturas-especiais/inova-e-acao/a-inovacao-como-principio-da-administracao-publica-na-reforma-administrativa-13102020. Acesso em: 1º jul. 2022.

MEDAUAR, Odete. *O direito administrativo em evolução*. 2. ed. São Paulo: Revista dos Tribunais, 2003.

MEDEIROS, Jotabê. *Raul Seixas*: não diga que a canção está perdida. São Paulo: Todavia, 2019.

MENDONÇA, José Vicente Santos de. Art. 21 da LINDB – Indicando consequências e regularizando atos e negócios. *Revista de Direito Administrativo*, Rio de Janeiro, nov. 2018. Edição especial. DOI: https://doi.org/10.12660/rda.v0.2018.77649. Disponível em: https://bibliotecadigital.fgv.br/ojs/index.php/rda/article/view/77649. Acesso em: 29 jun. 2022.

MERTON, Robert K. Estrutura burocrática e personalidade. *In*: CAMPOS, Edmundo (Org.). *Sociologia da burocracia*. 4. ed. Rio de Janeiro: Zahar, 1978.

MINUANO, Carlos. *Raul*. Por trás das canções. Rio de Janeiro: Best Seller, 2019.

MORAES, Dênis de. *O velho Graça*. Uma bibliografia de Graciliano Ramos. 1. ed. rev. e ampl. São Paulo: Boitempo, 2012.

MORAIS, Marília Mendonça. O princípio da publicidade. *In*: FIGUEIREDO, Lucia Valle (Org.). *Princípios informadores do direito administrativo*. São Paulo: N&J, 2018 *apud* REINALDO, Demócrito Ramos. *Revista do Tribunal Regional Federal 1ª Região*, v. 9, n. 4, out./dez. 1997.

MOREIRA NETO, Diogo de Figueiredo. *Direito da participação política*: legislativa, administrativa, judicial (fundamentos e técnicas constitucionais da legitimidade). Rio de Janeiro: Renovar, 1992.

MOREIRA NETO, Diogo de Figueiredo. *Novas mutações juspolíticas*. Belo Horizonte: Fórum, 2016.

MOREIRA, Patrícia Prieto. Poder de polícia em tempos de Covid-19. *Conteúdo Jurídico*, 26 jan. 2021. Disponível em: https://conteudojuridico.com.br/consulta/artigos/56112/poder-de-polcia-em-tempos-de-covid-19. Acesso em: 5 jul. 2022.

MOTTA, Fabrício. O direito administrativo continua vivo durante a pandemia. *Conjur*, 23 abr. 2020. Disponível em: https://www.conjur.com.br/2020-abr-23/interesse-publico-direito-administrativo-continua-vivo-durante-pandemia. Acesso em: 5 jul. 2022.

MOTTA, Fabrício. Publicidade e transparência são conceitos complementares. *Conjur*, 1º fev. 2018. Disponível em: https://www.conjur.com.br/2018-fev-01/interesse-publico-publicidade-transparencia-sao-conceitos-complementares. Acesso em: 7 jul. 2022.

MOTTA, Fabrício. Regime privado não pode ser esconderijo do alcance e regras do direito público. *Conjur*, 10 set. 2015. Disponível em: https://www.conjur.com.br/2015-set-10/interesse-publico-regime-privado-nao-esconderijo-alcance-direito-publico. Acesso em: 26 abr. 2022.

MOTTA, Fabrício; NOHARA, Irene Patrícia. *LINDB no direito público*. Lei 13.655/2018. São Paulo: Thomson Reuters Revista dos Tribunais, 2019.

MOURA, Emerson Affonso da Costa. Limites do exercício do poder de polícia à luz dos direitos fundamentais: análise das medidas restritivas adotadas durante a pandemia do Covid-19. *Revista Estudos Institucionais*, v. 6, n. 3, p. 935-952, set./dez. 2020.

NABUCO, Joaquim. *O abolicionismo*. Petrópolis: Vozes de Bolso, 2012. Edição digital. Disponível em: file:///D:/Downloads/O%20Abolicionismo%20-%20Joaquim%20Nabuco%20(2)%20(1).pdf.

NERY, Emilia Saraiva. História, pandemia, distopia e utopia – Um estudo a partir do Dia em que a Terra parou (1977)/o Corona acabou (2020) de Raul Seixas e Tom Cavalcante. *Brazilian Journal of Development*, Curitiba, v. 8, n. 1, p. 5102-5113, jan. 2022.

NEVES, José Roberto de Castro (Org.). *Música & Direito*. Rio de Janeiro: Nova Fronteira, 2022.

NEVES, José Roberto de Castro. *Os advogados vão ao cinema*. Rio de Janeiro: Nova Fronteira, 2019.

NEVES, Marcelo. *Constitucionalização simbólica*. São Paulo: Acadêmica, 1994.

NOHARA, Irene Patrícia. "Solublemas" da LINDB ao Direito Público. *Irene Nohara – Direito Administrativo*. Disponível em: https://direitoadm.com.br/tag/lindb/. Acesso em: 3 jul. 2022.

NOHARA, Irene Patrícia. Desafios de inovação na Administração Pública contemporânea: "destruição criadora" ou "inovação destruidora" do Direito Administrativo? *Irene Nohara – Direito Administrativo*, 24 abr. 2020. Disponível em: https://direitoadm.com.br/desafios-de-inovacao-na-administracao-publica-contemporanea-destruicao-criadora-ou-inovacao-destruidora-do-direito-administrativo/. Acesso em: 1º jul. 2022.

NOHARA, Irene Patrícia. *Reforma administrativa e burocracia*. Impacto da eficiência na configuração do direito administrativo brasileiro. 2. tir. São Paulo: Atlas, 2016.

OLIVEIRA, Gustavo Justino de; SCHWANKA, Cristiane. A administração consensual como a nova face da administração pública no séc. XXI: fundamentos dogmáticos, formas de expressão e instrumentos de ação. *Revista da Faculdade de Direito da Universidade de São Paulo*, v. 104, p. 303-322, jan./dez. 2009.

ORGE, C. S. K. As críticas sociais na obra de Raul Seixas. Parte 2) corpo e música na cidade. *Algazarra*, São Paulo, n. 4, p. 78-96, dez. 2016.

PENNA, José Osvaldo de Meira. *O dinossauro*. Uma pesquisa sobre o Estado, o patrimonialismo selvagem e a nova classe de intelectuais e burocratas. São Paulo: T. A. Queiroz Editor, 1988.

PEREIRA, Luiz Carlos Bresser. *Reforma do Estado para a cidadania*. A reforma gerencial brasileira na perspectiva internacional. São Paulo: Editora 34; ENAP, 1998.

PESSI, Gabriele; LOPES, Job. O lirismo crítico de Raul Seixas: uma análise de canções que refletem a ditadura. *Unioeste*, Cascavel, 2017. Disponível em: http://www.seminariolhm.com.br/2018/simposios/17/simp17art05.pdf. Acesso em: 4 jul. 2022.

PINHEIRO, Pedro Henrique. "Aluga-se" e um alerta para a má administração do território brasileiro na voz de Raul Seixas. *Tenho Mais Discos que Amigos*, 10 dez. 2020. Disponível em: https://www.tenhomaisdiscosqueamigos.com/2020/12/10/raul-seixas-aluga-se-historia/. Acesso em: 26 abr. 2022.

PRABHU, Jaideep. *Como um governo deveria ser*. Os novos recursos da atuação estatal. Tradução Luiz Antônio Araújo. 1. ed. Rio de Janeiro: Record, 2022.

PRADO JR., Caio. *Formação do Brasil contemporâneo*. São Paulo: Companhia das Letras, [s.d.].

PROUDHON, Pierre-Joseph. *A propriedade é um roubo*. Porto Alegre: L&PM Pocket, 2001.

RAMIÓ, Carles. *La renovación de la función pública*. Estrategias para frenar la corrupción política en España. Barcelona: Editorial Catarata, 2016.

RAMOS, Graciliano. *Relatório I, publicado no Diário Oficial de Alagoas em 24 de janeiro de 1929*. Maceió: Imprensa Oficial Graciliano Ramos, 2013.

RAMOS, Graciliano. *Vidas secas*. 130. ed. Rio de Janeiro: Record, 2016.

REIS, Camille Lima. Governo digital: os impactos da Covid-19 na Administração Pública. *In*: CARVALHO, Fábio Lins de Lessa; RODRIGUES, Ricardo Schneider (Coord.). *Covid-19 e direito administrativo*. Impactos da pandemia na Administração Pública. Curitiba: Juruá, 2020.

RIVERO ORTEGA, Ricardo. *La necesaria inovación en las instituciones administrativas*. Organización, procedimiento, función pública, contratos administrativos y regulación. Madrid: Instituto Nacional de Administración Pública – INAP, 2012.

RODRIGUES, Horácio; GRUBBA, Leilane. O ser dos direitos humanos na ponte entre o direito e a música. *Revista Opinião Jurídica*, v. 9, n. 13, 2011.

RODRIGUES, João Gaspar. Publicidade, transparência e abertura na Administração Pública. *Revista de Direito Administrativo – RDA*, Rio de Janeiro, v. 266, p. 89-123, maio/ago. 2014.

RODRIGUES, Marco Antônio. *Contos da vida burocrática*: o funcionário público na narrativa curta de ficção brasileira. Brasília: Universidade de Brasília, 2015. Disponível em: http://repositorio.unb.br/bitstream/10482/22054/1/2015_MarcoAntonioRodrigues.pdf/. Acesso em: 27 abr. 2022.

RODRIGUES, Ricardo Schneider. A responsabilização do gestor público em tempos de pandemia: um olhar a partir da LINDB, do Decreto 9.830/2019 e da MP 966/2020. In: CARVALHO, Fábio Lins de Lessa; RODRIGUES, Ricardo Schneider (Coord.). Covid-19 e direito administrativo. Impactos da pandemia na Administração Pública. Curitiba: Juruá, 2020.

SALGADO, Gisele Mascarelli. O malandro e o direito: um estudo sobre as relações entre direito e música. Âmbito Jurídico, 1º mar. 2012. Disponível em: https://ambitojuridico.com.br/edicoes/revista-98/o-malandro-e-o-direito-um-estudo-sobre-as-relacoes-entre-direito-e-musica/. Acesso em: 22 maio 2022.

SANTOS, Eberton Diego. Um cowboy fora da lei: Raul Seixas, uma revolução molecular na música brasileira. Dissertação (Mestrado em História) – Universidade Federal de Uberlândia, 2015. Disponível em: https://repositorio.ufu.br/bitstream/123456789/16498/1/CowboyForaLei.pdf. Acesso em: 17 maio 2022.

SANTOS, Paulo. Raul Seixas: a mosca na sopa da ditadura militar. Censura, tortura e exílio (1973-1974). Orientadora: Maria Izilda Santos de Matos. Dissertação (Mestrado em História) – Pontifícia Universidade Católica de São Paulo, São Paulo, 2007. Disponível em: https://tede2.pucsp.br/bitstream/handle/13021/1/Paulo%20dos%20Santos.pdf. Acesso em: 22 abr. 2022.

SANTOS, Rodrigo Valgas dos. Direito administrativo do medo. Risco e fuga da responsabilização dos agentes públicos. São Paulo: Revista dos Tribunais, 2020.

SANTOS, Vitor Cei. Novo Aeon: Raul Seixas no torvelinho de seu tempo. Dissertação (Mestrado em Letras) – Centro de Ciências Humanas e Naturais, Universidade Federal do Espírito Santo, 2009.

SCHUARTZ, Luís Fernando. Consequencialismo jurídico, racionalidade decisória e malandragem. Revista de Direito Administrativo, Rio de Janeiro, v. 248, p. 130-158, 2008.

SCHWARCZ, Lilia. Sobre o autoritarismo brasileiro. São Paulo: Companhia das Letras, 2017.

SILVA, Anádia Oliveira da; ABDALLA, Márcio Moutinho. Desenvolvimento? Para quem? Relações estratégicas entre empresa e sociedade: o lado obscuro da privatização da Companhia Siderúrgica Nacional (CSN). REAd. – Rev. Eletrôn. Adm., Porto Alegre, v. 26, n. 1, jan./abr. 2020.

SILVA, José Afonso da. Curso de direito constitucional positivo. 20. ed. São Paulo: Malheiros, 2001.

SILVA, José Sérgio Cristóvam da. Administração Pública democrática e supremacia do interesse público. Novo regime jurídico-administrativo e seus princípios constitucionais estruturantes. Curitiba Juruá, 2015.

SOUZA, Damiana Vania da Silva; DUNDER, Juliana Silva. A arte de ensinar direito: uma ligação entre a interpretação musical e a aplicação jurídica. Publica Direito. Disponível em: http://publicadireito.com.br/artigos/?cod=b7e0f3c8cbc0db30. Acesso em: 22 maio 2022.

SOUZA, Jessé. A elite do atraso: da escravidão à Lava Jato. Rio de Janeiro: Leya, 2017.

SOUZA, Lucas Marcelo Tomaz de. Eu devia estar contente: a trajetória de Raul Santos Seixas. Dissertação (Mestrado em Ciências Sociais) – Programa de Pós-Graduação em Ciências Sociais, Universidade Estadual Paulista, Marília, 2011.

SOUZA, Luciana Moessa de. Resolução consensual de conflitos coletivos envolvendo políticas públicas. Brasília: Fundação Universidade de Brasília, 2014.

STRECK, Lenio Luiz; TRINDADE, André Karam. *Direito e literatura*. Da realidade da ficção à ficção da realidade. São Paulo: Atlas, 2013.

SUASSUNA, Ariano. *Auto da compadecida*. 35. ed. Rio de Janeiro: Agir, 2005.

SUNDFELD, Carlos Ari. *Direito administrativo para céticos*. 2. ed. São Paulo: Malheiros, 2014.

SUNDFELD, Carlos Ari. O direito administrativo entre os clips e os negócios. *In*: ARAGÃO, Alexandre Santos de; MARQUES NETO, Floriano de Azevedo (Coord.). *Direito administrativo e seus novos paradigmas*. Belo Horizonte: Fórum, 2008.

SUNDFELD, Carlos Ari. Prefácio. *In*: DUQUE, Marcelo Schenk; RAMOS, Rafael (Coord.). *Segurança jurídica na aplicação do direito público*. Salvador: JusPodivm, 2019.

TOKARSKI, Carolina Pereira. *Com quem dialogam os bacharéis em direito da Universidade de Brasília?* A experiência da extensão jurídica popular no aprendizado da democracia. 2009. Dissertação (Mestrado em Direito, Estado e Constituição) – Pós-Graduação em Direito, Universidade de Brasília, Brasília, 2009. Disponível em: http://repositorio.unb.br/bitstream/10482/7014/1/2009_CarolinaPereiraTokarski.pdf. Acesso em: 22 maio 2022.

VERISSIMO, Erico. *Incidente em antares*. 18. reimpr. São Paulo: Companhia das Letras, 2006.

VIANNA, José Ricardo Alvarez. Direito e música: aproximações para uma "razão sensível". *Jus.com.br*, 2012. Disponível em: https://jus.com.br/artigos/21120/direito-e-musica-aproximacoes-para-uma-razao-sensivel. Acesso em: 21 abr. 2022.

WARAT, Luis Alberto. Materialismo mágico. *Grupo Arte & Direito*. Disponível em: http://luisalbertowarat.blogspot.com.br/search/label/Materialismo%20M%C3%A1gico. Acesso em: 22 maio 2022.

WEDY, Gabriel. Precaução no direito ambiental não quer dizer o mesmo que prevenção. *Conjur*, 31 maio 2013. Disponível em: https://www.conjur.com.br/2014-mai-30/gabriel-wedy-precaucao-direito-ambiental-nao-prevencao#:~:text=O%20princ%C3%ADpio%20da%20preven%C3%A7%C3%A3o%20tem%20por%20finalidade%20a%20ado%C3%A7%C3%A3o%20de,princ%C3%ADpio%20n%C3%A3o%20prov%C3%A1veis%20por%20completo. Acesso em: 2 jul. 2022.